La sexualité, suivi de Le discours de la sexualité

傅柯關於
性事論述
的十二堂課

MICHEL FOUCAULT

講者＿米歇爾・傅柯　　主編＿法蘭索瓦・愛瓦德

譯者＿李沅洳　　審訂＿姜文斌、黃敏原、黃雅嫻

課表

傅柯關於性事論述的十二堂課

從1952年至1969年，米歇爾・傅柯（Michel Foucault）在被任命為法蘭西學院（Collège de France）思想體系史講座前，曾於多所大學和機構授課：在巴黎高等師範學院（ENS，自1951年起）、里爾（Lille，1952～955）、克雷蒙－費洪（Clermont-Ferrand，1960～1966）教授心理學，接著在突尼斯（Tunis，1966～1968）和凡仙（Vincennes，1968～1969）教授哲學。此外也曾於1965年10月在聖保羅大學（université de São Paulo）講課，內容隨後於1966年整理成《詞與物》（*Les Mots et les Choses*）一書。

傅柯本身只保留了幾份這段時期的授課講義手稿。這些手稿存放在法國國家圖書館（BNF）的傅柯藏書區（編號NAF 28730）。我們也能在保存這些講義的箱匣裡找到幾份同一時期的文本，有些文本的論述十分詳盡。我們認為將這些文本收入傅柯進入法蘭西學院之前的「授課講義與研究」系列裡，是很有意義的。

以下為這幾冊的編輯規則：

· 文本依法國國家圖書館收藏的手稿來編纂。謄錄時盡可能忠於手稿，並由

編輯小組共同校閱。部分難以辨讀的字詞會以注釋的方式說明。我們只對文本進行微小的改變（校正明顯的錯誤、標點符號、本文的配置），這是為了方便閱讀、利於理解。我們都會指出這些修正之處。

· 引述的部分皆會予以查證，使用的參考文獻也都有說明。本文附有評註，用以釐清晦澀不明的部分，並明確指出關鍵要點。

· 為方便閱讀，每一堂課開頭都會有一段簡短的摘要，指出主要的銜接點。

· 比照法蘭西學院授課講義的編纂，每一冊的結尾都會有「授課情境」解說，由科研編輯負責撰寫，目的是提供讀者理解文本所需的背景要素，讓讀者能將這些要素與傅柯已出版的作品連結起來。

負責此項計畫的編輯委員會成員如下：Elisabetta Basso、Arianna Sforzini、Daniel Defert、Claude-Olivier Doron、François Ewald、Henri-Paul Fruchaud、Frédéric Gros、Bernard E. Harcourt、Orazio Irrera、Daniele Lorenzini、Philippe Sabot。

我們特別感謝法國國家圖書館，讓我們能在其協助之下查閱手稿並完成本書。

法蘭索瓦·愛瓦德

文本的建立規則
——RÈGLES D'ÉTABLISSEMENT DES TEXTES

本冊包含兩份與性主題有關的授課講義。

第一份題為「性」（*La Sexualité*），是傅柯於1964年在克雷蒙－費洪大學的普通心理學授課內容，這份親筆手稿的頁數由傅柯編號，共有121頁，收藏在法國國家圖書館第78號箱匣內。這份手稿大部分都有經過整理，在編輯上並沒有太大的困難。

第二份題為「性事論述」（*Le Discours de la sexualité*），是傅柯於1969年在凡仙大學的哲學授課內容，這份親筆手稿共有103頁，部分頁碼由傅柯編號，收藏在法國國家圖書館第51號箱匣內。與第一份不同的是，這份手稿由較為零散的注釋組成，許多片段被刪去，還有諸多修改之處，所以需要特別的編輯工作。為了彌補手稿有時未加以整理的特性，我們有系統地解釋傅柯的參考文獻，力圖在文本的評註中盡可能向讀者提供最多的資訊。為此，我們特別從傅柯關於性特質的生物學知識史、性烏托邦（les utopies sexuelles）或婚姻規約的閱讀筆記（收藏在法國國家圖書館第39號及45號箱匣）中，找出他收集而來且與本授課講義有關的重要文件。我們也使用了兩份收藏於法國國家圖書館（第78號箱匣）的課堂學生筆

記打字稿。只要我們認為有助於闡明手稿，就會將這些打字筆記的摘要納入評註裡，其代號為「第一本學生筆記」（ND1）與「第二本學生筆記」（ND2）。

我們也認為應該在這兩份授課講義後面，附上一份傅柯在凡仙大學課程結束後三個月，於1969年9月21日發表的一份共有15頁的衍義，標題為〈性特質、繁殖、個體性〉（Sexualité, reproduction, individualité）。這份衍義來自傅柯的綠色《筆記》（Cahier）8號。《筆記》收藏在第91號箱匣，箱內還有傅柯的〈知識份子日誌〉（Journal intellectuel）。

文本的一般建立規則如下。除了少數例外，我們盡可能遵守傅柯的版面配置、編撰及頁碼。遇到缺字或句法有問題時，我們會在文中以中括號補上缺字或予以修正，並於頁尾說明理由。若傅柯自行修正或刪去我們覺得重要的片段，我們會在註腳指出來。尤其是在凡仙大學的課程部分，當修改或被刪去的片段與文本其他部分有很大的差異且多於一個段落，就會變成每一堂課後面的附件。若刪去的片段較短，則以註腳方式呈現。拼寫錯誤的部分會在文本中直接修正。傅柯經常在授課講義手稿中以破折號及換行方式簡短列舉，有時我們為了方便閱讀，會將它們歸結成較短的段落。最後，我們會在頁面右邊以中括號的方式標出傅柯編的頁碼；當頁碼有錯或是必須插入未編碼的頁面，我們會在傅柯標的編號右邊標出正確的頁碼。

克勞德－奧利維耶・朵宏

性。克雷蒙－費洪大學的課程（1964年）

LA SEXUALITÉ. COURS DONNÉ À L'UNIVERSITÉ
DE CLERMONT-FERRAND (1964) ....

第一堂課

—— LEÇON 1 Introduction

導論

探討性與我們的文化之關係。

性（sexualité）[a]的生理學和文化之間的對立是西方文明的特徵。

定義何謂「西方文化」：

一、同時性：一夫一妻制和父權制度。男女關係失衡與補償機制。涉及的是我們可在任何政治體制中發現的結構與問題。

二、歷時性：我們自19世紀以降的當代文化轉變。1.補償男女關係失衡之機制的演變：漸進式平等的趨勢和男女互補的邏輯。2.法律與性之關係的轉變：作為司法制度的婚姻不再將性視為核心。3.「性事的問題意識」出現：性作為人類學論題；性作為主觀道德價值觀的特殊地位；性作為爭論和徹底違抗的空間：現代人的悲劇經驗。

薩德（Sade），跨越現代性的門檻。

在我們的文化裡，性是什麼。　　　　　　　　　[未編碼/1]

為何有「在我們的文化裡」此一額外的說明或限制？既然性並非是一個足以確定到能對其本身進行研究的解剖生理學事實——即使我們加入了幾項相關的社會儀式指標。總而言之，文化為性帶來什麼——除了幾項與性永久結合有關的儀式，以及幾個關於性對象的禁令？

我們可以說，性就是文化的外圍，是文化剩下的　　　[2]
很大一部分，是不可化約、無法同化的。足以為證的是：一方面，各地區大多數的性生活表現形式都是固定的；另一方面，〔事實是〕，社會一直在尋求將社會或道德方面的規則應用到性，但是這些規則對性而言依舊十分陌生，使得性成為不斷發生道德與法律違犯的地方[1]。

也許性是我們無法挽救的生理極限？事實上，現在我們知道，在將其機制與意義拓展至純粹性實踐方面，性是不受限的，但是它無限延伸至顯然與之相距

---

a　　　審校註：此字在傅柯對性主題進行研究時使用極多，也與「sexe」或作為形容詞的「sexuel」交替使用。在中文的理解上，不建議只有譯成「性慾」。除非原文以這樣的方式呈現：「désir sexuel」，否則通常「sexualité」具有更廣的意涵。在此建議本字隨文脈調整進行彈性翻譯成「性狀態」（如兒童的性狀態）、「性情事」、「性事」，或者單純翻譯成「性」。以免限縮了傅柯對此字的使用與分析。

甚遠的舉止上。

我們也知道，雖然性的某些表現形式給人非常刻 [3]
板的印象，但是在其他表現上卻極為彈性，特別是在
一般舉止方面；再者，雖然它對文化的影響比我們認
為的還要更深入，但相對的，至今為止，文化無疑也
比我們想像的更能接受性[2]。

因此我們可以詢問，這種將性予以孤立
（isolement），難道不正是我們的文化將性接收下來
並整合之後所帶來的效應嗎？透過這種將性事斷開
的系統（systeme de coupure），我們僅能在文明的極
點，而非從生理性的影響來感知它。換句話說，性的
生物學和文化之間的對立，無疑只是西方文明的特
徵。這無疑是因為幾個世紀以來，我們都生活在一個
像我們這樣的文化中，我們自然而然地認為，性只是
生理問題，它僅涉及性實踐，而性實踐終究只是為了
物種的生物保存——也就是生育。

簡而言之，這整個近乎理所當然的信仰體系，或 [4]
許只是西方性文化史上的一種化身。

這一切不過是假設。但是我們一開始就無法規避
〔這種〕假設。因此，我們開頭唯一能提出的問題，
就是在我們的文化裡，什麼是性。

*

　　就這個問題來說，我們首先必須定義什麼是<u>在我們的文化裡</u>[a] [3]。

　　我們不會單獨談論之；而是從它開始；以它作為參照且為了要重提之；它顯然被我們當作是證據。當我們看似很平常地在談論男性及女性，我們指的不是普遍的人類學範疇，而是我們的文化以此之名向我們指定的類型、人物、角色或功能；相反地，當我們明確表達我們是在談論它，沒有什麼能證明這些類型不適用於其他文化領域。

　　總而言之，我們必須從歷時性和共時性兩方面來定義什麼是「我們的文化」。 [5]

一、共時性：涉及的是我們習慣稱呼的西方或歐洲文化。也就是一個強調父權制度和一夫一妻制的文化。這兩種文化形式的結合會立即導致以下結果：

1. 家庭單位的定義相當簡單，就是由一對父母與其後代所組成。相較於這對夫妻，唯一的複雜情況在於繼承的世系：

---

a　　　編註：底線皆為傅柯手稿所加，以下不再另外標注説明。

(1) 由於子女倍增，造成財產分享上的問題；

(2) 由於女兒結婚（亦即出現一對新的父母），
可能要將部分的家產分配給女兒的配偶；

(3) 〔由於〕已婚兒子組成的夫妻融入原來的家 [6]
庭單位。

因此，這是一個樹狀型的家庭組織，相較於直系
關係帶來的問題，旁系關係〔……〕幾乎不會有
問題[4]。

2. 基本上受此一荊棘狀家庭單位操控的亂倫禁
止制度。主要禁止的是父親／女兒、母親／
兒子之間的關係；以及兄弟／姊妹之間的關
係（但是已經有一定的容忍度）。相反地，
在這個家庭單位之外，禁令如今已非常薄
弱。堂、表兄弟姊妹之間的旁系關係完全是
可以容忍的（而且，隨著分支在這些荊棘形
式中彼此脫離的時間越來越早，這是越來越
能容忍的）。再者，親族的男性及女性並沒
有任何失衡。

3. 一系列受控制的失衡： [7]

(1) 父系姓氏以及至少部分財產的承傳；

(2) 子女與其母親從父輩而居，這是不成文法和失衡的道德觀；

(3) 男性高度主導的宗教：

⊙ 男性至上的一神論。雖然有父親和兒子，但母親並不屬於三位一體。

⊙ 重要的崇拜活動保留給男性。

(4) 男女分工徹底：

⊙ 男性的工作在這個家庭之外，他以享有特權的方式，對這個家負有捍衛和道德責任。

⊙ 女性的工作（家事勞動）。

（在20世紀初之前，沒有太多的職業婦女[5]。）

這一切都導致了女性的某種社會和文化狀況，　[未編碼]
也就是19世紀以及至少20世紀初的歐洲法律具備「婚姻權力」（puissance maritale）的特徵。

⊙ 「丈夫必須保護妻子，妻子必須服從其丈夫」（第213條）——民法裡就只有這樣。

　・妻子要冠夫姓（默認的慣例）。

　・丈夫有權監督妻子[6]。

　・妻子必須跟隨丈夫前往任何他必須定居的地方[7]。

　・若無丈夫的同意，妻子不得採取任何的有效法律行為[8]。

(5) 最後，為了彌補所有改變一夫一妻制同質性 [8]
的這些失衡，出現一系列意識型態方面的補
償機制：

⊙ 這些機制曾讓對待女性的倫理規範顯得與
眾不同（直到19世紀）：騎士精神，以及道
德、情感、性方面的角色，

⊙ 這些機制現在已經變成其社會同質化的一部
分。要求如下：

‧權利平等

‧工作平等

‧倫理上的對稱性

‧人際互惠

無論在何處，在我〔們〕與許多其他文化都有的
一夫一妻制及父權制度裡，我們都不會找到這五
項特徵中的任何一項，所以我們無法應用與我們
文化有關的類型或分析。〔……〕[a]

總之，我們見到這個涵蓋了猶太－基督文明的結 [9]
構，現在已經擴張到很遠，被視同為歐洲的、科
學的、理性的與技術性的文化。

正是這個結構日漸僅以文化之名使人接受；它負
有一項全球性的使命。而且，在似乎想要與此一

文化保持距離的社會中，我們不能忘卻，這些社
會所做的只是強化補償結構而已。

例如，在社會主義社會中，強調的是男女平等的
想法，這與其他隱藏的結構並非沒有衝突：

⊙ 家庭工作的問題[9]；

⊙ 一夫一妻制和離婚的問題[10]；

⊙ 政治的男性特徵[11]。

至於那些似乎離社會主義社會最遠的西方社會，
唯一的差別在於補償機制薄弱：性別之間的倫理
和社會不平等。但深層結構是一樣的。

在社會主義國家和反動國家裡，性的人種形構
（configuration anthropologique de la sexualité）是
相同的。

〔這解釋了一項事實，那就是繼人類普遍改革的　　　〔未編碼〕
夢想（就像19世紀明確提出的，例如解放包括性
在內的整個人）之後，社會主義國家遮掩了關於
性的問題；

　　·藉由道德上嚴格的從眾行為（comfor-

---

a　　　　原註：刪去的句子：「例如阿拉伯文明。」

misme），這直接取自布爾喬亞階級的倫
理；

‧ 藉由系統性地拒絕所有性在理論上的問題
化→精神分析[12]。〕[a]

二、歷時性：必須明白什麼是「我們的文化」？透過　　[10]
猶太─基督文化從地理上予以定義，「我們的文化」
可以回溯到很久遠以前。我們所謂的「當代」，有以
下特徵：

A、前述補償機制的轉移（transformation）[b]

1. 曾經有一段時間，這些機制在於強化、加重
   性別之間的不平等，但是帶有提高身價的相
   反作用：騎士精神、宮廷愛情、故作風雅，
   例如權利對調（renversement）：
(1) 男性是權利（姓氏、財產）的持有者／女性
   則是連繫（承諾、忠誠、考驗）的創造者。
(2) 女性被迫結婚，是家族之間的交換對象／她
   就如同慾望的不可企及之術語。
〔(3) 她無權主持崇拜儀式／但可以領受祝福並呈
   現她自己的敬虔。〕[c]
(4) 女性在政治上與司法上沒有話語權／她們是啟

發者，這就是人們稱她們悄聲低語的原因[13]。

這種補償本身又因相反的機制而失效，至少在假
想上是如此：

- ⊙ （在法律之上或在法律之內）創造出連繫的
  女性，也是所有關聯和義務的毀滅者。不忠
  的妻子、受騙的丈夫、婚姻的謊言，這是最
  常見的形象。在中世紀且直到18世紀，這個
  形象比受嘲弄的女性形象更強大、更吸引
  人。

- ⊙ 身為啟發者的女性也可以是擾亂或破壞社會
  及男性幸福的女性。為他們帶來不幸的是女
  性，將他們送往死亡的也是女性。

- ⊙ 內心虔誠的女性卻也是在宗教上被嚴禁其舉
  止的女性，此即女巫[14]。

[11]

a　原註：中括號是傅柯加上去的。

b　審校註：「transformation」被傅柯用來表達，事物或觀念隨時間的演
進慢慢變遷的過程，中文可用「轉移」來理解。比方在《知識考古學》
（*Archéologie du savoir*, 1969）中，傅柯在分析三種知識系統的思想演進以及
斷裂時，提到了「知識型」（épistémè）的轉移等現象。此外，另一個概念
「métamorphose」所指的則是一種在型態上的變化造成的轉變，故可譯為
「蛻變」或「型態上的轉變」。

c　原註：起初放在第⑷點（標為第⑶點）之後，這個段落是傅柯插入的。

2. 現在，補償比較是朝漸進式平等的方向發
   展。正是由於補償機制的此一變化，文化才
   具有劃時代的意義，至少在性方面是如此。

對平等的這種訴求大約始於19世紀中葉。我們可 [12]
在某些社會主義式的烏托邦或孔德（Comte）的
宗教觀中找到證明。男性與女性平等互補的想
法，兩者都有明確的功能。

⊙ 女性：秩序－過往－傳統－回憶－崇敬死
   者。
⊙ 男性：進步－未來－科學－動態價值觀。

基本上都有童貞聖母（Mère-Vierge）的幻想，也
就是說，廢除作為不平等根源的「性」，但目的
是一種徹底的功能性區分[15]。

儘管孔德最終的思想具有烏托邦和譫妄的特性，
但是它也具有後來實際發生之事件的特性：

⊙ 尋求平等：
   ．取得投票權、參與政治[16]；
   ．參與（至少在權利上）所有的職業[17]； [13]
   ．參與宗教職務[18]。
⊙ 與此同時，作為補償，在心理學、社會學、
   人類學方面尋求互補性：

· 定義女性的情感、原慾與性格方面的結構
[19]：

· 出現女性專屬的語言（具文學性、反思性
或主張性的語言，一方面以女性作為第一
人稱，另一方面採用獨特性暨差異性系
統，這些獨特性暨差異性讓女性與男性世
界相互對立，或者更確切地說，使女性處
在男性世界中，但是與這個男性世界有所
區別，且與之相對[20]）。

女性是男性的附屬物，但兩者是有區別的，女性
與之相對，被視為是男性的互補面。

B、法律與性之關係的轉移[21]

[14]

此一現象較不為人所知，有點隱密，因為它被另
一個更新、更明顯的現象所掩蓋，那就是對性的
意識及表述的重要性。
事實上，18世紀末——這正是民法誕生之際——
出現了婚姻及親屬關係的定義和合法化，儘管家
庭權利的擴張逐漸受到限制，但性在其中扮演的
角色仍然非常隱密。

1. 事實上，歐洲的習慣法和教會法對家庭提出
   了一個非常廣泛的定義。例如親屬關係的算
   法：計算回溯到共同先祖（關係鏈最遠的那
   一邊）所需的要素數量。父權在此非常重要
   （尤其是在受到 *patria potestas*[a] 啟發的成文法
   國家裡[22]）。然而，這同時也為婚姻下了一
   個定義，特別是在與性有關的條件和結果
   方面：羅馬法只透過 *vitae consuetudo*、*vitae
   consortium*、*juris communicatio*[b] 來定義婚姻[23]，
   教會法則要求婚姻在於生育：

   (1) 婚姻的本質在於肉體上的結合（*copula
       carnalis*[c]）；   [15]

   (2) 陽痿會使婚姻無效；

   (3) 非常容易承認未經許可的貴庶通婚（mariage
       morganatique）；

   (4) 對亂倫的定義極為廣泛（教會法的7等親，相
       當於14等親）[d 24]。

   與此同時，婚姻變成不可解除的。性被神聖化
   了，但是要以生育作為結果來定義。

2. 然而，相較於此一法規，民法在性方面似乎
   非常謹慎。

(1) 波塔利斯（Portalis）對婚姻的定義如下：
「相互結合之男性及女性組成的群居關係，
用以延續其物種、相互幫忙以承受生活的重
擔、承擔共同的命運。」[25]

(2) 然而，甚至物種延續的概念也消失了，改以
契約的概念。普拉尼歐（Planiol）如此定義
婚姻：「男性及女性透過契約，建立一個受
法律認可、不能隨意打破的配偶關係。」[26]博
丹（Beudant）定義如下：「兩個不同性別的
人透過協議，終生以配偶的名義將其命運結
合起來。」[27]

性不過就是扮演著事實般的角色：〔……e〕　　　　[16]

⊙ 婚姻方面：陽痿不會再使婚姻無效；*in
articulo mortis*f結婚或遺腹子[28]；〔結婚的後

---

a　　　譯註：拉丁文，「父權」之意。

b　　　譯註：這三句皆為拉丁文，分別是「生活習慣」、「生活伴侶」、「法的交
流」之意。

c　　　拉丁文，「肉體交媾」之意。

d　　　以上四點都合併在頁面左邊空白的大括號之下，明確表達如下：「自10世紀
起，教會就為婚姻制定了規則、主持婚禮並登記之，還會審理婚姻訴訟。」

e　　　原註：傅柯在此補充：「男性及女性。」

f　　　譯註：拉丁文，「臨終」之意。

續：一同居住、忠誠、援助（提供生活所
需）、協助〕[a 29]；

⊙ 離婚方面：在1803年及1884年，離婚的決定
性因素如下：通姦、〔各種〕過分行為或
〔各種〕家暴行為；〔各種〕嚴重汙辱（未
有肉體結合的婚姻）；刑事定罪[30]。

性在婚姻中不再具有積極的作用，而是成為兩人
之間的契約。在西方文化中，婚姻的去神聖化和
去性化是同時並進的。民法並沒有透過將婚姻轉
變成契約來解放性，而是將性抹掉，就像從制度
中擦去一樣。性的去制度化為西方意識帶來深刻
的變化：對性有了意識。薩德與民法是同一個時
代的[31]。

C. 性事的問題意識出現

[17]

由於性被其去制度化所解放，性成為某種浮動的
文化主題，這是任何其他文明不曾發生過的。出
現的文化主題如下：

1. 在自然哲學中，性別的對立被定義成一種
   主體性與客體性的旨趣。（參見黑格爾

[Hegel][32]）。

女性是[b]被顯露出來的主體性：同時是其[c]表露出來的慾望（男性最內在的真理，就在他所愛的女性身上）；以及一種不可化約的客體性（因為女性就是[d]慾望的對象，是另一個世界、回憶、時間），但此客體性又成了[e]主體性（透過恣意的、情緒的與內心的形式）。這種顯露出來的主體性以及轉為內在的客體性，正是這些特性呈現在家這個溫暖的窩裡。

在這個家裡，男性及女性聚在一起，並找到他們　　　[18]
的命定。因為他們的結合誕生了孩子，並從中領悟作為父母的客觀真理。這個真理終結了他們：就「殺死他們」（孩子的未來就是父母的死亡）及「成就他們」（因為孩子永遠只能在父母的死亡裡且因父母的死亡而生存）的雙重意義而言。

---

a　　　原註：後來插入的片段。

b　　　原註：被刪掉的段落：「男性的對象。但這個對象完全由其主觀性構成。因此，她……」。

c　　　必須解讀成「對男性而言」。

d　　　原註：另一個被刪掉的片段：「就是回憶，就是忠誠，也是他的未來，不過是成為對象的未來，因為……」

e　　　原註：取代「已經被納入男性的主觀性」。

歷史淘空了我們，也填滿了我們，它讓現在的我們向整個過去請益，使我們以一種不可化約的積極性出現，將我們安置於我們所在之處，我們的父母正是在歷史之中死去。

這完全是一種性的人類學[33]。

2. 令人擔心的日常性意識出現。相較於制度，它較無拘束，將成為主觀道德價值觀的重點：私德。與此同時，由於它被去神聖化，它將會是我們能不斷談論的話題。因此，它將確切處於與這個私人的禁令世界（它因而被雙重隱藏起來）及世俗的公眾世界的接觸面。它成為那件醜聞[34]。

(1) 它變成私人的：所有的法外約束、不成文法、慣例和傳統都會影響它。它是世俗文明的原罪（Pèche）。

(2) 但它同時也一直是被出版的：它成為日常文學（通俗喜劇、小說）永不間斷的課題。但只在可被容許的範圍內出版，例如那些內在合於規範但被顯露出來的事宜（姘居、情婦、情夫）。相反地，同性戀、亂倫一直都被排除在這個一般所理解的不體面事宜之外。

[19]

3. 性主題方面，出現了價值之間的爭論。只要
   性似乎與道德、社會及文化的具體形式有
   關，對這個性的揭露、對其最基本之禁令的
   違犯、公布其各種微不足道之醜聞中最嚴重
   的醜聞——這一切都與批判社會、其價值觀
   和思考模式有關。

因此，藉由與我們文化的現代性結合，我們看見
一種以性為主題——同時作為主體和客體——
的爭辯語言展開了。我們討論著性，而性本身也
能發聲——而且它談的既非幸福，亦非愛，甚
至不是愉悅，而是不幸、痛苦、卑劣、死亡、褻
瀆。

就此意義而言，薩德跨越了現代性的門檻，就像　　[20]
一個經歷過所有負面力量的人。將語言完完全全
從性中釋放出來，讓性說話，而且只有它在說
話。毫無保留地說出一切。將性與所有的褻瀆
（亂倫、同性戀）連繫起來。發現它與死亡及謀
殺的關係。最後將它與對所有道德、傳統思考形
式、宗教、社會的違犯連在一起。

薩德已經說了所有在他之後的其他人所能說的一
切[35]。

總而言之，他與拿破崙（Napoléon）具有同時代
性，民法與《索多瑪120天》（*Les 120 Journées*）
完成於同一時代，這無疑足以定義什麼是現代的
性。

⊙ 這同時也是人類最私密的──是他最起碼
的個體性之所在、其意識的深處，這甚至是
語言無法進入的。接著是各種禁令、傳統、
〔最〕根本之法則的影響。

⊙ 這個本應可以發揮其正向幸福的性事，透過
它，在與其他人相處時，人們可以在共同體
中找回自己，並透過組成伴侶而與整個人
類相連結；而也正是這個「性事」在褻瀆
與質疑所有這些本該是高興快樂的正向性
（positivité）[a]。

正是在這個意義上，性是所有道德〔的〕崩塌中
心，是現代人唯一能感受的悲劇形式，是早已死
去的眾神（而且褻瀆者也不再信仰祂們）不斷相
互對峙的荒廢廟宇。

[21]

因此，精神分析的重要性。其地位至高無上且具
雙關性：

⊙ 因為，這個位於意識之中的私密事物已經表

　　明了它是最無意識的、最集體的，只會出現
　　在與陌生、匿名且沒有面孔之醫生的對話
　　中。

⊙ 儘管此一事物同時也是極具殺傷力、有爭議
　　的，但是它以最危險的方式和家庭的創發價
　　值（les valeurs positives）結合在一起。

就此而言，它曾是一個醜聞，但它同時也帶來了
影響，就像一個允諾的烏托邦一樣，這甚至是現
代人不能相信以及不能不相信的，那就是必須有
一個世界和一種存在形式，性在那裡是愉悅且協
調的[36]。

a　　審校註：傅柯使用此概念，常與「négativité」合用。中文的理解中，除了
　　可從「積極性／消極性」來嘗試掌握，亦可嘗試從「正向性／負向性」加以
　　理解。此外，傅柯也偶有經濟學意涵的「生產性」或「創發性」的所指。
　　所以當傅柯用這組字來形容「性領域」的情形時，或者要綜合考量他描述
　　性成為一門學科與研究對象的過程中，產生的「創發性」與「生產性」的
　　積極性。此外，此字若與「science」合用，應譯為「實證科學」（science
　　positive），此即為孔德在1840年代即開始使用的字詞。讀者宜對此字保留較
　　為寬廣的理解。

註釋

1. 此一想法認為「無論何時何地……，人的定義都來自受制於明確規則與約束的性行為」，巴塔耶（Georges Bataille），《情色論》（*L'Érotisme*, Paris, Minuit, 1957, p. 57），但另一方面，性以及這些禁令本身意味著它們的違犯，人類的性活動「本質上就是一種踰越（transgression）」（同上，頁119），這個想法是巴塔耶對情色（érotisme）的反思核心，而這些反思是傅柯這門課的基本背景。這個想法還必須連結李維史陀（Claude Lévi-Strauss）對《親屬關係的基本結構》（*Les Structures élémentaires de la parenté*, réimpr. de l'éd. de 1967, Berlin, Walter de Gruyter, 2002 [1949]）所做的研究。傅柯將於第三堂課中再次探討性方面的規則與踰越之關係（參見下文，頁97-102）。

2. 在此，傅柯一方面參考精神分析的結果，並於隨後再度討論之（參見下文，第四、五堂課），這些結果指出性是多麼地超出嚴格意義上的性行為範圍；另一方面，他也參考人類學家的研究，例如馬凌諾斯基（Bronislaw Malinowski）、潘乃德（Ruth Benedict），尤其是米德（Margaret Mead），他們的研究都強調文化因素的重要性，這些因素包括了看起來最生物學的層面，例如身體的性別化或性發育階段。主要參

見米德，《大洋洲的道德與性》（*Mœurs et Sexualité en Océanie*，trad. par G. Chevassus，Paris，Plon，1963）——這部著作同時收錄了《三個原始部落的性別與氣質》（*Sex and Temperament in Three Primitive Societies*, 1935）與《薩摩亞人的成年》（*Coming of Age in Samoa*, 1928）兩篇文章。也參見同一作者的《兩性之間》（*L'Un et l'Autre Sexe*, trad. par C. Ancelot et H. Étienne, Paris, Gonthier, 1966; trad. de *Male and Female. A Study of Sexes in a Changing World* [1948]）。儘管傅柯宣稱他將於課堂上處理這個與性有關的「心理－社會學」（psycho-sociologie）和「文化間的歧異」，但他最終並未再回到這個問題上。

3. 傅柯當時經常利用「文化」或「文化形式」的概念來闡述其分析，有時會將它們與文化主義者的人類學進行明確的對照，參見例如第二部分「瘋狂與文化」（Folie et culture），收錄在《精神疾病與心理學》（*Maladie mentale et Psychologie*, 2e éd., Paris, PUF, 1962，尤其是頁72-73）。他在進行瘋狂的歷史分析時特別如此，並將「大禁閉」（grand renfermement）事件闡述成「對任何想要研究文化史的人來說，具有重大的意義」——在傅柯為法國文化廣播電臺（France Culture）錄製的五個有關瘋狂語言的節目中，這是第三個節目「瘋子的沉默」（Le silence des fous, 1963），收錄在《偉大的陌生人》（*La Grande Étrangère. À propos de littérature*, éd. et prés. par P. Artières et al., Paris, Éd. de l'EHESS, 2013, p. 36）。事實上，此一事件就像西方文化與瘋狂之關係的全面重組。「心理學」也是如此，它比較會被描述成一種「文化形式」，而非一門科學，參見〈哲學與心理學〉（Philosophie et psychologie, 1965），收錄在《言與文》第一冊（*Dits et Écrits, 1954-1988*, t. I, 1954-1975, éd. établie sous la dir. de D. Defert et F. Ewald, avec la collab. de J. Lagrange, Paris, Gallimard, 2001 [1994]，no 30，頁466-476，在此為頁467）。克雷蒙－費洪大學的課程接續此項計畫，旨在從歷史的角度理解一個看起來很普遍的文化主題（例如性）的出現，特

別是它如何被建構成可能的知識對象。讓我們回想一下，傅柯最初的博士論文計畫正是在討論當代心理學中的文化問題，參見艾希邦（Didier Eribon），《米歇爾·傅柯》（*Michel Foucault*, 3e éd. rev. et enrichie, Paris, Flammarion, 2011 [1989], p. 73）。就我們所知，這是傅柯第一次力圖更清楚地描繪何謂「文化」；這份努力延續到他於1966年至1967年在突尼斯大學的課堂上，講授關於人類思想在西方文化中的出現和運作方式，在這門課裡，傅柯試圖為出現在18世紀末、「時間和空間上都非常獨特的文化形式」限定範圍，並將之形容為「西方文化」（法國國家圖書館第58號箱匣）。更詳細的「文化形式」概念請參見授課情境，頁398-403。

4.　傅柯將在凡仙大學的課程中，回到西方社會的財產分配與家庭結構問題（參見下文，頁255及其後），但是會融合歷史人口學及歷史唯物主義，更清楚地予以歷史化。

5.　例如達利克（Jean Daric）就指出了此一觀察結果：「半個世紀以來，婦女的比例幾乎沒有變化⋯⋯。在所有非農業活動中，我們發現男女比例大約為二比一。」參見〈女性的工作。專業、職業、社會狀況與薪資〉（Le travail des femmes. Professions, métiers, situations sociales et salaires），收錄在《人口》期刊（*Population*, vol. 10, no 4, 1955，頁675-690，在此為頁677）。因此，1957年時的女性所占比例為33%。也參見阿維爾（Jean-Eugène Havel），《女性的境況》（*La Condition de la femme*, Paris, Armand Colin, 1961, p. 101），以及西蒙·波娃（Simone de Beauvoir），《第二性》第一冊《事實與神話》（*Le Deuxième Sexe*, t. I, Les Faits et les Mythes, Paris, Gallimard, 2012 [1949]），書中已經指出，1906年時，職業婦女占勞動年齡女性的42%，與20世紀中葉一樣。

6.　民法並未清楚規定這項權利，但是法學家根據賦予丈夫對其配偶的一般權力原則，推斷出這項權利。丈夫尤其有權利控制妻子的人際關係和信件往來，參見勒朋特（Gabriel Lepointe），〈19世紀法國與西方

世界的女性〉（La femme au xixe siècle en France et dans le monde occidental），收錄在尚‧波當比較歷史學會（Société Jean Bodin pour l'histoire comparative des institutions），《女性。第二部分》（*La Femme. 2ᵉ partie*, Bruxelles, Éd. de la Librairie encyclopédique, 1962，頁499-513，在此為頁505）。

7. 民法第214條規定：「妻子有義務與丈夫同住，並追隨他至他認為適合居住的任何地方。」

8. 這個立場尤其可見於民法第215條條文：「未經丈夫許可，妻子不得進行訴訟」，以及第217條條文：「若無丈夫的實質協助或書面同意，妻子……不得授與、讓與、抵押、獲取……。」第1124條條文還將「已婚婦女」納入「無能力締約者」。

9. 儘管如此，女性在1958年的蘇聯產業勞工中，仍占了45.5%。參見阿維爾，《女性的境況》，同前註，頁98。

10. 關於蘇聯法律針對這些問題的演變，參見例如前揭書，頁188-192：經過無須繁複法律程序就將婚姻簡化成單純同居關係（因而也讓離婚更為方便）的階段後，1930年代末期及1940年代的離婚條件相反地十分嚴苛。

11. 不過，阿維爾認為，蘇聯婦女參與政治會議與機構的程度遠高於西方國家（同上，頁85-88）。

12. 此一解讀可與波娃的分析做一個對照：「今日在蘇聯復甦的，正是這些陳舊的父權制度約束；它重現了家長式的婚姻理論；並因而再次要求女性成為情色對象……。我們不可能……僅將女性視為一種生產力：對男性而言，女性是性伴侶、生育者、情色對象，是他能藉此追尋自我的一個**他者**。集權或專制體制都禁止精神分析學，並宣稱對忠誠融入集體的公民來說，個體的悲劇是不會發生的，然而情色是一種經驗，永遠都要透過個體性才能理解其普遍性」（《第二性》第一冊，同前註，頁106）。但是，波娃在此將這個必要性建立在情色的存在主義式人類學上，強調女性的「特殊境況」和「存在的基礎」，傅柯則更重視隱藏在

各種政治體制下的共同社會文化結構。

13. 關於中世紀的各種「補償機制」，參見波娃對宮廷愛情的分析（《第二性》第一冊，同前註，頁165-166），一方面她指出：「可以確定的是，面對罪人夏娃，教會被導向頌揚救世主的母親：對她的崇拜變得如此重要，以致於我們可以說，在13世紀，上帝變成了女性；宗教上也逐漸將女性神祕化。」另一方面，關於所謂的宮廷愛情：「事實上，在封建制度下，丈夫是監護人兼暴君，妻子會在婚姻之外尋覓情人；宮廷愛情可用來補償這種正式道德的粗暴。」關於宮廷愛情，也參見拉菲特－烏薩（Jacques Lafitte-Houssat），《吟遊詩人與愛情課程》（*Troubadours et Cours d'amour*, Paris, PUF, 1950）。

14. 參見《第二性》第一冊（同前註）標題為「神話」的部分，特別是頁273-276，波娃在此回顧了各種有關女性的神話，女性「與祭祀有關並被尊崇為女祭司」，但也「被獻給魔法」並「被視為女巫」；「被其魅力所俘虜的男性再也沒有意志、計畫與未來」。同樣地，「母親透過將生命賦予兒子，也將他奉獻給了死亡；情婦驅使情人放棄生命。」

15. 傅柯在此特別提及孔德（Auguste Comte）的《實證政治體系》第二冊（*Système de politique positive, ou Traité de sociologie, instituant la religion de l'humanité*, t. II, Osnabrück, O. Zeller, 1967 [1851]），特別是頁64-65。女性在此被描述成「因愛情而崇高，永遠都準備好要讓智力與活動力服從於情感」，並因而力圖「在使我們不斷偏離普遍情感的理論和實踐傾向中，維持直接且持續的普遍情感文化」。她們被描繪成「道德守護者」，由「母親、妻子和女兒三種天生類型」組成，確立了「團結、服從、聯合保護三種基本模式」，以及「將我們與過去、現在和未來連結起來的三種持續性模式」。至於童貞聖母的形象則援引自孔德在《實證政治體系》第四冊（Paris, Carilian-Goeury et V. Dalmont, 1854）裡的童貞母親烏托邦（utopie de la Vierge Mère），其目的是「將人類的生育加以系統化，使之完全屬於女性」（頁273），讓女性得以在沒有男性

的介入下生育。傅柯為這個論題建構了名為「孔德。女性」（Comte. La femme）的檔案夾（法國國家圖書館第45-C2號箱匣），主要以《實證政治體系》第二冊及第四冊為基礎，這份檔案將使用於凡仙大學的課程中，並在課堂上從性烏托邦的角度來探討孔德的分析（參見下文，第七堂課）。其他傅柯提到的社會主義烏托邦無疑就是傅立葉（Fourier）、卡貝（Cabet）的文章（傅柯也在凡仙大學的課程中提及這些文章，參見下文，第七堂課），還思考了聖－西蒙（Saint-Simon）、勒胡（Leroux）、卡諾（Carnot）、芙羅拉·特里斯東（Flora Tristan）及其他1830年至1850年代的想法。波娃也簡短回顧了這些研究，參見《第二性》第一冊，同前註，頁193-197。

16. 關於這一點，參見艾瑪（Jean Hémard），〈20世紀西歐女性的地位〉，收錄在尚·波當比較歷史學會，《女性》，同前註，頁515-576，該文提供了自1863年的瑞典至1944年的法國，女性取得這些權利的歷史；特別參閱居維傑（Maurice Duverger）的聯合國教科文組織（UNESCO）報告《女性參政》（*La Participation des femmes à la politique*, Paris, Unesco, 1955），然而該份報告普遍觀察到，在所有國家裡，女性參與政治會議及政府內閣的比例非常低（1951年，法國國會裡的女性僅占3.5%），並認為情況甚至會變得更糟。

17. 參見艾瑪，〈20世紀西歐女性的地位〉，前揭文，頁519-526，該文描述女性獲得公職（法國於1946年承認一般公職的任職）、法官職務（同樣於1946年獲得承認）或律師職業（自1900年起）的歷史性運動；以及前揭文，頁569-570，介紹其他獲得認可的各種職業。

18. 在新教方面尤其如此。關於女性參與宗教職務之一般原則的爭論，自1950年代起以及1964年之後，在法國歸正教會（Église réformée française）內部明確地被提出來。這促使兩年後女性獲得承認，可以像男性一樣以指定的方式擔任教會牧師。

19. 在此一專題的各種闡述中，精神分析的貢獻良多，參見德意志（Helene

Deutsch），《女性心理學，精神分析研究》（*La Psychologie des femmes, étude psychanalytique*, trad. par H. Benoit, Paris, PUF, 1953-1955 [1944]）；或是波拿巴（Marie Bonaparte），《論女性的性慾》（*De la sexualité de la femme*, Paris, PUF, 1951）；尤其是查瑟古特－斯密蓋爾（Janine Chasseguet-Smirgel）主編的《女性的性慾。新精神分析研究》（*La Sexualité féminine. Recherches psychanalytiques nouvelles*, Paris, Payot, 1964）對這個問題做出了總結。

20. 當然要參見西蒙・波娃，《第二性》，同前註，以及納哈（Hélène Naha），《存在主義文學中的女性》（*La Femme dans la littérature existentielle*, Paris, PUF, 1957）的分析。另一本風格不同的著作是布伊東迪克（Frederick Jakobus Johannes Buytendijk）的《女性與其存在、出現、生存的方式，存在主義的心理學評論》（*La Femme, ses modes d'être, de paraître, d'exister, essai de psychologie existentielle*, trad. par A. de Waelhens et R. Micha, préf. de S. Nouvion, Paris, Desclée de Brouwer, 1954），完美說明了比較兩種存於世界之方式的存在主義暨現象學方式：身為男性（特徵是工作、認知且改造自然、計畫）與身為女性（特徵是關心、照護他人的行為），此一分析是孔德或黑格爾論題的延伸。

21. 傅柯將在凡仙大學的課程中繼續分析法律與性之間的關係（參見下文，第四堂課），同時更詳細介紹基督教婚姻與其演變，還有大革命時期以及民法時代。他會對在此提出的分析進行重大修改，但仍局限於普拉尼歐（Marcel Planiol）將婚姻視作契約的詮釋，而這是傅柯在本課程中的主要資料來源。20世紀初期，契約婚姻擁護者與反對將婚姻視同契約者之間的爭論，與認可經配偶雙方同意的離婚有關，在這場爭論之中，普拉尼歐的立場必須重新定位。詳情請參見下文，凡仙大學的課程，第四堂課，注釋35，頁 271-272。

22. 傳統上，我們會比較成文法國家（亦即受到羅馬法影響的法國南方各省）和習慣法國家（位於法國北部，羅馬法的影響在此因各種區域性習

俗的發展而消失）。在成文法國家裡，婚姻法學家經常強調這個承襲
自羅馬*patria potestas*的父權之重要，包括從法葉（André-Jean-Simon
Nougarède de Fayet）的《婚姻與離婚的法律史，從其民法與習慣法的起
源至18世紀末》第一冊（*Histoire des lois sur le mariage et sur le divorce
depuis leur origine dans le droit civil et coutumier jusqu'à la fin du XVIIIe
siècle*, Paris, Le Normant, 1803, t. I, préface, p. XII-XIII；法國國家圖書館
第39-C2號箱匣），到普拉尼歐的《符合官方綱領的基本民法條約》第
三冊（*Traité élémentaire de droit civil conforme au programme officiel*, 2e
éd., Paris, F. Pichon, 1903, t. III）。

23. 參見前揭書，頁2：「*Individua vitae consuetudo, consortium omnis vitae,
divini atque humani juris communicatio.*」（譯註：拉丁文，「個人生活習
慣、終生的生活伴侶、神法與人法的交流」之意。）婚姻被描述成整個
生命歷程中一個不可分割的關係，是一個完全共有的生活，是神法與人
法的結合。這些是羅馬法的慣用語，用來定義婚姻並與單純的同居做出
區分。

24. 傅柯在此根據的是普拉尼歐：前揭書，頁5-7、頁11（關於陽痿），以及
頁14（關於亂倫）。

25. 波爾塔利（Jean-Étienne-Marie Portalis），引述於前揭書，頁3。正
確的引文如下：「男性和女性的社會，他們相互結合使其物種得以延
續：為的是透過相互協助來幫忙彼此承擔生命的重擔、分擔他們共同的
命運。」摘自費內（Pierre-Antoine Fenet），《民法籌備工作全集》
卷10〈1801年3月7日立法機構國政委員波爾塔利針對婚姻法草案的動
機報告〉（*Recueil complet des travaux préparatoires du Code civil*, t.
IX, «Exposé des motifs du projet de loi sur le mariage par le conseiller
d'État Portalis, Corps législatif, 7 mars 1801», Paris, Marchand du
Breuil, 1827, p. 140）。

26. 普拉尼歐，《符合官方綱領的基本民法條約》，同前註，頁3。

27. 博丹（Charles Beudant），《法國民法的發展。國家與人民的合法能力》第一冊（*Cours de droit civil français. L'État et la capacité des personnes*, Paris, A. Rousseau, 1896-1897, t. I, p. 293），引述於前揭書。

28. 參見普拉尼歐，《符合官方綱領的基本民法條約》，同前註，頁5，他指出，直到法國大革命，「我們都在猶豫是否承認*in extremis momentis*（也就是確定不會再有結合行為的時刻）之契約婚姻的有效性。」（譯註：*in extremis momentis*係拉丁文，「在最後時刻」之意。）

29. 普拉尼歐已經研究過這些不同的婚姻效應：前揭書，頁67-76。

30. 普拉尼歐依據法規，為各種離婚原因建立了一個圖表：同上，頁162，關於這些不同原因的研究則可見頁165-173。事實上，「自願並持續拒絕……完成婚事」是能證明離婚合理的嚴重「侮辱性事實」之一（同上，頁170）。

31. 談論薩德（Donatien Alphonse François de Sade）和所有與現代性有關的重要變革具有同時代性，在當時是很流行的**老生常談**。因此，自克羅索夫斯基（Pierre Klossowski）、巴塔耶、布朗修（Maurice Blanchot）以降，人們堅信薩德和法國大革命具同時代性，尤其是透過攻下巴士底監獄（la Bastille）的情節，據聞當時是薩德激勵人民發動攻擊的；自阿多諾（Theodor Adorno），尤其是拉岡（Jacques Lacan）之後，人們強調薩德與康德（Kant）具有同時代性與相似性，並比較康德的無上律令（impératif catégorique）和薩德的絕對享樂原則（principe de jouissance absolue）。參見馬爾蒂（Éric Marty），《論為何20世紀如此重視薩德》（*Pourquoi le XXe siècle a-t il pris Sade au sérieux? Essai*, Paris, Seuil, 2011），書中介紹了這些不同的對照。傅柯特別重視這種對比方式，經常以薩德作為代表，用來說明被排除在外者、各種現代經驗開創性劃分的外部經驗（因而有時也是深刻的真理）。更多關於傅柯當大量比較薩德與畢夏（Bichat）、夏多布里昂（Chateaubriand）、康德等等的細節，參見授課情境，頁416-418。對照薩德與民法，將薩德與

「問題意識」、論述知識，同時還有自19世紀初以來有關性的踰越語言連繫起來，這些都將在本課程中多次重現（參見下文，頁49與119）。

32. 特別參見黑格爾（Georg Wilhelm Friedrich Hegel），《精神現象學》卷2（*Phénoménologie de l'esprit* [1807], trad. par J. Hyppolite, Paris, Aubier, 1941, t. II, p. 23-27）；同前，《哲學科學百科全書》卷3《自然哲學》（*Encyclopédie des sciences philosophiques*, t. III, *Philosophie de la nature* [1817], trad. et prés. par B. Bourgeois, Paris, Vrin, 2004, p. 301-302）；同前，《法哲學原理》（*Principes de la philosophie du droit* [1821], trad. et prés. par J.-L. Vieillard-Baron, Paris, Flammarion, 1999, § 158 sqq）。根據這項原則，「作為自我對他人的立即認知，愛只能在第三方之中找到其統一性，也就是孩子，但孩子的未來就是『父母的死亡』。」（《精神現象學》卷2，同前註，註釋28，頁24）黑格爾經常在他的家庭與婚姻哲學中表達這個原則。

33. 傅柯在教授這門課時，這個「性的人類學」非常熱門，而且形式多樣。1960年的《精神》期刊（*Esprit*）特別號尤其著重性的人類學，探討了性以及「使作為性別化存在之『人的存在』成為命題的各種困難」，導論是呂格爾（Paul Ricœur）撰寫的〈奇蹟、漂泊、謎題〉（La merveille, l'errance, l'énigme），收錄在《精神》期刊（*Esprit*, vol. 28, no 289, 1960，頁1665-1676，在此為頁1665，手稿中有畫底線）。不同於當代情色的「失去意義」及「變成微不足道」，這篇導言極力鼓吹一種跟人有關的性概念，這種概念建立在主體間的倫理、人際關係與溫柔之上。但我們也能在1964年的尚尼耶爾（Abel Jeannière）《性的人類學》（*Anthropologie sexuelle*, Paris, Aubier-Montaigne, 1964）中發現這個「性的人類學」，這部著作出自巴黎天主教學院（Institut catholique de Paris）的課程，是傅柯課程的奇怪複製品。克雷蒙－費洪大學的課程則完全反對這個性的人類學，轉而贊同考古學（質疑性作為人類學主題時的出現條件及歷史偶然性）和受巴塔耶啟發的踰越之情色（參見授課情

境，頁408-416）。

34. 呂格爾也強調，性已經去神聖化，這使得性被納入婚姻範圍和社會倫理
的約束：但是與此同時，性也一直在超越這些約束：「這就是為何婚姻
訴訟一直都是有可能發生的、有用的、合法的、急切的……；任何約束
的倫理都會帶來惡意和欺騙；這就是為何文學具有不可取代的醜聞功
能；因為，醜聞就是欺騙的鞭子」（呂格爾，〈奇蹟、漂泊、謎題〉，
前揭文，頁1670，手稿中有畫底線）。但是，我們不能混淆了林蔭大道
劇院（théâtre de boulevard）裡這些微不足道的醜聞，和傅柯後來所謂
的「公布其各種微不足道之醜聞中最嚴重的醜聞」，以及薩德或是稍後
基攸達（Pierre Guyotat）極度褻瀆的文學，參見傅柯寫給基攸達的私人
信函，1970年刊登於《新觀察家》（Le Nouvel Observateur），〈將會有
醜聞，但是……〉（«Il y aura scandale mais…»，收錄於《言與文》第
一冊，同前註，no 79，頁942-943）。我們必須區分這些微不足道的醜
聞和巴塔耶或布朗修所謂的「醜聞」，後者指的是對極限的徹底踰越。
（譯註：林蔭大道劇院指的是昔日在巴黎幾條大道上開設的劇院，主要
上演的是輕鬆、大眾化的戲劇，後來成為通俗劇的代稱。）

35. 這個分析必須與傅柯繼分析克羅索夫斯基、巴塔耶與布朗修之後，於
1963年至1964年間分析薩德的所有其他文本和陳述一起做對照。特別參
見〈為踰越作序（向喬治·巴塔耶致敬）〉（Préface à la transgression
[en hommage à Georges Bataille]），1963年刊登於《批判》期刊
（Critique），收錄在《言與文》第一冊，同前註，no 13，頁261-278，
傅柯在文中強調「現代的性」，其經驗的特徵「並不是找到（從薩德到
佛洛伊德[Freud]）其理性或本質的語言，而是透過其論述的暴力『被去
自然化』……帶向極限」（頁261）。當性與一系列的（意識、法律、
語言）極限、對這些極限的踰越相結合：「在一個再也沒有對象、存有
與空間要褻瀆的世界裡，它重新建構了唯一還有可能的劃分……，因為
它允許一種沒有對象的褻瀆……。然而，在一個神聖不再具有正面意義

的世界裡，褻瀆不就是我們所謂的踰越嗎？」（頁262）。性作為踰越的基本之處，因而立刻被傅柯與上帝之死和這種悲劇性的經驗形式連結起來，這「使我們的存在失去**無限**的極限……，並發現了例如其祕密和光芒、它自己的限度、**極限**的無限支配」（頁263）。因此，對傅柯來說，這個時期的性會和死亡及瘋狂的經驗（三者緊密相繫，特別是在薩德的作品裡）一起出現，作為踰越與極限之關係的特殊觀點之一。對他來說，這正是巴塔耶的「情色」特徵：「一種將超越極限與上帝之死連結起來的性經驗」（頁264）。正是在此情況下，薩德成為最基本的，因為他是第一個明確將性與上帝之死、某種無對象之褻瀆形式（永遠意在踰越極限）連結起來的人。「當薩德宣稱性的語言是最初的詞彙，他就讓性的語言以唯一的論述之姿穿透整個空間，它突然成為這個空間的主宰者，將我們提升至某個上帝缺席的夜晚，那夜，我們所有的姿勢都是對此一缺席的褻瀆，這個褻瀆同時描繪、消除並在此一缺席中自我耗盡，還發現自己被它帶回到它空洞的踰越純正性」（頁262）。正是這個不確定且無對象的褻瀆尺度，讓傅柯有理由將薩德視作「文學的典範本身」，因為當時的傅柯認為，作為和語言有特殊關係的文學出現於18世紀末，它將語言推向極限、褻瀆及踰越：「薩德首先說出了……踰越的話語；……他的作品——正是這個部分——同時蒐集並使得所有的踰越話語變得有可能。」（《偉大的陌生人》，同前註，頁86）對薩德的任何解讀都必須與克羅索夫斯基（《薩德是我的同類》〔*Sade, mon prochain*, Paris, Seuil, 1947〕）、尤其是巴塔耶（特別參見《情色論》，同前註）及布朗修（特別參見《羅特亞蒙與薩德》〔*Lautréamont et Sade*, Paris, Les Amis des Éditions de Minuit, 1949〕）的解讀做對照。就此一主題，參見馬爾蒂，《論為何20世紀如此重視薩德》，同前註；關於當時傅柯與薩德之關係的解讀，參見薩波（Philippe Sabot），〈傅柯、薩德與啟蒙時代〉（Foucault, Sade et les Lumières），收錄在《啟蒙時代》期刊（*Lumières*, no 8, 2006, p. 141-155）。本課程曾多次引用

薩德（參見下文，第四堂課，頁119），凡仙大學的課程亦然（參見下文，第一堂課與第七堂課）。現代之性的經驗與「上帝之死」、「現代人唯一能感受的悲劇形式」的關係，將在本課程的第五堂課中有較長篇的論述（參見下文，頁165-168）。

36.　　傅柯將在隨後的課堂上大量採用精神分析——這次與人文科學有關。在凡仙大學的最後一堂課上，他將討論賴希（Wilhelm Reich）與馬庫色（Herbert Marcuse）的佛洛伊德－馬克思主義（freudo-marxism）和性烏托邦的關係，更明確關注在此提出的論題，那就是相信有某種存在形式，性在那裡是愉悅且協調的。我們要記得，「性革命」這個主題是在1966年之後才全面席捲法國的，同時期出版的第32-33號《擁護者》期刊（*Partisans*）（標題為「性與壓抑」〔Sexualité et répression〕），以及博豪（Jean-Marie Brohm）主編、瑪斯佩洛出版社（Maspero）出版的賴希著作《年輕人的性鬥爭》（*La Lutte sexuelle des jeunes*）皆可為證。然而「性革命」早在1960年代初期就出現了，例如1960年出版的《精神》期刊（同前註）提出很多有關性異化的問題、青少年的性解放要求、精神分析在這場性普及化中的角色。馬庫色的重要著作《愛欲與文明》（*Éros et Civilisation*）法文版亦於1963年出版。

LEÇON 2　La connaissance scientifique de la sexualité

第二堂課

性的學術理解

現代歐洲的性科學特性。

性科學在人的科學（les sciences de l'homme）裡的中心地位：心理、生理以及個體和社會特有的混雜之處。

19世紀時，性在契約、古典時代的想像、宗教和感覺中占據的位置。這種中心性解釋了為何精神分析是人的科學的關鍵。

性的人文科學有三大領域：1.心理生理學；2.心理病理學；3.心理─社會學。

性在此是一個負面的對象，被理解的是其偏差，但在心理─社會學中除外。

壹、性的心理生理學：

一、性的生物學簡史。

二、性的不同模式：性是繁殖的模式之一；性別的區分本身在自然界中是複雜、多變且多層次的。

三、性的決定因素：1.荷爾蒙：其發現與表徵史。2.與遺傳主題相關的性：性別的遺傳決定論。

「性別」概念指的是兩種不同的概念（遺傳的和生殖的），其決定和分化的運作非常複雜。

現代歐洲文化無疑是唯一建構了性科學的文化，
也就是說，它不僅使男性／女性的關係成為文學、
史詩、神話和宗教的對象，而且還是論述知識的對
象。這種知識有時會有明確的制度形式，例如赫希
菲爾德（M. Hirschfeld）的性科學研究院（Institut für
Sexualwissenschaft[a]）[1]，而且儘管它很分散或可能就是
因為它本身的關係，它在人的科學領域中占有的位置
越來越廣。

[22]

1. 性在人的科學中的決定性位置可能取決於以
下幾點[2]：

(1) 首先，性是心理和生理特有的混雜之處。我
們可以說，性確實是由解剖學和生理學來決
定的，但與此同時，它也是整個心理行為：

⊙ 男性與女性；

⊙ 雄性和雌性。

笛卡兒（Descartes）和斯賓諾莎（Spinoza）認
為，我們擁有靈魂與身體這個事實，是因為我
們可以想像；從孔迪亞克（Condillac）到亥姆霍
茲（Helmholtz）或馮特（Wundt）都認為，這
是因為我們有感覺。從克拉夫特－埃賓（Krafft-
Ebing）及佛洛伊德開始，則認為由於我們有性

[23]

這個特徵而使我們知道人類具有身體與靈魂[3]。

(2)其次，性是社會和個體特有的複雜之處。

沒有什麼比性更個人了，因為可以選擇伴侶（以及拒絕的可能性），〔也〕因為性實作（les pratiques sexuelles）在任何地方（除了幾個儀式上的例外）都是私下且隱蔽的。

然而，也沒有什麼比性更具社會性了：

⊙ 婚姻規則；

⊙ 性實作規則。違犯這些規則的人會遭到嚴厲的懲罰。

人同時是個別的與社會的存在，此一事實已於17至18〔世紀〕由契約表明了；19世紀認為此一事實是因為人隸屬於一個優於他的有機整體，後者（以一種想像、神話、完善的形式）表現在宗教的存在裡。從孔德到涂爾幹（Durkheim），社會人指的特別就是宗教人[4]。

因此，在我們這個時代，性扮演的是契約與想像力在古典時代扮演的角色；19世紀則是感覺和宗

[24]

a　　原註：傅柯錯寫成「性研究」（Sexualforschung）。

教連繫。無論人同時是單獨與集體的、生理上是被決定的、是心理行為的主體——人首先都會表現在有關性的主題上。

他之所以是他、他呈現的自己、將他建構成科學論述對象的一切，這都要歸功於性。在現代文化中，人變成被研究的對象，因為他表現出是以性為目的的主體，也是其性事的主體。

這就是為何，發現性是人的正常與異常行為之核心的精神分析，是所有現代人文科學的關鍵[5]。我們習於將人文科學的歷史淵源和事實基礎追溯至討論感覺與刺激之關係的韋伯－費希納定律（loi de Weber-Fechner）[6]。事實上，若人文科學之類的東西在今日有可能存在，這都要歸功於一系列與性有關的事件。這些事件發生於1790年（被監禁在巴士底監獄的薩德寫下《索多瑪120天》）至1890年（佛洛伊德發現以性來解釋歇斯底里症）這段時間裡[7]。

[25]

性的發現使得人的科學能像當今這樣。這並不表示這些科學都被簡化為性研究，或是性研究都將這些科學據為己有。事實上，儘管性研究與所有的人的科學有關，但仍相當明確地鎖定在某些領域裡。

1. 在心理生理學方面：研究性與荷爾蒙的行為
   誘導。

2. 在心理病理學方面：研究性行為偏差（相較
   於我們社會和文化的規範），或是研究性與
   這些行為偏差之間的關係。我們稱這些行為
   偏差為精神病、精神官能症（névrose）、犯
   罪行為或反社會行為。

3. 最後，在心理－社會學方面：研究我們文化　[26]
   之外的其他文化在性行為方面的整合、規範
   化、價值提升與壓抑形式。

我們要關注的是這三種所占比例不一的研究場
域。總而言之，我們必須立刻注意到這些研究涉
及如下：

(1) 決定論或心理生理學上的關聯性；

(2) 文化內部的偏差；

(3) 文化間的分散與歧異。

換句話說，只有生理學方面才具有實證性
（positivité）。其餘的，我們只能研究異常或不
同之處。因此，偏差：正常之愛的心理學並不
存在──而是有病態的嫉妒、同性戀、戀物癖
的心理學。心理學可以是一門實證科學（science

positive），但它卻成為關乎否定性的實證學科
（science positive des negativités）[8]。[a]

心理生理學的要素

[27]

一、歷史

1. 正是在16世紀初，人們察覺有雄性植物和雌
   性植物。1505年，彭達努斯（Pontanus）從棕
   櫚樹上發現這件事[9]。接著我們又在棕櫚樹上
   發現，器官可能有雄性和雌性之分。切薩爾
   皮諾（Césalpin）則於16世紀末指出，某些大
   麻株是不孕的，但有些只要種植在不孕的大
   麻株旁，就會變得十分有繁殖力。

   17世紀末，卡梅拉流士（Camerarius，著有《論
   植物的性別》[De Sexu plantarum epistola]）首
   先進行植物的人工授粉試驗；他定義了雄蕊
   的雄性角色和雌蕊的雌性角色[10]。杜爾奈福爾
   （Tournefort）與林奈（Linné）認為植物最重要
   的功能就是繁殖（這是礦物做不到的），並提出
   以花和果實（杜〔爾奈福爾〕）、雄蕊和雌蕊

（林〔奈〕）[11]來分類。

2. 至於動物的性，問題顯然不在於發現，而是
定義雄性和雌性的確切角色。

(1) 笛卡兒仍然相信雙精液理論（兩種精液相互
混合，作為彼此的酵母）[12]。

(2) 卵源論（Ovisme）。斯坦諾（Sténon）於
1667年提出一項假設，認為雌性的胎生動
物會產卵子，而這些卵子是由雄性精液
授胎的。1672年，葛拉夫（De Graaf）驗
證了此一假設，1677年，雷文霍克（Van
Leeuwenhoek）又再次驗證（精子）[13]。

(3) 因此問題如下：後成論（épigenèse）或預
成論（préformation）[14]？直到斯帕蘭札尼
（Spallanzani）在蟾蜍身上進行第一次人工授
精實驗（亨特[Hunter]於1799年在人類身上進
行此一實驗）[15]。自此，性的生理學研究就有
了實證性。

a　　編註：關於positivité的多元意涵，請參見頁31的審校註。

二、性的不同模式[16]   [29]

1. 就生物學來講,性是生物繁殖的可能模式之
   一。但還有其他方式:
(1) 分裂生殖:生物分裂成數個等分,然後成長
   並再度分裂;沒有父母及後代。
(2) 無性生殖:個體的一部分從中分離出來,這
   部分獨自成長,沒有其他生物的介入(在單
   一細胞的情況下,就是孢子)。

當生物產生的單一細胞無法獨自發育,就是有性
生殖;這個細胞必須與另一個細胞相遇。

2. 但是,這種有性繁殖不足〔以〕將所有的動
   物物種分成雄性和雌性兩類。事實上,雄雌
   之分可能如下:
(1) 僅在細胞方面[a]:例如藻類裡的絲藻屬
   (Ulothrix):它會產生許多看似相同的游動
   孢子,每個游動孢子都有兩個鞭毛,使其能
   在水中移動。其中兩個會在某個時刻靠在一
   起,合併成一個靜止不動的細胞,失去鞭毛
   並進入休眠階段[17]。

另一種水雲屬（*Ectocarpus*）[b]的海藻，這種游動 [30]
孢子會透過前面的纖毛將自己固著在土中。它會
立即吸引其他游動孢子前來附著於其上。其中一
〔個〕會突然接近並與之合併。
其他的會隨之而來。

〔長囊水雲（*Ectocarpus siliculosus*）的授粉（卡
爾勒，《性論》，同前註，頁13）〕

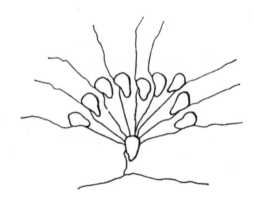

---

a　　　原註：我們劃上底線，好與傅柯加上底線的另外兩點保持一致。
b　　　原註：傅柯在旁邊抄下了卡爾勒《性論》（同前註）的一張示意圖，我們複
　　　　製於下方。

在某些情況下，雄性與雌性細胞之間會有明顯的差異[18]。

(2) 器官方面：我們可在大多數的植物身上發現：

⊙ 或者是單一一個複雜的器官：蘋果花或虞美人有雄性與雌性器官；

⊙ 或者是單一一個器官，但它們自花不育（autostérile）（因此必須有兩株樹，一株為雄性，另一株為雌性，蝸牛亦是如此）[19]。

(3) 個體方面：個體只能提供某一性別的配子。這就是我們所謂的第一性徵。這些配子各有特色：

⊙ 雌性配子是靜止的、富含養分（因此體積龐大）且數量不多；

⊙ 雄性配子是可動的，缺乏儲備（因此一般而言都不大）且數量眾多[20]。

[31]

再者，這必須透過〔以下〕現象來校正：

1. 相較而言的性：在某些藻類身上，我們可以區分產生強配子的個體和其他產生弱配子的

個體。若兩者相對照，後者永遠都是雌性[21]。

2. 雌雄間性（intersexualité），也就是說，同一個體在解剖學或生理學上的裝備能讓該個體依據情勢或經過某些修改後，〔採用〕雄性或雌性的角色。

(1) 自然的〔情狀〕。舉例：腹足綱軟體動物的履螺屬（Crepidula）以堆疊在一起的形式生活。最老的位於底部，最年輕的則在頂部。前者為雌性，後者為雄性；中間的則兼具兩種性別。若我們將年輕的分離出來，牠就會變成雌性。隨著此一堆疊的老化，牠們全部都會變成雌性。

有一種環節動物，年輕時（環節不足15節）是雄性；我們只需經常截斷之，就能讓牠永遠保持雄性狀態[22]。

(2) 人為的〔情狀〕：　　　　　　　　　　　　　　　[32]

⊙ 閹割；

⊙ 荷爾蒙影響[23]。

三、性的決定因素 [33]

1. 荷爾蒙[24]
歷史與說明

(1) 雌激素

⊙ 已知閹割的影響：部分器官或有機要素的變
異；其他則是退化，特別是性器官（兔子的
子宮在退化兩週或三週後，變小了一半）[25]。
·蓋倫（Galien）提及內部的力量[26]。

⊙ 克諾爾（Emil Knauer，1896）利用雌性豚
鼠，指出閹割造成的萎縮可透過在體內不
同的地方移植卵巢片段來補償。因此，不
〔是〕血管形成或神經支配方面的障礙造成
這種萎縮；而是產生的東西。這就形成了對
分泌物的想法[27]。

⊙ 哈勒班（Josef Halban，1900）指出，青春期
前的豚鼠的卵巢片段會促進子宮的發育[28]。

⊙ 艾倫（Edgar Allen，1922）指出，我們可在小 [34]
白鼠進行性活動時，見到卵巢表面的濾泡、
陰道的角質化細胞也同時成熟了。然而，注
射濾泡液只會產生角質化細胞。濾泡素（後
來稱為雌酮）[29]。

⊙ 多西（Doisy）提煉、布特南特（Butenandt）研究的是菲（phénanthrène）的衍生物（環戊二氫菲結構）。由布特南特、陶斯（Dodds）、米歇爾（Miescher）合成[30]。

(2) 同樣地，雄激素的發現（其中最主要的是睪丸素）[31]。

(3) 發現黃體激素（能促進與保護妊娠期：這種荷爾蒙尤其能在黃體中找到）。最重要的是黃體酮[32]。

(4) 發現垂體激素。切除垂體會導致年輕人所有的性器官停止發育；成年人則會出現性器官退化、性行為消失。

⊙ 前葉[a]：

‧內分泌調節激素；

‧成長激素；

‧代謝激素；

‧性激素。

a　原註：傅柯在此加入了卡爾勒《性論》（同前註）裡的插圖，我們複製於下方。

〔賀林（Herring）繪製的猴子垂體矢狀切面圖
解（卡爾勒，《性論》，同前註，頁61）〕

灰白結
後葉
中葉
前葉

⊙ 居間者：新陳代謝[33]。

(5) 胚胎荷爾蒙：胚胎產生自己的荷爾蒙　　　　　　[35]

⊙ 因為母親的荷爾蒙不具決定性[34]；

⊙ 因為出現雌雄雙胎雌體不孕（free-martin）的
現象[35]；

⊙ 因為從未分化的狀態開始，就會導向某一性
別（我們可以逆轉此一導向）。

總而言之，我們可以為荷爾蒙定義如下：「由某
些腺體分泌的化學物質，經由血液運送至全身，
能對某些器官產生特定的作用，而且只需要極低
的濃度。」[36]除了產生作用的器官，這些物質對
生物是有害的；它們會被肝臟摧毀或被腎臟排
出。

2. 與遺傳主題相關的性[37]

荷爾蒙會影響某些具備第一性徵或第二性徵之器官的形成、發育、運作、退化和消失。但到底是什麼能讓荷爾蒙產生作用並自行安排，使得個體成為雄性或雌性的，且還能在這種難以捉摸的平衡中，依據我們所知的比例進行分配？

⊙ 我們立刻想到（這是外因決定性別理論）[38]某些發育條件可能會有以下影響：

以在地中海發現的海蟲「叉蟲」（螠蟲目）[a]為例。雌性由一個橢圓形的身體（2～3公分）和一個1公尺長的輸卵管組成。雄性只有幾公釐長，寄生在雌蟲身上。卵子會在體腔內受精；它們會產生幼蟲。某些幼蟲會固著在土裡並成為雌性；其他的則附著於雌性身上並變成雄性。但只需轉移一下即可：性別相互換置[39]。

---

a　　原註：傅柯書寫螠蟲目（groupe des échiuriens）這個詞時，使用的是當時流行的「échiuridés」而非「échiurides」。

但是，這些環境條件無法解釋統計學上的平均分
配。這很有可能是相對兩性現象。

⊙ 現在我們知道，性別是由受精來確定的：某　　　　[37]
　一個體是雄性或雌性，都是因為這些或那些
　配子相遇之故。進行減數分裂時，也就是當
　細胞分離時，我們知道體內細胞的成雙染色
　體會各自被分配至兩個配子（因此，在與另
　一個配子相遇之前，該配子都處於單倍體階
　段）。

然而，某些物種的雄性細胞在進行減數分裂時，
並不會形成兩個相同的配子；其他物種的雌性細
胞在分裂時，則會產生兩個稍微不同的配子（雄
性異型配子－果蠅屬，或雌性型異配子－尺蛾
屬）。正是這些差異造成了兩性上的差異（對每
一性別來說，個體的數量必然是相等的）[40]。
在人類裡，男性是異型配子。

性別的概念相對應於兩種不同的概念：　　　　　　[38]

1. 遺傳的性別：
它被記錄在生物的每一細胞核內。自受精的那一

刻起就決定了。就人類而言，女性的性別取決於卵子與含有X染色體的精子相遇。男性是不含X染色體的精子〔與卵子相遇〕。這就是所謂的性別決定因素。

2. 生殖的性別：

指的是所有構成雄性與雌性生物有差異的器官與特徵[41]。這些性器官與性特徵的形成建構了性別分化。此一形成分為兩個階段：

(1) 胚胎生命的前半段，形成腺體、雄性與雌性的生殖道。第一性徵[42]。
(2) 在第二階段（青春期），生物獲得其所屬性別的大部分明顯性特徵（亦即第二性徵）[43]。

[39]

在這種決定與分化的雙重遊戲之間，可能會出現一系列現象。

⊙ 在決定和首次分化之間：胚胎在早期階段擁有能獲得這一種或另一種性別的一切（它具備睪丸與卵巢的雛形）。它能以相同的胚胎要素建構這一種或另一種性別。
⊙ 分化期間，有些物種會經歷某一非其最終性

別的性別。（雄性鰻魚會歷經早期雌性化的
階段：牠們在擁有睪丸之前，曾經擁有卵
巢）[44]。

⊙ 最後也存在一些異常現象，包括兩種性別的
器官和特徵同時存在的現象。

註釋

1.　指的是1919年由赫希菲爾德（Magnus Hirschfeld）及克洛菲爾德（Arthur Kronfeld）在柏林創建的性科學研究院，旨在研究與傳播跟性有關的知識，並提供婚姻、各種與性有關的病理學諮詢。該研究院持續至1933年遭納粹嚴厲鎮壓為止。

2.　比起傅柯當時思索人文科學的出現與結構化條件，他對性的反思因而隸屬於更為廣泛的範圍。傅柯思索人文科學的結果是出版了《詞與物》（*Mots et les Choses. Une archéologie des sciences humaines*, Paris, Gallimard, 1966）。這份反思也更廣泛融入了當時流行的提問，亦即質疑人文科學的地位與精神分析在其中的位置（參見下文，頁46-49；授課情境，頁406-408）。這個問題在傅柯開課前不久，已於1963年至1964年成為阿圖塞（Louis Althusser）在巴黎高等師範學院的拉岡與精神分析研討課程裡，其中兩堂講座的主題，這門課就事實與法理來質疑精神分析應該在人文科學領域，特別是在心理學中占據的位置（參見阿圖塞，《精神分析與人文科學。兩堂講座，1963～1964年》[*Psychanalyse et Sciences humaines. Deux conférences, 1963-1964*, éd. établie et présentée par O. Corpet et F. Matheron, Paris, Librairie générale française,

1996]）。第二堂講座結束之際，阿圖塞檢視了使心理學在歷史上成為哲學、道德或政治意識型態之副產品的方法（這些意識型態使得心理學成為可能）；在此架構下，他逐步提及笛卡兒（René Descartes）與斯賓諾莎（Baruch Spinoza）錯誤和想像的理論，接著是感覺主義者的經驗主義和「感覺的基本問題」。傅柯稍後會重拾這兩個主題，參見下文，頁46-48。

3.　　關於笛卡兒，參見例如《哲學沉思集》（*Méditations métaphysiques*）第六個沉思：「當我仔細思考什麼是想像力，我發現它只是將某種功能（faculté）應用到與之關係密切的身體，此一功能因認識而存在。」（笛卡兒，《哲學沉思集》，Paris, Flammarion, 1992 [1641], p. 173）想像力一方面位於感官和外在世界的入口之間，另一方面則位於感官和理解與意志之間。同樣地，斯賓諾莎認為，「第一類認知……或想像力」指的是靈魂依據身體各部位影響我們自身身體的方式，來認識身體各部位的方法（特別參見《倫理學》[*Éthique*]，第七命題，注釋）。要注意的是，1952年至1955年間，傅柯針對想像力在古典時代的中心地位，進行了非常大量的反思，當時想像力被視作「在身體裡到達了大自然的幾何真理，在靈魂裡則是被動性的最原始層面，大自然在此一要素中轉化成世界」（《人類學課程》[*Cours sur l'anthropologie*]，法國國家圖書館第46-C1號箱匣）。這些反思都是他對人類學問題作為現代哲學核心的研究，與受自然*mathesis*（譯註：希臘文，「科學、認知」之意）主導的古典時代形成對比。至於孔迪亞克（Étienne Bonnot de Condillac），他則體現了一種激進的感覺主義立場，認為「在自然秩序裡，一切皆來自感覺」，包括「理解與意志的操作。判斷、反思、慾望、情緒等等，都只是感覺本身的轉變」（《感覺論：論動物》[*Traité des sensations; Traité des animaux*], Paris, Fayard, 1984 [1754], p. 11）。亥姆霍茲（《作為樂理之生理學基礎的音感研究》[*Die Lehre von den Tonempfindungen als physiologische Grundlage für die Theorie der Musik*, Brunswick, Friedrich

Vieweg und Sohn], 1863），尤其是馮特（Wilhelm M. Wundt，《感官知覺理論文集》[Beiträge zur Theorie der Sinneswahrnehmung], Leipzig, C. F. Winter, 1862），這兩位都是實驗心理學的創始者，他們深入分析感覺（被視作感官印象）如何變成感知，融入更為複雜的心理程序──馮特明確地反對感覺主義的簡化論。關於克拉夫特－埃賓（Richard von Krafft-Ebing）與佛洛伊德對性的態度，參見下文，頁119及其後。

4.　特別參見孔德，《實證政治體系》，同前註；以及涂爾幹（Émile Durkheim），《宗教生活的基本形式》（Les Formes élémentaires de la vie religieuse, Paris, PUF, 1912）。事實上，自孔德到涂爾幹及其後，整體看來他們都認為宗教是最古老、最典型的社會關係，同時也是社會學的特殊對象。提及契約，顯然是在呼應17世紀末與18世紀自霍布斯（Thomas Hobbes）到洛克（John Locke）及盧梭（Jean-Jacques Rousseau）等人提出的各種社會契約理論。

5.　參見上文，注釋2，頁63。傅柯的課程是在一個明確的背景下展開的，當時（1963年至1964年間）對於精神分析在人文科學領域中的位置，出現了許多辯論，這些都與拉岡、阿圖塞的研究有關（參見授課情境，頁406-408）。傅柯將精神分析視作「人文科學之鑰」，因為精神分析發現性是人類行為的核心（整個課程都在證明性不可簡化成主體間的「人類性事」），他並明確參與了這場辯論。另一方面，透過對照性在創立人文科學時扮演的角色（從薩德到佛洛伊德），以及韋伯－費希納定律（參見下文，下一個注釋），他也反對將人文科學簡化成自然科學的想法。相反地，他認為人文科學是一門非常不同的學科，它或者是一種詮釋學，或者是他認為的符號學──除了主體（sujet），符號學還研究與性有關的規則、結構或意義。將這些分析與巴迪歐（Alain Badiou）的訪談〈哲學與心理學〉（1965）、特別是收錄在《言與文》（前揭文）裡的版本進行比較是有用的。性在本課程中所占據的位置，就是傅柯在訪談中承認的「潛意識的發現」：「單純發現潛意識並沒有讓領域變大，

這不是心理學的延伸,這真的是心理學〔我們在此理解為精神分析〕收併了人文科學涵蓋的大多數領域,因此我們可以說,自佛洛伊德以降,所有的人文科學都變成……**心靈**(psyché)的學科。」(頁469)傅柯還補充,這項發現清楚展現出個體/社會、靈魂/肉體的分界。但最重要的是,此一**心靈**並非人類的意識,而是與性(被視作「對人之真理的否定」)有關的潛意識本身。傅柯已於1957年在分析佛洛伊德式「醜聞」的含意中,指出了這一點:「這是心理學史上第一次,自然的消極性並未涉及人類意識的積極性,而是將後者視作自然積極性的否定。醜聞〔……存〕於其中,透過精神分析,愛、社會關係與人際的歸屬形式就像性的消極性要素,而性是人的自然積極性。」〈科學研究與心理學〉(La recherche scientifique et la psychologie, 1957),收錄在《言與文》第一冊,同前註,no 3,頁165-186,在此為頁181-182。

6.　　指的是1834年物理學家韋伯(Ernst Heinrich Weber)在研究重量時,發現在原始刺激強度I和二度刺激強度△I之間存有一個恆定比例,從而可察覺到二度刺激造成的差異。因此,為了能察覺此一差異,它必須達到某個閾值△I;這個數值與原始刺激的比例是恆定的,亦即是一個常數(k):△I/I=k。費希納(Gustav Fechner)將這個公式稱作「韋伯定律」,使之成為描述感官刺激與知覺(perception)之關係的一般原理,這個原理認為「感覺就像刺激對數一樣會改變」。此一定律通常被當作是稀有法則之一,能以數學形式來表達,可應用至人文科學,因此我們可在實驗科學的延伸中思考人文科學。比較傅柯和古斯朵夫(Georges Gusdorf)的立場是有用的,後者也批判了被視作人文科學起源的韋伯-費希納定律(參見古斯朵夫,《人文科學概論。關於其起源與發展的評論集》[Introduction aux sciences humaines. Essai critique sur leurs origines et leur développement], Paris, Belles Lettres, 1960, 頁16, 尤其是頁402-404)。但是,古斯朵夫的批判建立在人文主義現象學的原則之上,此一現象學認為「人類實際自發性的現實符合數學形式化的規範」

（頁16），在此，人文科學與自薩德至佛洛伊德的經驗和性知識相連結，將傅柯導向另一個明顯反人文主義、反現象學主題至上的方向。

7.　將薩德當作近乎是佛洛伊德的先驅，進而在兩者之間建立起關係，這也能在布朗修身上發現，他認為薩德「領先佛洛伊德」（《羅特亞蒙與薩德》，同前註，頁46）。拉岡在其著名的〈康德與薩德〉（Kant avec Sade，刊登於1963年4月號的《批判》期刊，no 191，頁291-313）一文中，採取的立場更接近傅柯在此所表明的。儘管他「在信中重申」，認為「薩德的作品為佛洛伊德鋪路」是「愚蠢的」，但他肯定薩德的作品是佛洛伊德提出享樂原則的可能條件：打破愉悅與福祉之間的關係，首先肯定「邪惡中的幸福」此一主題，這都使得「薩德成為顛覆的第一步」，in fine（譯註：拉丁文，「最終」之意）使得佛洛伊德有可能出現。「無論在何處，我們都會調整倫理的立場來培養一門學科。因此，是的，為了讓佛洛伊德這條路可行，必須在品味的深度方面進行長達百年之久的清理。」（〈康德與薩德〉[1963]，在收錄《書寫》[Écrits]，Paris, Seuil, 1966, 頁765-790，在此為頁765）就傅柯而言，正是在性及語言的關係裡（在此出現了有限和踰越極限的經驗），我們可以勾勒出薩德與佛洛伊德之間的連結。參見〈為踰越作序〉（1963），前揭文。

8.　在此涉及傅柯自《精神疾病與心理學》以來一再出現的立場：「我們不應當忘記，『客觀』或『實證』的心理學……有其病理學經驗的歷史淵源和基礎。這是一種對雙重性的分析，讓人格心理學成為啟發智力心理學的缺陷分析。」（同前註，頁87-88）從〈1850年至1950年的心理學〉（La psychologie de 1850 à 1950, 1957）：「心理學……就是在這一點上誕生的，人的所作所為在此自相矛盾；發展心理學的誕生是為了對發展停滯進行反思……；與記憶、意識、情感有關的心理學，首先以遺忘、潛意識、情感障礙等心理學之姿出現。若不要求精確性，我們可以說，當代心理學就其源頭而言，是一種對異常、病態、衝突的分析。」（收錄在《言與文》第一冊，同前註，no 2，頁148-165，在此為頁149-

150）直到〈科學研究與心理學〉（1957）：「它的創發性，心理學是
從人對自己造成的非具生產性經驗吸取而來的。」（前揭書，頁181）此
一立場經常在本課程中重複出現（參見下文，第三、四堂課，頁76-77與
頁116-117），並成為傅柯的主張，認為性的心理學學科始於對變態的分
析。這與康吉萊姆（Canguilhem）在《正常與病態》（*Le Normal et le
Pathologique*, Paris, PUF, 1966）中的分析相呼應。

9.　　指的是那不勒斯國王龐塔諾（Giovanni Giovano Pontano，或寫做
Jovanius Pontanus）於1505年寫的一首詩《帕爾瑪‧畢東帝納與依特呂
帝納》（*De Palma Bitontina et Hydruntina*），這是關於兩棵棗椰樹的愛
情故事，一雄一雌，雄株位於布林迪西（Brindisi），雌株身在奧特朗托
（Otrante），而且一直不育，直到長大後，它們才能相互瞥見對方並結
果（*Eridani duo libri*, Naples, Sigismundum Mayr, 1505）。傅柯在此緊接
著補充由維爾維耶（Adrien Davy de Virville）編纂的第五章有關文藝復興
時期植物學的「植物之性」，收錄在塔東（René Taton）主編的《科學
通史》第二冊（*Histoire générale des sciences, t. II, Georges Allard et al.,
La Science moderne, de 1450 à 1800*, Paris, PUF, 1958, p. 170），並從中
引述切薩爾皮諾（Andrea Cesalpino）。他也將以更詳盡的方式在凡仙大
學的課程中講述植物的性史，並更明確強調卡梅拉流士（Rudolf Jakob
Camerarius）所代表的突破（參見下文，頁296及其後）。

10.　 同上，第三章「植物學」，頁412。關於卡梅拉流士，參閱凡仙大學的課
程，見下文，第六堂課，頁308。

11.　 林奈（Carl von Linné）的「性的體系」是根據雄蕊，將植物分成二十四
綱，並依照雌蕊或雄蕊的特性來分門別類，相關請參見道當（Henri
Daudin），《從林奈到拉馬克。植物學與動物學分類法與系列思想，
1740-1790》（*De Linné à Lamarck. Méthodes de la classification et idée
de série en botanique et en zoologie, 1740-1790*, Paris, F. Alcan, 1926, p.
38-39）。圖內弗（Joseph Pitton de Tournefort）的方法主要是利用花

冠和果實，相關文獻請參見杜吉（Raymond Dughi），〈植物學史裡的圖內弗〉（Tournefort dans l'histoire de la botanique），以及勒華（Jean-François Leroy），〈圖內弗與植物分類〉（Tournefort et la classification végétale），收錄在貝克（Georges Becker）主編的《圖內弗傳》（*Tournefort*, préf. de R. Heim, Paris, Muséum national d'histoire naturelle, 1957, 頁131-186與頁187-206）。傅柯會在《詞與物》（同前註，頁153-154）中再次提及他們的分類方法。

12. 關於「雙精液」理論，以及笛卡兒在1664年《論人類》（*Traité de l'homme*）裡詮釋該理論的方式，傅柯使用的是吉耶諾（Émile Guyénot）的文章〈人類與動物的生物學〉（Biologie humaine et animale），收錄在《科學通史》第二冊，同前註，頁370-371。笛卡兒認為，動物的精液「似乎只是兩種互為酵母之液體的混合物」（同前揭書，頁371）。

13. 傅柯再次引用吉耶諾的文章（同上，頁372-374）。我們通常會將「卵源論」和「精子論」或「精源論」相互對照。卵源論認為胚胎會預先在雌性的卵子中形成，再由雄性的精子受精及發育；而雷文霍克（Antoni Van Leeuwenhoek）代表的精源論則認為，胚胎會在雄性的精子（「微小動物」）中預先形成，卵子基本上是用來滋養胚胎的。關於這些理論，參見下文，凡仙大學的課程，第六堂課，注釋33，頁326。

14. 關於後成論和預成論的比較，參見下文，凡仙大學的課程，第六堂課，注釋32，頁326。預成論認為動物已經「預先形成」並存於雄性或雌性的胚芽之中，而且只能透過精液對另一性別的刺激來機械性地發育。後成論認為，胚胎會透過特定力量的作用，從相對未成形的物質開始逐漸形成。

15. 斯帕蘭札尼（Lazzaro Spallanzani）於1770年代對蟾蜍進行一系列的人工受精實驗，亨特（John Hunter）於1799年以人工受精方式，使陰莖畸形的丈夫得以讓妻子受精，參見羅斯東（Jean Rostand），〈斯帕蘭札尼

神父對動物生殖所做的實驗（1765-1780）〉（Les expériences de l'abbé Spallanzani sur la génération animale (1765-1780)），收錄在《國際科學史檔案》（Archives internationales d'histoire des sciences, vol. 4, no 1, 1951, p. 413-447）。

16. 對於這個部分以及接下來的兩個部分，傅柯大量引用卡爾勒的《性論》（La Sexualité, Paris, Armand Colin, 1953）。書中第8頁詳述了分裂生殖、無性生殖與有性生殖的區別。高勒里（Maurice Caullery）的先驅文本《性的問題》（Les Problèmes de la sexualité, Paris, Flammarion, 1919）開啟對性的生物學分析，尤其是1940年至1950年代有大量的相關研究普及與傳播，卡爾勒即為一例。參見布奴爾（Louis Bounoure），《有性繁殖與性的自然史》（Reproduction sexuelle et Histoire naturelle du sexe, Paris, Flammarion, 1947），以及《遺傳與性的生理學》（Hérédité et Physiologie du sexe, Paris, Flammarion, 1948）；高勒里，《有機體與性》（Organisme et Sexualité, 2e éd., Paris, G. Doin, 1951）；丹欽科（Vera Dantchako），《性、遺傳與荷爾蒙在其中扮演的角色》（Le Sexe, rôle de l'hérédité et des hormones dans sa réalisation, Paris, PUF, 1949）；沃爾夫（Étienne Wolff），《性別的轉變》（Les Changements de sexe, Paris, Gallimard, 1946）。這些文本的範例和結論大部分都是相同的，使得自然界中性與性別劃分的顯著之事變得極為複雜。尤其是沃爾夫的作品，更讓巴塔耶於1947年在《批判》期刊上發表了一篇重要評論〈什麼是性？〉（Qu'est-ce que le sexe?），收錄在《作品全集》卷11（Œuvres complètes, t. XI, Articles. 1, 1944-1949, éd. par F. Marmande et S. Monod, Paris, Gallimard, 1988, p. 210-221）。傅柯很有可能知道這篇評論，而且這與他在這些研究中的運用非常吻合。事實上，巴塔耶在這篇評論中指出，性的科學如何「破壞」親密經驗和性別差異的普遍表述，亦即「個體的基本性別屬性概念」和性別之間明確與靜態的區分。相反地，性科學指出「性別……並非是一種本質，而是一

種狀態」，可比擬成身體的液態或固態。「事實上，科學完全消除了所謂的生命之『基本數據』⋯⋯，總而言之，它破壞了以存在感為基礎的建構，它將個體親密的存在拆解成可變動的客觀表述，所有的基質在此都被奪去。它將真實與確實從親密、看似永恆的性別觀念中撤除。」因此，我們無疑必須理解傅柯在第二和第三堂課中援引科學數據（生物學及動物行為學）的方式（參見下文，頁92-97）；同時參見授課情境，頁412-416。

17. 卡爾勒，《性論》，同前註，頁12。卡爾勒比較喜歡使用「性簡化成配子」，而非簡化成細胞。

18. 同上，頁13-14。這些差異尤其可在褐藻身上見到。

19. 同上，頁14-17。

20. 同上，頁17-19。

21. 同上，頁23-24。此處提及的海藻主要是長囊水雲或衣藻（*Chlamydomonas paupera*）。

22. 關於這些自然的雌雄間性（intersexualité naturelle）案例，參見前揭書，頁27-28。相關的環節動物屬於多毛類（*Ophryotrocha puerilis*）。

23. 這就是卡爾勒所謂的「實驗性質的雌雄同體」（同上，頁30-38）。

24. 傅柯採用卡爾勒著作的第二部分「性的化學」（同上）。關於最新的性內分泌學史，參見例如歐湘（Nelly Oudshoorn），《超越自然身體。性荷爾蒙考古學》（*Beyond the Natural Body. An Archeology of Sex Hormones*, Londres, Routledge, 1994）。關於對此一主題的哲學反思，參閱佛斯托－史泰林（Anne Fausto-Sterling）的經典之作《身體性別化。性別政治與性的建構》（*Sexing the Body. Gender Politics and the Construction of Sexuality*, New York, Basic Books, 2000, trad. par O. Bonis et F. Bouillot, préf. de l'auteure, postf. d'É. Peyre, C. Vidal et J. Wiels, Paris, La Découverte-Institut Émilie du Châtelet, 2012）。

25. 卡爾勒，《性論》，同前註，頁43。

26. 　　同前揭書。

27. 　　指的是克諾爾的研究〈兔卵巢移植的實驗〉（«Einige Versuche über Ovarientransplantation bei Kaninchen», *Zentralblatt für Gynäkologie*, vol. 20, no 564, 1896, p. 524-528），引述自卡爾勒，《性論》，同前註，頁 43-44。

28. 　　哈勒班，〈卵巢對生殖器發育的影響〉（«Ueber den Einfluss der Ovarien auf die Entwicklung des Genitales», *Monatsschrift für Geburtshilfe und Gynäkologie*, vol. 12, no 4, 1900, p. 496-506），引述自卡爾勒，《性論》，同前註，頁44。

29. 　　艾倫，〈老鼠的發情週期〉（«The oestrous cycle in the mouse», *American Journal of Anatomy*, vol. 30, no 3, 1922, p. 297-371），引述自卡爾勒，《性論》，同前註，頁44。

30. 　　關於此一歷史沿革，參見卡爾勒，同上，頁44-53。這件事最後以瑞士人米歇爾（Karl Miescher, 1892-1974）的研究作為結尾，他成功於1948年進行首次完整的雌酮合成。

31. 　　卡爾勒總結了雄性激素的發現（同上，頁54-57）。這項發現來自幾項實驗：1848年，貝特霍爾德（Arnold Adolf Berthold）對閹雞進行睪丸移植手術，1927年，麥可‧基（Mac Gee）從公牛的睪丸中萃取出近乎純淨的雄性荷爾蒙。因此，大衛（Karoly Gyula David）與拉克爾（Ernst Laqueur）得以於1935年以精煉方式取得睪丸酮。其他荷爾蒙（雄固酮、腎上腺素）皆於同一年代被萃取出來。

32. 　　參見卡爾勒，同上，頁57-60。於1934年明確指出黃體酮公式的是布特南特（Adolf Butenandt）。

33. 　　同上，頁60-61。

34. 　　卡爾勒指出，因為「我們不明白，除了強加性別，它們還能做什麼」。然而，這也是為了解釋雄性胚胎的形成（同上，頁64-65）。更普遍而言，這與胚胎荷爾蒙有關。參見同上，頁64-67。

35. 「雌雄雙胎雌體不孕」這種現象指的是兩個（遺傳上）不同性別的假性雙胞胎，透過胎盤在子宮裡相互連結。在這種情況下，遺傳上為雌性者就生成雙性，因為另一胚胎的雄性荷爾蒙會透過胎盤，以血液為途徑對其產生作用。

36. 卡爾勒，《性論》，同前註，頁73。正確的引述如下：「荷爾蒙……是某些腺體分泌的化學物質，經血液輸送至整個有機體，並以極微小的濃度對某些器官造成特定作用。」

37. 傅柯在此採用卡爾勒著作（同上）的第三部分「遺傳的性」，頁103及其後。

38. 「外因決定性別」理論認為，受精卵會在性別尚未確定的情況下開始發育，確定其性別的是隨後的發育條件。與之相對的是「配子接合」理論，該理論認為性別在配子相遇、受精之時就已經確定（同上，頁103）。

39. 叉蟲的例子詳述於前揭書，頁104-107。

40. 針對所有這些論述，傅柯總結了卡爾勒的著作（同上，頁107-113）。在果蠅屬中，雌性的性染色體都是相同的（XX），雄性的性染色體則有一個不同（Y染色體）。在尺蛾屬中，擁有兩個相同性染色體（ZZ）的是雄性，雌性則有一個不同的染色體（W）。

41. 傅柯這次似乎使用了沃爾夫的《性別的轉變》（同前註）。我們在第15頁找到一個接近生殖性別的定義：「能在同一物種中，用來確認雄性主體不同於雌性主體的所有特徵。」

42. 同上，頁19-20。

43. 同上，頁16。

44. 關於鰻魚，參見同上，頁69-74。

第三堂課

——LEÇON 3 Le comportement sexuel

性行為

心理學只能透過偏差來認識性行為。

缺乏「標準的」性（sexualité «normale»）的知識，而且與「性的規範性」（normalité sexuelle）混淆在一起：發生次數與規範性之間失真的重要性。

「標準的性」的觀念混淆了生物學目的的想法和整個社會規範暨禁令的網絡。與其從此一「標準的性」[a]著手，不如以其最廣泛的分布（心理病理學、心理－社會學）來研究所有與性有關的舉止；首先從動物的性事開始，對性行為的觀念提出質疑。

一、動物的性事：是本能行為但極為複雜、具可塑性、與環境條件有關。羅倫茲（Lorenz）與丁柏根（Tinbergen）對本能行為的定義。

1. 性動機：荷爾蒙的閾值、外部刺激、群體效應和社會性。

2. 性行為的展開：一系列複雜的舉止，這些舉止遠遠超出生育行為的範圍，涉及了與空間、他者、環境的關係。

(1)本能慾望的活動；(2)性地盤；(3)性炫耀行為；(4)肉體的結合行為。因此，性行為同時取決於荷爾蒙的指令和服從符碼的信號系統（亦即訊息）。生物學、環境、與他者之關係的錯綜複

雜：在生物界中，人類的性並不罕見。但還是要有所切割：最重要的就是人類性事與法律、禁止、違犯的關係。解釋這些關係：人類的性舉止必然意味著有一套規則與禁止；因此，它永遠涉及了可能的違犯。人類性事的矛盾境況：既是在所有規則之下的本性，也是所有關係的自然基礎；永遠涉及了規則和違犯。因此，西方的性經驗有兩種傳統語言：愛的抒情詩及踰越的情色。19世紀發明了一種新的語言：性的心理病理學。

a　審校註：「normalité sexuelle」在此建議翻譯成「性的規範性」。由於「normal」、「normalité」與「normalisation」在傅柯的論述中，有其特定的意涵。指的是將性「導為正常的」、「化為『標準』的」或是「將性加以規範」的意思（若受詞是sexualité的時候）。故此，「sexualité normale」則可理解為「正常的／規範上允許的／標準的」性。關於「normalité」的理解，亦可參照他在1975年《監視與懲罰》（Survellir et punir, 1975）中對於「規範權力」（或者翻譯成「將之導向正常的權力」〔pouvoir normalisateur〕）的描述。在本文章（講綱）的脈絡則可視為傅柯在檢視人類文明或文化制度對性情事進行規範化、標準化或加以正常化的過程與結果。

出人意料的是，我們只能透過其偏差來認識之[a]，　　　[40]
因為永遠與性有關的禁止系統包括了對認知的禁止，
即使是在我們這個時代，我們依舊無法擺脫此一禁
止；或是因為心理學從來只能〔理解〕人類經驗的負
面形式（偏差、失敗、有害影響；遺忘，而非記憶；
愚蠢，而非聰明；更甚於想像力的幻想；精神官能
症，而非成功）[1]。

關於性事，一旦從它可能擁有的積極面或正常面
去研究其決定因素，我們理解到什麼？

1. 其全速進行的狀態只會在青春期後的最後性
   別分化階段出現。往昔，我們清楚知道有此
   一表達，但是，是以一種無差別（不限於性
   器官）、零散（無法進行性行為）的形式表
   現出來，〔而且〕時隱時現。
2. 此一顯現與個體、氣候（北方及南方）、社　　[41]
   會等因素有關。
3. 一旦出現，它就會表現至一定的年齡，女性
   會比男性早熟。
4. 在此期間，它會以一種斷斷續續且不定期的
   方式表現出來——男人及女人並不會像動物
   一樣，受到性活動期的影響。
5. 此一活動的強弱程度視個人而定，並以性行

為作為結束，若性行為目的不是生育，就要在能誘發之的條件下展開。所有不在這些條件下進行的性行為，都會被視作異常。

然而，有些事出現了：

(1) 發生次數與規範性之間有非常大的失調，有兩種方式：

⊙ 「性少數族群」的存在（同性戀者、性變態者）；

⊙ 在大多數人身上，性行為的發生次數不符合常模[2]；

⊙ 青春期之前，性活動與常模不符的必要階段[3]。　　　　　[42]

(2) 在「性的規範性」此一定義之下，一部分可能不相容（總之就是不同）的要素混雜在一起：

⊙ 我們清楚見到以混雜為基礎的生物目的性：的確，生育只能透過在某些條件下完成的性行為來發生；但這並不意味著性活動一定要

a　　　　原註：理解成「性行為」。

受到這些條件的標準化（normé），也不表
示它能遠遠超越一系列與生育有關的有限行
為。畢竟，我們靠嘴巴進食；但是，透過嘴
巴，我們才能自我表達、說話、微笑。而且
在動物身上，實際發生的性活動遠遠超出了
生育行為[4]；

⊙ 認為社會規範會依不同的常模勾勒出許可及
禁止，但在某些方面又與目的性的概念有所
重疊：

　· 禁止某些性行為，

　· 禁止在生命中某些時刻、某些情況、某些
　　週期性時期（季節、月經期）進行性活
　　動，

　· 基於年齡、社會功能或親屬的親疏遠近而
　　予以禁止[5]。

[43]

然而，這些禁止以模稜兩可的方式被承認、考慮
及體驗：這既是社會所強加的，也是事物之秩序
所要求的。

(3)因此，這個本身就混亂的目的性以及這個本
　　身就模稜兩可的禁止網絡，這兩者之間是相
　　互影響的。我們的文化試圖將禁止建立在目

的性之上，並表示我們〔只〕禁止與生育目
的相反的行為。即使是最少的觀察都與此論
述相違背──無論是被允許的（並非總是
如此，因為這會造成生育），或是被禁止的
（並非總是與生育相反）。

為了研究性行為，我們因而必須區分出這些模稜　[44]
兩可之處。因此，我們不從這個充滿模糊價值
觀、無根據之限制、嚴苛但不加思索之規則的
性著手，而是從最廣的延伸範圍來研究這些現
象──也就是說，從病理學上的偏差和文化相對
性著手。因此，有以下兩個章節：

　・病理學；
　・心理－社會學[6]。

但是在此之前，我們必須研究動物的性行為來作
為分析的基礎。也就是看似完全受制於生物決定
因素（而非文化或倫理決定因素），因而自動受
這些條件規範，不可能會有偏差的行為。

一、動物的性事[7]　　　　　　　　　　　　　[45]

事實上，我們很快就發現：

1. 性行為的決定因素比我們想像的還要更多、更複雜。

2. 展開性行為所需的情節比直接準備與完成性行為本身更多。

3. 事實上，一般常模的相關變動很多，因此無意識行為（automatisme）並非唯一的規則。

但是嚴格來說，性行為就是我們所謂的本能行為。分析動物的性行為將指出本能的進展可能與環境條件有關，而且是可塑的。雖然人類的性的確不僅僅是一種經過文化洗禮的本能，但我們還是能從這一點理解到生物學上根深蒂固的性已經完全被文化形式所滲透。

動物的性行為是一種本能行為。 [46]

什麼是本能行為？

1. 這種行為或多或少是由內在動機的生理因素所觸發。

2. 這種行為可細分為兩個部分（根據勞倫茲，1937年；以及丁柏根，1942年）[8]：

(1) 尋覓或本能慾望的活動期。此一活動的特徵

如下：

⊙ 若干或多或少廣泛的移動，這些移動受制於
嘗試與錯誤的隨機系統，

⊙ 被導向某一情境，而非特定對象。

(2) 執行或完成期，其特徵如下：

⊙ 具有調節性：其作用是中止引起性慾的刺
激，

⊙ 由某種〔類型〕的刺激所觸發，刺激的次數
和強度只會改變其提早的程度和表達的強
度。

⊙ 它實際上是一成不變、反射性與刻板的[9]。

然而，在此一本能活動的兩個階段中，環境的刺
激起了作用：在第一階段裡，環境刺激就是透過
尋覓而相遇的要素；在第二階段裡，環境刺激是
觸發執行或完成行為的要素。這些刺激以獨特的
方式發揮這兩種作用。

[47]

⊙ 首先，它們不是對象，而是感官要素：蜘蛛
網中的音叉震動[10]。「誘餌」法（丁柏根）[11]，
用來研究雄性刺魚戰鬥行為的型態／顏色之
關係。「刺激－信號」[12]。

⊙ 其次，這些刺激都是情境的一部分：企鵝會
在水裡獵捕魚；離開了水，牠就不會碰這條
魚。基爾克曼（Kirkman）[a]研究了紅嘴鷗處
理其鳥蛋的行為：

  · 在鳥巢中，會孵蛋；

  · 在鳥巢中但已經破了，會吃掉；

  · 在鳥巢外（50公分之內），會帶回來；

  · 在鳥巢外（50公分之外），忽視之[13]。

這種刺激與情境的關係，就是我們所謂的
「pattern」[14 b]。

1. 性動機 [48]

(1) 荷爾蒙的誘導。我們知道性荷爾蒙（主要是
睪丸酮與雌酮）的存在會激發性活動：

⊙ 在活動期之外注入；

⊙ 在屆齡前或屆齡後注入[15]。

然而，這些荷爾蒙都是親神經性的（＝它們透過
神經系統來產生作用）；它們降低了涉及性行為
之感覺動作結構的興奮性閾值。

但是，結構不同，此一閾值也會不同：例如，以
公雞為例，這個閾值對於一般的挑逗行為、戰鬥

態度、啼叫來說，是很低的；最後，這個閾值對嚴格意義上的交配來說特別高[16]。

再者，這個閾值會隨著未執行的肉體結合行為而降低。因此，誘餌的品質可能大幅下降：丁柏根在空蕩蕩的水族缸中觀察到刺魚的性行為[17]。

(2) 物理刺激的誘導

性活動的季節性週期是由外部因素引起的。這個週期不存於炎熱的國家裡，但是在北方卻非常明顯[18]。

光的作用（已知的經驗）[19]，貝諾瓦（Benoît，1951）的研究指出〔……〕視覺路徑的光運行，這些路徑穿過大腦，直達下丘腦，從那裡對垂體產生影響。橘色和紅色光線的效果最佳（因為波長較短）[20]。

[49]

(3) 群體效應的誘導

長久以來，我們都認為社會本能（「將動物引向

---

a　　　原註：傅柯按照布奴爾的寫法，寫成「基爾克曼恩」（Kirkmann），但這裡實際上是指菲德烈克·貝努夫·基爾克曼（Frederick Bernulf Kirkman）。我們做了修正。

b　　　譯註：原文為英文，「模式」之意。

其同類的內在衝動」²¹）是性本能的延展；或是
認為性本能只不過是社會本能的規範（社會本能
確保與同類的特定連結；性本能確保後代的特定
持久性）。事實上是有關聯的，但非常不同，是
可以分析的：

⊙ 性和社會性並不會直接相互作用：
　　‧許多動物群（大象）都是單一性別的；
　　‧當性活動開始，許多單一性別或雙性別的
　　　動物群會開始驅散（麻雀、山雀、狼、馴
　　　鹿）。
⊙ 〔頁緣空白處：「感覺刺激」〕另一方面，
　　同類的存在會引起視覺、嗅覺、觸覺上的刺
　　激，這些刺激透過神經內分泌關係的作用，
　　引發荷爾蒙的釋放²²。
　　‧隔離雌鴿子會阻礙其產卵，但如果放置一
　　　面鏡子，牠就會恢復下蛋²³。
　　‧〔頁緣空白處：「群體刺激」〕以動物群
　　　落（海鷗）來說，若群落龐大，就會較早
　　　產卵。同一群落中的所有個體都會同時進
　　　入相同的繁殖週期階段，但是不同的群落
　　　之間會有時序差異²⁴。
　　‧〔頁緣空白處：「共感誘導」〕（induction

[50]

sympatique）〕最後，除了這個「社會刺激」，還有「共感誘導」。蘇萊哈克（Soulairac，1952）指出，一群在性方面不活躍的老鼠，會受到單一特別活躍之個體的刺激[25]。

這些案例沒有一個是模仿的，因為沒有學習行為，這些都是與生俱來的本能行為，透過相同的刺激類型而被觸發。
社會性不是透過模仿、「群居傾向」來影響性，而是透過明確的刺激強度[26]。

2. 性行為的展開

[51]

在大多數的動物身上，性行為的展開極為複雜。一方面，它包含一系列的舉止，這些舉止遠遠超出單純的受精以及可能受精的行為。另一方面，它代表了一定的適應系數，具有強烈的特定刻板印象，這或者是因為這個展開過程是相互連貫的，從此一行為的這個階段到另一個階段，每一銜接點都是一種感知刺激：這就將它們與外部世界連結起來。
因此，最終這是與環境空間以及視覺、聽覺、嗅覺刺激，還有與另一性別及同一性別的同類屬、

與行為場域之對象的所有關係，並融入性行為
裡。

因此，我們見到荷爾蒙誘導和神經運動表現之間
的脫節。單一且共有之荷爾蒙的主導地位，造成
物種間的行為高度分化。生物的等級越高，此一
脫節的表現會越來越〔明顯〕。

⊙ 一方面是因為隨著我們面對的動物更進化，
　性行為的神經運動模式就更能逃脫荷爾蒙決
　定論、更能連結已分化的感覺刺激。

⊙ 另一方面是因為性活動會從下中樞神經部分
　傳遞至上中樞神經。以鴨子來說，性指令主
　要是條紋腦波（光紋狀體）；〔貓〕[a]的性指
　令〔是〕雙腦波的；靈長類動物和人類的則
　是皮質[27]。

[52]

因此我們可以說，雖然動物的性行為被限定在發
情期，但〔性事〕[b]會在一般行為表現上表達出
來；它執行了生物大多數的神經運動模式，物種
越進化，這就越為明顯。

〔彷彿我們需要所有的道德重擔，才能假設性在
越完善的生物身上越不那麼重要。〕[c]

要理解佛洛伊德之發現的意義，這幾個細節是重 [53]
要的。

性行為如何在此一完整過程中展開？

(1) 本能慾望的活動[d]（或克雷格[Craig]所謂的
　　「挑逗行為」）[28]。

主要涉及雄性。就像我們說的，雄性離開巢穴去
「追求雌性」。此一活動需要指令和調節。

指令來自內部（荷爾蒙的分泌量）與外部：某些
環境因素會間接起作用（透過對荷爾蒙的作用，
例如光線對鴨子的作用），或是直接造成影響
（含氧淡水對溯河產卵魚類的影響）[29]。調節則
是透過刺激信號來進行，這些信號會引導尋覓的
活動，並將之導向明確的目標：

a　　　　　原註：傅柯在此省略了一個字，我們依布奴爾的《性本能》第152頁重建
　　　　　「貓」這個字。

b　　　　　原註：傅柯寫的是「它」。

c　　　　　原註：括號是傅柯加的。

c　　　　　原註：傅柯原本寫的是「本能慾望的活動時期」。

⊙ 視覺刺激：可以是顏色（刺魚）或對蝴蝶來
　說是動作（附註：眼蝶[Eumenis]在尋找食物
　時，對顏色很敏感）[30]；

⊙ 聽覺刺激：鳥叫、蟲鳴。例如雷根（Regen）　　[54]
　於1913年以電話對蟋蟀所做的實驗[31]；

⊙ 許多昆蟲都有嗅覺刺激，即使失明了，也能
　找到雌性[32]。

(2) 性地盤的建立

性活動多半會包含建立一個特權空間，隨後就可
在此空間裡展開性活動與繁殖階段。這個空間可
能〔與其他地盤類型〕交錯，但是它在遺傳及功
能上都不同於狩獵區域和居住地（例如，鳥巢不
一定是性地盤：就鴨子來說，這兩個地方的距離
很遙遠）[33]。

這個地盤是「與同一物種、同一性別之個體爭鬥
的鳥，在進行性行為前〔不久〕及進行〔……〕
性行為期間的捍衛區域」[a]（丁柏根）[34]。

⊙ 通常由雄性建立，並作為雌性的聚集處[35]。

⊙ 可能是戰鬥的地方；達爾文（Darwin）認為　　[55]
　這是昔日為生命爭鬥的本能轉錄。事實上，
　我們已經觀察到，這些都不是真正的戰鬥，

而是一種炫耀行為[36]；領域占有者具備優勢，
甚至能讓牠抵抗比牠更強的對手；最重要的
是，處於性活動期的雄性不僅會整治其地
盤，也會尊重他者的地盤；只有年輕或是非
處於活動期的，會在被占據的〔地盤〕[b]內遭
到咬啄[37]。

(3) 性炫耀行為[38]

緊接下來的婚前階段是跳舞，通常是雄性在跳，
有時是雄雌共舞。這種舞蹈可以是一種或多或少
有點暴力的運動；鳥類會展現羽毛；贈與食物。
此一活動的特徵如下：

⊙ 它連結了內部與外部刺激。
⊙ 不同於達爾文主義的看法，它沒有誘惑的作
　用（一般來說，雌性不會去注意之），也沒

a　　　原註：傅柯的引文有些微的差異，傅柯寫的是「及可能在性行為〔之
　　　後？〕」。我們在此重建布奴爾《性本能》第54頁引用丁柏根的原文。底線
　　　是傅柯畫的。
b　　　原註：傅柯無疑錯寫為「性格」。我們重建為「地盤」，這似乎更有邏輯
　　　性。

有競爭意味（那些戰鬥都不是真實的）。

⊙ 它扮演的是替代性角色：它會因伴侶的躲避
而更起勁。等待的活動[39]。

(4) 肉體的結合行為 [56]

根據物種，此一行為具備多種結構：

⊙ 將生殖後代（配子）釋放至生活環境中，兩
性會個別釋放（某些海洋無脊椎動物是如
此）。

⊙ 卵由雄性受精。

⊙ 雄性配子會被吸引之的雌性所接受並集中至
其輸卵管內。

⊙ 交配，也就是雄性在雌性體內進行受精[40]。

注意：在大多數的物種中，交配的對象會是同一
物種之另一性別的任何個體。但是，在鳥類裡，
我們會發現一夫一妻的習俗（燕子、鸛、天鵝；
丁柏根觀察到，海鷗能在30公尺遠的地方，從其
他海鷗之中認出自己的性伴侶）[41]。

結論是，我們可以看到，根據當前認知來定義的 [57]
動物性行為，呈現出一種具雙重指令的結構。

(1) 其一是荷爾蒙指令，這是不可或缺的，但是量大、同質、無差別、非特定。這種指令適用於所有僅分成兩種性別的物種，方式都一樣；並賦予每一種性別第二性徵和一般的神經運作。

(2) 另一種指令，〔嚴〕格來說並非是不可或缺的，因為在某些情況下且從確定的數量閾值來看，荷爾蒙的比例（而且只有這個比例，沒有其他類似的）就可以引發性行為。但是這個性行為既不完整，也沒有被引導，亦非是真正經過安排的[42]。

為了引導、組織並使之完整，它必須連結整個感知刺激，這些感知刺激若遵循某種*pattern*，就會引發非常精確的運作反應。然而，這些*pattern*都是由連續的特徵描繪要素組成。這意味著以下三件事：

(1) 行為展開的每一時刻都會有一個信號，信號的存在會觸發回應，不存在則會阻止回應。〔例如〕，雄性刺魚的腹部必須有一個紅斑點。

[58]

(2) 對兩性而言，這些信號不會觸發相同的回應。紅色斑點會讓雌性刺魚接近之，但會引發雄性刺魚互鬥[43]。福格特（Vogt，1935）研究雌鶯；牠會觸發雄性（而非雌性）的交配行為；如風帽般的黑色斑點（雄性象徵）會激起雄性互鬥，但會觸發雌性的性行為[44]。

(3) 這些信號連續發生時，就具備了觸發效果。例如：若刺魚尚未建立其領域，進攻方的刺魚即使頭部朝下，也不會引發任何回應[45]。相反地，若這些刺激是連續的，某些環節可能就會被跳過。有一個充分的飽和閾值。

然而，這三個特徵都是某一訊息的特徵：也就是說，都是遵循某一符碼（亦即與回應有關聯性的法則）及語法（亦即讓每一信號要素在這一系列中有明確價值的連貫法則）的信號元素。

因此，性行為遵循的是內部荷爾蒙刺激和一組經過編碼的感知訊息，這些訊息透過感知刺激，在外部世界產生。或許就像荷爾蒙刺激也以經過編碼的刺激方式來影響神經系統，我們看到整個性行為回應的是內部及外部、生理及感知的雙重訊息。它遵循的是一般的信息法則[46]。

[59]

然而，此一連結性活動與外部世界（包括同類）
的訊息，同時也〔是〕讓物種不會混雜的訊息。
不同於我們所認為的，許多物種就解剖學而言是
可以結合的，而且在生理學上是能相互配種的。
總而言之，若動物的性活動不是由感知訊息（這
個感知訊息僅僅或幾乎只有另一物種的同類才擁
有）觸發，動物的性活動就可能會是一整個失序
的[47]。透過此一訊息，性行為得以與環境的感知
刺激有所連結，並且僅限於同構個體。極為特定
的感知訊息會確定並精確指出無差別的荷爾蒙動
機。

根據剛剛談論的生物學上的動物性行為，我們可　　　[60]
以得出什麼結論？

(1) 必須區分兩種性決定因素的形式：
⊙ 確切地說，決定因素來自配子的染色體結
　 構；
⊙ 性別分化本身分成兩個階段進行：第一性徵
　 的形成（胚胎期）；第二性徵的出現與發展
　 （青春期）[48]。

(2) 雄性與雌性的荷爾蒙（兩者之間的公式差異

很小）會在三個方面發揮作用：

- ⊙ 第一性徵的形成（在最早期的時候，胚胎可以成為雄性或雌性）；

- ⊙ 第二性徵的形成；這些荷爾蒙可能分散或甚至完全倒錯（閹割）；

- ⊙ 性活動被激起時，方式有二：　　　　　　　[61]
  - ・觸發時（荷爾蒙的比例會加速或延遲此一觸發；提高或降低展開神經運動模式的閾值），
  - ・這些荷爾蒙會影響此一活動的強度（頻率多或少；時間長或短；是否較為完整）。

(3) 若性行為是從這些荷爾蒙閾值展開的，就遠非能由以下決定因素來控制：

- ⊙ 荷爾蒙僅區分性別（整群的、二元式的區分），但性行為會因物種的不同而非常多樣；而且涉及非常多的運作表現，這些表現在同一物種內部也不盡相同。這個相同的荷爾蒙造成了築巢、炫耀、爭鬥和鳴叫的舉止。

- ⊙ 性行為連結了整個視覺、聽覺和嗅覺；它與空間上的、社會和人際間的、時間上的舉止都有關。簡而言之，看起來，它幾乎與個體

行為的所有階段有關。

或許，在大多數的物種中，此一性活動會被框定　[62]
在一定的時間點內；但是從這項活動被觸發的那
一刻起，它就包含了個體所有的感知和運作結
構。而且隨著生物的等級越高，此一事實就越明
顯與強化。

我們在動物的生理學和心理學中，尋找一種純粹
的性本能模式；矛盾的是，儘管此一活動事實上
具有本能特徵，但我們找到的卻是一項全面性的
活動，涉及了個體與其行為環境的所有關係。

這對人類心理學來說雖然很重要，卻是有限的。
這個重要性在於指出，人類的性在生物界中並不
罕見。

⊙ 它是可以被文化影響的，亦即能適應社會散　[63]
　布在個體周遭的刺激。因此，它與動物的
　性〔屬於〕同一類型（只有刺激的性質不
　同）。動物的性也對同類的行為或鏡子（會
　引起近乎嫉妒或自戀的現象）等人為的刺激
　非常敏感。

⊙ 它會透過行為而擴散；而且這並不獨特，也
　不像佛洛伊德發現此一現象時，如人們認為

的那樣荒謬。動物的性就像人類的性一樣，
與感知、行為舉止相互交錯；簡而言之，就
是與整個行為交錯在一起。

這就是動物的性和人類的性之間可以建立起來的
正向關係。但我們也必須盡快將兩者區分。
我們很難從動物的行為推論到人類的行為。這通
常是正確的：無論是學習、感知，甚至是成熟現
象方面。理由有二：

[64]

⊙ 人類有非常高度的神經運動模式皮質化，這
涉及了激發、抑制和凝聚過程，與在動物身
上觀察到的非常不同（動物的皮質化現象不
太明顯）。

⊙ 人類的環境比動物的更為開放。動物的感
知過濾非常有限（少許的刺激就會超過閾
值），因為它受制於皮質下層的指令；感知
過濾在人類身上非常廣，能「感知」一切：
一切皆有意義，一切都是存在的。雖然人類
的行為實際上清楚勾勒出了他所感知的，但
他永遠都可以感知到所有在此劃分以外的一
切[49]。

有鑑於這兩個理由，我們永遠不可能將在動物身 [65]
上觀察到的一切，確實轉移到對人類的設想之
上。

但是關於性，還有一個額外的理由。那就是在人
類所有的行為中，性是最被規定的，也是最受到
高度規範的。它受到法律既許可也禁止的強力約
束，這在動物世界裡顯然是不存在的[50]。或許，
人類有許多其他舉止受到規定。我們還需要做出
根本的區分。

(1) 有些舉止因規則而存在。是法律和所有的規
　　則讓這個舉止本身可能出現。若無規範，就
　　完全不會有好的操作。例如：所有的政治行
　　為、命令行為、經濟行為。根據定義，所有
　　的互動都是受到規定。若互動沒有受到規
　　定，就無法展開互動。和舉止會以綜合模式
　　共存。

(2) 某些舉止似乎會與規則重疊，彷彿有後續的 [66]
　　疊合現象。〔例如〕飲食。它受到禁止的管
　　制（針對性質、準備模式或食物的消費期
　　限）；它也受制於優先增值系統；最後它還
　　受到社群形式的規定。但事實是，沒有受到
　　規定，它也會存在。

性也是如此。它受制於禁止（伴侶、行為性質、肉體的結合時刻）；它受到增值系統的管制；它受制於社群形式。然而，它也一直是存在的。這讓我們得以假設且實際上能想像，就歷史而言，規則是事後才出現的。然而，我們已經注意到：

(1) 沒有任何社會 —— 無論這個社會有多古老、野蠻、沒有組織 —— 會讓這些舉止不受到極嚴格規則的限制。原始、自由的性，這種神話只是一個空想。尤有甚者，社會越初始，這些規則似乎就越強大、越嚴格、越不可觸犯。解放是之後才發生的[51]。

(2) 另一方面，就像我們說的，這些舉止回應了基本需求，而法律似乎只是將它們疊合在一起，當這些舉止踰越了規則，通常會比其他行為受到更嚴厲的制裁，社會反應也會更激烈。

[67]

的確，在某些社會裡，政治罪行、抗命、偷竊都會被處以死刑。但是（至少在古代社會中），那些違犯飲食或性禁令的人，受到的社會譴責暴

力會更為強烈。甚至還會有特定的反應能區分罪行－不法行為和違犯（介於兩者之間的是謀殺）。

然而，這是相當矛盾的：強加於基本需求的規則，似乎比同時讓這些〔舉止〕[a]出現的規則更加不可侵犯。踰越規則來滿足性事或飲食等這類任一重大功能，會比讓社會舉止偏離孕育之的規則更為嚴重、可怕。正如康德所言，偷竊違背了交易規則，是對此一規則的徹底否定[52]。但是它不如暫停禁止亂倫或吃人肉（為的是滿足生物學上無法抑制的飢餓和性需求）來得嚴重。

國家領袖違反憲法，這可能是一項罪行；任何一個社會都能感受到強暴其姊妹的人所引發的驚恐。但是前者違背並廢除了使其存在的規則；後者則滿足了受賀爾蒙的影響而造成的自身的性需求。　[68]

這一切〔是為了表明〕，性會以矛盾且即刻對立的經驗形式呈現。

⊙ 在所有的規則、禁止之下，性就像法律和懲

---

a　　　原註：我們加上這些字，否則無法理解句子的意義。

罰之前的黑暗本性推力；它具有超越所有人
類文化的基本創發性。這就是為何我們從中
認出了我們與動物界以及整體生命的關係；
它〔是〕我們物種間的連繫；我們與世界的
同步溝通；愛的感覺比較像是春天的純真，
而非經過協商的契約。這也是為何我們在此
認出與歷史的關係，這個歷史處處都在俯瞰
著我們；它將我們與時間連在一起，彷彿在
所有可以想像的歷史形式之下，它就是不間
斷的歷史緯紗。

⊙ 另一方面，它的出現永遠都與規則有關，並　　　[69]
在違犯活動中獲得體驗和承認[53]。據說，幸福
的愛情是不存在的。事實上，法律許可的愛
情是不存在的。相較於被禁止的性本質，被
允許的愛情是一個例外：這是禁令網格在其
複雜網絡之中留下的白色空格。

我們大可以為了自由之愛而活；但是我們會比較
喜歡黑色的雪。關係矛盾與堅持不懈的詩意混合
體。

這種性經驗的主要矛盾解釋了何以在整個西方歷
史中，我們只見到兩種性的語言或表達形式。

(1) 在愛的積極性中找到其語言來源的抒情表達
　　方式：在將其建立成自然與時間之核心、世
　　界之中心的關係裡；但是，這種語言只能透
　　過法律、仇恨、婚姻和死亡強加的限制，來
　　敘述此一積極性。

崔斯坦（Tristan）、羅密歐（Roméo）、佩雷亞
斯（Pelléas）[54]。

(2) 在違犯中找到其語言可能性的情色：透過陳　　　　[70]
　　述被禁止的，或是透過陳述被禁止陳述的。
　　但是，這種情色只能使其藉由自然的力量、
　　本能的獨特來闡述這個消極性。

正是在這兩種語言裡，性的表達一直持續至
19世紀── 直到19世紀初期，一方面是薩
德、拉克洛（Laclos）、布列東（Rétif de La
Bretonne）[a]，〔另一方面〕是雪萊（Shelley）、
歌德（Goethe）、拉馬丁（Lamartine），他們的
近乎同時代性就是此一雙重性的特徵。

a　　　　原註：刪去的句子為：「另一方面是前浪漫主義者。」

然而，19世紀發現了一種跟性有關的新語言。這種語言既不浪漫抒情，也不是情色的。這是一種論述語言，交織了抒情與情色的基本主題[55]。

因為基本上，它追尋的是：　　　　　　　　　　　　[71]

⊙ 在情感之愛與自然法則之間，可以存在什麼樣的關係，這個由情色激發的「本能」永遠都可作為存在的原因、所有違犯的理由和基礎。

⊙ 在禁止、情感之愛不斷遭遇的限制、情色表達的違犯之間，可以存在什麼樣的關係。

在19世紀，這兩項追尋帶來了三種研究發展：

(1) 性本能的研究。

(2) 性偏差的研究。

(3) 對其關係的研究。

烏爾利希斯（Ulrichs）、克拉夫特－埃賓、莫比烏斯（Möbius）、艾利斯（Havelock Ellis）、赫希菲爾德[56]。

註釋

1.　參見上文，第二堂課，注釋8，頁67-68。

2.　這兩點遵循的是佛洛伊德在《精神分析導論》（*Introduction à la psychanalyse*, trad. par S. Jankélévitch, Paris, Payot, 1962 [1916-1917]）第二十章〈人類的性生活〉中的論點。但是這兩點特別被強調，還有金賽（Alfred C. Kinsey）在其著名的報告中提出的「發生次數」與「正常狀態」之間的緊繃關係（《男性性行為》[*Sexual Behavior in the Human Male*, Bloomington, Indiana University Press, 1948]；以及《女性性行為》[*Sexual Behavior in the Human Female*, Philadelphie, Saunders, 1953]）。自1950年代中期以來，這兩份報告在法國引起跟性有關的激烈爭論，並成為《金賽與性》（*Kinsey et la Sexualité*, Paris, R. Julliard, 1955）的作者葛亨（Daniel Guérin）、〈性革命與兩份金賽報告〉（«La révolution sexuelle et le "Rapport Kinsey" I et II», 收錄在《批判》期刊, nos 26 et 27, juil. et août 1948）的作者巴塔耶等人的研究對象。關於法國接觸到這些報告的背景，參見夏佩宏（Sylvie Chaperon），〈金賽在法國：受到爭論的兩性情慾〉（Kinsey en France: les sexualités féminine et masculine en débat），收錄在《社會運動》期刊（*Le Mouvement social*, 2002/1, no 198, p. 91-110）。在統計學的證明下，金賽的分析因而突顯出「性少數族群」的存在，特別是同性戀族群——3%至16%的男性被視為完全的同性戀者。但最重要的是，金賽的革新在於模糊了類型之間的二元劃分（同性戀vs異性戀），並以1至6的等級且依不同生命時期而改變的角度來分析調查人口的同性戀或異性戀經驗次數。在此，我們見到傅柯提出的第二點：「在大多數人身上，性行為的發生次數與模式不符。」金賽指出，同性戀關係的性行為、自慰、口交等等，都廣存於調查人口之中，並依各種社會狀況或生命時期來分析其統計分布。

3. 這裡再次暗示了傅柯隨後會詳述的精神分析結果（參見下文，第四、五堂課，頁123-133與頁153-175），這些結果指出，人類的性在到達生殖階段和性交之前，會經歷自慰等等所有的非生殖階段（參見例如佛洛伊德，《精神分析導論》，同前註，頁374及其後）；還有金賽的統計研究，這些研究指出，例如92%的男性調查人口有自慰行為，特別是在前青少年時期和青少年時期。

4. 參見下文，頁85及其後。本堂課的目標之一，就是透過詳細分析動物的性行為來證明這一點。拒絕將性簡化為生育，這顯然是弗洛伊德的分析特徵（參見例如佛洛伊德，《精神分析導論》，同前註，頁366）。

5. 參見上文，第一堂課，頁14；以及參見下文，頁97-101。李維史陀特別針對親屬關係來分析這些不同的禁令（《親屬關係的基本結構》，同前註）；還有馬凌諾斯基、米德等人類學家針對某些生命時期的禁令進行研究。

6. 在這兩個「章節」中，傅柯最後只詳述了第一個關於病理學上的偏差，它們是19世紀末精神病學知識的主題，接著又成為精神分析的研究對象（參見下文，頁116及其後）。「心理－社會學」在此包括分析不同文化裡有關性的規則和文化禁令，就像人類學和民族誌一樣，因此不予以研究（參見上文，第一堂課，注釋2，頁32-33）。

7. 關於這部分，傅柯大量引用布奴爾的著作《性本能。動物心理學研究》

（*L'Instinct sexuel. Étude de psychologie animale*, Paris, PUF, 1956），以下寫為「布奴爾，《性本能》」。

8.　這是布奴爾強調的兩個特徵：本能行為「對*primum movens*（譯註：拉丁文，「*原始動力*」之意）而言，是內在動力的生理因素，是特定需求的創造者和活動的觸發者」。此外，本能行為也是一項「複雜的活動，我們必須將其區分成……兩個連續的組成部分：(1)本能慾望或尋覓的活動……。(2)執行或肉體結合的行動」（布奴爾，《性本能》，頁14）。參考文獻也是出自同一著作。還包括了勞倫茲（Konrad Lorenz），〈關於本能概念的形成〉（«Über die Bildung des Instinktbegriffe», *Die Naturwissenschaften*, vol. 25, no 19, 1937, p. 289-300），以及丁柏根（Niko Tinbergen），《動物內在行為的客觀研究》（*An Objectivistic Study of the Innate Behaviour of Animals*, Leyde, E. J. Brill, 1942）。

9.　關於這兩句話，參見布奴爾，《性本能》，頁14-16。

10.　這裡參考例如拉森（Harald Lassen）與道爾森（Else Toltzin）使用的技術〈金蛛總科的動物心理學研究〉（«Tierpsychologische Studien in Radnetzspinnen», *Zeitschrift für ver-gleichende Physiologie*, vol. 27, no 5, 1940, p. 615-630），這項技術用來區分蜘蛛的感官要素意義。若我們用音叉觸動牠的網，蜘蛛的反應就像是網捕獲了獵物一樣；若我們在空中震動音叉，蜘蛛就會逃走，甚至會從網上掉下來，其反應就像是敵人（例如黃蜂）出現了。參見布奴爾，《性本能》，頁17。

11.　在動物行為學中，誘餌法（之前的案例即為一例）包括模仿（有時是極為粗糙的模仿），這些模仿既無原始模型的形狀，也沒有其外觀（聲音的紀錄、彩色木塊、在此使用的音叉……），但是能重現感官刺激（聲音、氣味、顏色……），我們想要測試的就是這種感官刺激在觸發動物行為中扮演的角色。丁柏根曾多次使用這種方法並予以形式化，以便用來測試雄性刺魚在求愛炫耀期間，與其他雄性同類對峙的行為。因此他指出，引起爭鬥的是紅色（求愛期的雄性刺魚腹部是紅色的）：參見例

如丁柏根，《本能研究》（*L'Étude de l'instinct*, trad. par B. de Zélicourt et F. Bourlière, Paris, Payot, 1953, p. 49-51。以下寫為：「丁柏根，《本能研究》」）。「誘餌」的原則如下：動物會對「相對簡單的刺激」做出反應，「只要這個屬於動物感知世界、對牠來說具有功能性價值的情境是有意義的」（布奴爾，《性本能》，頁18）。因此，這包含了傅柯接下來要提的「刺激－信號」觀念。

12.　關於「刺激－信號」，參見丁柏根，《本能研究》，頁47及其後。以下是布奴爾對「刺激－信號」的描述：透過揭露或激起能直接引起其本能活動需求的情境，周遭世界的刺激就能對動物起作用：食物的存在、獵物的移動……；它們因而具有信號的價值，這就是刺激－信號」（布奴爾，《性本能》，頁16）。

13.　這兩個例子出自布奴爾，《性本能》，頁17。第二個例子參考的是基爾克曼對紅嘴鷗進行的鳥類行為研究，《鳥類行為。以紅嘴鷗研究為基礎的主要貢獻》（*Bird Behaviour. A Contribution Based Chiefly on a Study of the Black-Headed Gull*, Londres, Nelson, 1937）。

14.　布奴爾，《性本能》，頁18：「動物的舉止和與我們相同的對象世界並沒有關係；它與結構型態有關，亦即『單一形式』（*Gestalten*）或『圖示』（*pattern*），這是動物從其感官感知發展出來的，能促使其採取明確的行動。」

15.　布奴爾，《性本能》，頁22，引述例如將荷爾蒙注射至小雞或被閹割的母雞身上，會引發性本能的表現。

16.　布奴爾，《性本能》，頁23-24。

17.　布奴爾，《性本能》，頁25-26；還可參見丁柏根，《本能研究》，頁94。

18.　布奴爾，《性本能》，頁28。布奴爾認為，「根據不同的物種，性驅力可以是恆存的或週期性的。第一種主要見於居住在世界上炎熱地區的生物，這些生物具有全年繁殖的能力。」

19. 就像布奴爾寫的，「這是鳥類愛好者的傳統習慣，就是將雄性暴露在人工照明之下，使其於特定時期鳴叫」（布奴爾，《性本能》，頁28）。

20. 布奴爾，《性本能》，頁29。這裡參考的是神經內分泌學家貝諾瓦（Jacques Benoît）對於光影響鴨子性活動的研究。布奴爾引用的是貝諾瓦，《科學主題與研究》（*Titres et Travaux scientifiques*, Strasbourg, Imprimerie des Dernières nouvelles, 1951）。橙色和紅色波長的作用則見於貝諾瓦等人的著作〈在不同的波長光線下，鴨子的性腺刺激光學－垂體反射研究〉（Contribution à l'étude du réflexe opto-hypophysaire gonado-stimulant chez le canard soumis à des radiations lumineuses de diverses longueurs d'onde），收錄在《生理學期刊》（*Journal of Physiology*, no 42, 1950, p. 537-541）。

21. 參見布奴爾，《性本能》，頁31。此一定義出自惠勒（William Morton Wheeler），《昆蟲社會之起源與進化》（*Les Sociétés d'insectes. Leur origine, leur évolution*, Paris, Doin, 1926），本書談論的是社會嗜欲（appétition sociale）。接下來討論的是社會本能和性本能之間的關係（就算這兩種本能之間有關係，也必須加以區分），以及布奴爾，《性本能》，頁31-32引用的案例，布奴爾本人則是抄錄自葛哈塞（Pierre-Paul Grassé）的分析，〈動物社會與團體效應〉（Sociétés animales et effet de groupe），收錄在《經驗》期刊（*Experientia*, vol. 2, no 3, 1946, p. 77-82）以及〈社會事實：其生物標準與限制〉（Le fait social: ses critères biologiques, ses limites），收錄在《動物社會的結構與生理學》（*Structure et Physiologie des sociétés animales*, Paris, Éd. du CNRS, 1952, p. 7-17）。

22. 布奴爾，《性本能》，頁32。

23. 布奴爾，《性本能》，頁33。這裡參考的是馬修（L. Harrison Matthews）的研究，〈鴿子的視覺刺激和產卵〉（Visual stimulation and ovulation in pigeons），收錄在《英國倫敦皇家學會報告B系列－生物

科學》（*Proceedings of the Royal Society of London. Series B – Biological Sciences*, vol. 126, no 845, 1939, p. 557-560）。

24. 參考的是達令（Frank Fraser Darling）的研究，《鳥群和繁殖週期。對禽類社會性的研究貢獻》（*Bird Flocks and the Breeding Cycle. A Contribution to the Study of Avian Sociality*, Cambridge, Cambridge University Press, 1938），引述自布奴爾，《性本能》，頁33-34。

25. 參見蘇萊哈克（André Soulairac），〈雄性老鼠性行為的團體效應〉（L'effet de groupe dans le comportement sexuel du rat mâle），收錄在《動物社會的結構與生理學》，同前註，頁91-102；引述自布奴爾，《性本能》，頁35-36。

26. 布奴爾，《性本能》，頁36-37。

27. 這一段在討論單一未分化的荷爾蒙因子與性行為複雜性之間的脫節，以及不同物種的神經指令中心等級，並對布奴爾在《性本能》第148-152頁的內容做出總結。

28. 參見克雷格（Wallace Craig）的經典文章，〈作為本能一部分的嗜慾與反感〉（Appetites and aversions as constituents of instinct），收錄在《美國國家科學院院刊》（*Proceedings of the National Academy of Sciences of the USA*, vol. 3, no 12, 1917, p. 685-688），以及《生物學報》（*Biological Bulletin*, vol. 34, no 2, 1918, p. 91-107）；還有布奴爾，《性本能》，頁41及其後；與丁柏根，《本能研究》，頁149-153。

29. 參見例如封丹（Maurice Fontaine），〈促使魚類遷徙的外部和內部因子〉（Facteurs externes et internes régissant les migrations des poissons），收錄在《生物學年鑑》（*Annales de biologie*, vol. 27, no 3, 1951, p. 569-580）。

30. 刺魚的例子之前已提過（參見上文，注釋11，頁105-106），而且有詳細的研究，例如丁柏根的《本能研究》。蛇眼蝶（*Eumenis semele*）是丁柏根、米歐斯（B. J. D. Meeuse）、波雷馬（L. K. Boerema）、瓦羅西

奧（W. W. Varossieau）的研究對象（«Die Balz des Samfalters, *Eumenis (= Satyrus) semele* (L.)», *Zeitschrift für Tierpsychologie*, vol. 5, no 1, 1942, p. 182-226），這些研究利用誘餌法，指出在觸發性追求時，對比和運動波特性的重要性。參見丁柏根，《本能研究》，頁66-67及頁69，在對食物的顏色敏銳度方面，蛇眼蝶會選擇藍色和黃色的花朵作為食物來源。關於一般的視覺刺激，也參見布奴爾，《性本能》，頁51及頁50-52。

31. 這裡指的是雷根（Johann Regen）的研究（«Über die Anlockung des Weibchens von *Gryllus campestris L.* durch telephonisch übertragene Stridulationslaute des Männchens. Ein Beitrag zur Frage der Orientierung bei den Insekten», *Pflügers Archiv – European Journal of Physiology*, vol. 155, no 1, 1913, p. 193-200）。這份研究指出，雌性蟋蟀在電話中聽到雄性蟋蟀的鳴叫，不但會被吸引，還會試圖鑽進電話裡。參見布奴爾，《性本能》，頁47-50。

32. 布奴爾在《性本能》第42-47頁介紹了這些嗅覺刺激，並指出例如雄性家蠶（*Bombyx mori*）即使被不透明的清漆蒙蔽了視線，仍然可以找到雌性，但若是將牠的觸角切除，使之失去嗅覺，牠就會失去這項能力。

33. 布奴爾，《性本能》，頁61。

34. 確切的引述出自丁柏根，〈雪雀在春天的行徑〉（The behavior of the snow bunting in spring），收錄在《紐約林奈學會會刊》（*Transactions of the Linnæan Society of New York*, vol. 5, 1939）：「在性交之前與性交期間，同種同性的鳥類會進行短暫的爭鬥以捍衛其區域」（譯註：此段引述原為英文），法文譯自布奴爾，《性本能》，頁54。當時對於動物行為學的「領域」定義有大量的爭論，特別是霍華（Henry Eliot Howard）於1910年至1920年代提出的定義，參見其經典著作《鳥類生活中的領域》（*Territory in Bird Life*, illustr. Par George dward Lodge et Henrik Grönvold, Londres, John Murray, 1920）。丁柏根對霍華的定義提出批判，並堅持必須區分不同的功能與情境，才能分析通常不會想

到的「領域」問題。關於此一主題，參見羅爾（D. R. Röell），《本能的世界。丁柏根與行為學在荷蘭的崛起（1920-1950）》（*The World of Instinct. Niko Tinbergen and the Rise of Ethology in the Netherlands (1920-1950)*, trad. par M. Kofod, Assen, Van Gorcum, 2000, p. 82-86）。因此，傅柯追隨布奴爾在《性本能》第54-57頁的論述，再度強調性領域的特殊性。

35. 布奴爾，《性本能》，頁54。

36. 此一對達爾文主義的批判由丁柏根提出，並由布奴爾在《性本能》第68頁重述。

37. 參見布奴爾，《性本能》，頁55。他追隨丁柏根，以愛斯基摩犬為例：「未成年的狗經常會侵入其他狗的地盤」；「在首次交媾一週後，牠們學會趕走陌生的狗並避開其他狗的領域」。

38. 性炫耀例子的詳細分析請見布奴爾，《性本能》，頁69-103。

39. 傅柯在此重拾布奴爾在《性本能》第99-103頁概述的各種一般炫耀特性。以刺魚為例，當雌性不回應其引誘時，「替代」或代理角色（炫耀在此似乎是用來發洩過於強烈的性動機，特別是當雌性躲避時）會表現成例如雄性瘋狂地為巢穴通風的動作。一般使用的術語是「轉移活動」，而非等待活動。

40. 這些不同的模式皆見於布奴爾，《性本能》，頁104-105。關於釋放生殖後代和受精的不同模式，參見頁104-137。

41. 參見丁柏根，《本能研究》，頁205；而關於某些鳥類的一夫一妻制，參見布奴爾，《性本能》，頁153-155。

42. 布奴爾，《性本能》，頁145-146。

43. 關於此一主題，參見布奴爾在《性本能》第176-178頁分析丁柏根實驗的結果。若紅色結合了一個特殊姿勢（身體維持頭部在下的垂直姿態），對雄性來說就是攻擊信號，作為防禦方的雄性會予以回應。面對雌性時，結合了某一動作（之形舞）的紅色則具有準備受精的刺激作用。

44. 這裡參考的是諾貝爾（Gladwyn Kingsley Noble）和福格特（William Vogt）描述的實驗，〈鳥類性辨識的實驗研究〉（An experimental study of sex recognition in birds），收錄在《海雀》期刊（The Auk, vol. 52, no 3, 1935, p. 278-286）；以及布奴爾在《性本能》第174-175頁的敘述。將製成標本的雌鶯放置在處於活動期的雄鶯領域裡，雄性會試圖與雌性交媾；若是將黑色面膜貼在雌鶯標本上，重現最能對該物種雄性造成刺激的信號：雄性會停止交媾企圖，轉而攻擊之。但是，如同布奴爾追隨萊克（David Lack）所指出的，這與嚴格意義上的性別辨識能力沒有關係：被辨識出來的「不是一個作為性別化『整體』的伴侶，而是一個特定的姿勢或某種裝飾性特徵，具有刺激－信號的作用，能觸發適當的回應」。

45. 丁柏根，《本能研究》，頁62-63。

46. 在此，我們認出當時非常流行的模控學（cybernétique）詞彙。我們知道，傅柯對模控學以及信號、符碼、訊息和信息等觀念非常感興趣，而且似乎曾在里爾以一整堂課的時間來討論之（法國國家圖書館第42b-C2號箱匣），甚至打算在補充性論文（thèse complémentaire）中討論「信號的心理物理學研究與感知詮釋」（L'étude psycho-physique du signal et l'interprétation de la perception）（艾希邦，《傅柯》，同前註，頁128）。我們以後會在某些文章裡發現此一興趣，例如〈訊息或噪音？〉（«Message ou bruit?»[1966]，收錄在《言與文》第一冊，同前註，no 44，頁585-588）一文以相同的方式來定義訊息觀念：「要有『訊息』，就必須：[1]要先有噪音……；[2]這個噪音由各種不連續要素『組成』或至少是其『載體』，也就是説，這些要素可由明確的標準加以區隔；……[3]最後，這些要素會根據某些規律性而呈現出關聯性。然而……，訊息取決於依前述規則建立的『符碼』」（頁586）。我們將於稍後發現此一興趣，特別是傅柯在思索賈克伯（François Jacob）有關性與遺傳的著作時（參見授課情境，頁442）。在此，這個分析主要是奠基於布奴爾

本人的論述，以及他對阿姆斯壯（Edward Allworthy Amstrong）《鳥類的炫耀與行為。鳥類心理學研究導論》（*Bird Display and Behaviour. An Introduction to the Study of Bird Psychology*, Londres, Lindsay Drummond Limited, 1947）的引用，並比較了「鳥類的性行為」與「奠基於信號系統或兩個波長相同之無線通訊站的航海代碼」（布奴爾，《性本能》，頁178-179及頁194-196）。

47. 參閱布奴爾，《性本能》，頁196-202，這使得它成為性本能的主要目的之一。傅柯本人則提防任何的目的論。

48. 參見上文，前一堂課，頁56-92。

49. 關於這一點，參見烏耶克斯庫爾（Jakob von Uexküll）的經典之作《動物世界與人類世界》（*Mondes animaux et Monde humain, suivi de Théorie de la signification*, illustr. de G. Kriszat, trad. par P. Muller, Paris, Gonthier, 1965 [1956]），或是布伊東迪克（F.J.J Buytendijk）的著作《人類與動物。比較心理學論述》（*L'Homme et l'Animal. Essai de psychologie comparée*, trad. par R. Laureillard, Paris, Gallimard, 1965 [1958], 特別是頁54-60），以及梅洛龐蒂（Maurice Merleau-Ponty）在《行為的結構》（*La Structure du comportement*, Paris, PUF, 1942, 第2、3章）裡對這些問題的論述。

50. 相較於動物性行為，作為人類性行為建構要素的禁止、許可和防止之作用，以及因而可能出現的違犯，它們的重要性是巴塔耶的情色概念核心（《情色論》，同前註，頁35-62）。這也是李維史陀的分析核心，亂倫禁制精確地界定了介於文化與自然之間的過渡狀態，理由是它是一個普遍規則（《親屬關係的基本結構》，同前註，頁9-29）。參見上文，第一堂課，注釋1，頁32。

51. 傅柯再次延伸李維史陀的分析，後者強調歐洲親屬關係規則的極簡性，與大多數的「原始」社會相反。參見李維史陀，《結構人類學》第一冊（*Anthropologie structurale*, Paris, Plon, 1973 [1958], t. I, 頁79-82與頁93-

97），還有凡仙大學的課程，見下文，第四堂課，頁252，與注釋3，頁262-263。

52.　康德（Emmanuel Kant）對於偷竊的看法出現在《道德的形而上學》卷一《法學說》（*Métaphysique des mœurs*, vol. 1, *Doctrine du droit*, introd. et trad. par A. Philonenko, 3e éd., Paris, Vrin, 1985, p. 215-216）：「偷竊者讓所有其他人的財產變得很不確定；因此（根據同等報復法），他從自己身上奪走了所有可能財產的安全性。」

53.　這整個對於性經驗的「矛盾」特徵分析，必須與巴塔耶在《情色論》（同前註）裡的分析做一個比較。性在此就像陷入了一場「從連續到不連續，或是從不連續到連續的遊戲。我們都是不連續的存在，是在無法理解的冒險中孤獨死去的個體，但是我們懷念失落的連續性」（同上，頁21-22）。然而，性同時也是不連續性的原則（相遇的是不連續的存在，產生的也是不連續的存在），亦是存在連續性的時刻、經驗（傾向於讓不連續的存在消失、融合）。因此，對巴塔耶而言，它與死亡和暴力的特殊關係如下：「身體的情色或是對伴侶的侵犯，這代表了什麼？一種近乎死亡的侵犯？與謀殺相近的又是什麼？」（同上，頁24）這同時解釋了規則與禁令──針對有關死亡及暴力的性──的建立，以及情色作為「禁令與違犯的相等與矛盾經驗……」此一事實。正如巴塔耶指出的，此一禁令解放的經驗就是違犯，必須與「和禁令相反的、所謂的回歸自然」區分開來。違犯「解除了禁令，但沒有消除之」；它「維持禁令，以便能享受之」（同上，頁42-45）。

54.　關於此一主題，請參閱乎爵蒙（Denis de Rougemont），《愛與西方》（*L'Amour et l'Occident*, éd. remaniée, Paris, Plon, 1956 [1939]），書中認為崔斯坦和伊索德（Yseult）的故事是這種愛之抒情詩的象徵。

55.　這種「愛的抒情詩及踰越的情色」的雙重性，以同時代的薩德或布列東（Rétif de La Bretonne），以及同時代的歌德或拉馬丁最為著名，也能與傅柯當時強調的文學雙重性進行對照：在「薩德所體現的踰越經驗」

與「夏多布里昂所體現的死亡經驗」之間（死亡透過在墳墓外將文字刻寫入「絕對圖書館這個充滿灰塵的永恆之地」而獲得意義），這就是傅柯強調的與薩德「同時代性」（參見上文，第一堂課，注釋31，頁40；以及授課情境，頁416-418）。再者，傅柯在此對19世紀有關性的新語言——性知識——出現，及其與抒情和情色之關係的分析，都能與他對死亡及疾病知識之興起的論述加以比較：他將畢夏的解剖病理學與薩德的踰越語言、賀德林（Hölderlin）或里爾克（Rilke）的有限抒情性連結起來，參見《臨床的誕生》（Naissance de la clinique. Une archéologie du regard médical, Paris, PUF, 1963, 結論）。我們也想到傅柯在《古典時代瘋狂史》（Histoire de la folie à l'âge classique, Paris, Gallimard, 1976 [1961]）中分析「作為對象之精神疾病的知識出現」與「從薩德、尼采（Nietzsche）、魯塞爾（Roussel）至阿鐸（Artaud）將瘋狂的經驗移至極端的語言限制」同時發生的事實，參見《古典時代瘋狂史》（譯註：原名為《古典時代瘋狂史。古典時代瘋狂史》〔Folie et Déraison. Histoire de la folie à l'âge classique〕，是傅柯的國家博士論文），頁549-557。參見授課情境，頁394-418。

56.　　這份名單是一系列在scientia sexualis（譯註：拉丁文，「性科學」之意）興起之際的經典作者，討論了19世紀末與20世紀初的同性戀及性變態。傅柯隨後會提及許多名單上的作者，特別是在《不正常者》（Les Anormaux）中，參見《法蘭西學院1974年至1975年課程》（Cours au Collège de France, 1974-1975, éd. établie sous la dir. de F. Ewald et A. Fontana, par V. Marchetti et A. Salomoni, Paris, Gallimard-Seuil-Éd. de l'EHESS, 1999），當時他感興趣的是性變態知識的出現。克拉夫特－埃賓的例子將於下一堂課中詳述（參見下文，頁120-122）。

我們只能從性變態的知識來建立性觀念。性經驗遠非顯而易見：它首先只能透過否定性來呈現。

一、關於性變態的知識史：直到18世紀，與非理性、監禁的世界混淆在一起；18世紀末：監禁有所區分：疾病或犯罪。性的近乎瘋狂或近乎輕罪被賦予什麼樣的地位？以在夏朗東（Charenton）的薩德為例。性違抗的身分不固定。它與疾病有關，但未與之混淆。克拉夫特－埃賓的例子：性變態的分類與起源。

二、19世紀末：雌雄間性的狀態與馬哈諾理論（théorie de Marañón）。

三、佛洛伊德對性變態的分析。其重要性與原創性。1.依據對象和目的，對性變態進行形式上的分析：性變態並非另一事物的症狀；它就像性，是一種帶有對象和目的的過程；2.分析其內容；3.分析性變態、疾病、正常生活之間的關係：性變態的要素一直都存於正常生活之中；精神官能症與性變態之間的意義與逃避關係。先天性性變態是精神官能症、性變態與正常性慾的共同基石：幼兒期的性狀態。

第四堂課 性變態

LEÇON 4　Les perversions

我們只能從性變態來分析性。（再者，只有當性　　　　　[72]
變態變成知識對象，性觀念本身才會形成。[1]）

- ⊙ 我們傾向於認為性變態只是一種偏差、一種
  變形，是衍生自正常性事的一種形式；我們
  首先要認識的應該是正常性事；然後逐漸是
  害羞、開始鬆動的宗教與道德緘默，之後性
  變態得以進入知識領域。
- ⊙ 事實上，情況正好相反：我們在認識性之
  前，就已經知道性變態了；說真的，性的觀
  念並不是被建構的，它是透過分析性變態而
  出現的。

　　愛的抒情語言存在已久；踰越的情色語言也存　　　　[73]
在許久。然後我們開始將性變態〔當作〕知識的對象
來研究（這大約與19世紀從薩德到佛洛伊德的時代同
時發生）。接著在20世紀交替之際，佛洛伊德讓想法
顛倒過來，性的創發面出現了（《性學三論》[*Trois
Essais*，1905][2]）。

　　然而，出人意料的是，此一歷史現象與個體的性
形成演變是相同的，至少就像精神分析所描繪的。性
在其正常積極性中，只不過是所有局部構成要素的結
果，這些構成要素會被視作個別、依序的，看來就像

是許許多多的性變態。我們稍後會見到，對精神分析而言，口腔情慾或肛門情慾、施虐狂或受虐狂、自體情慾（autoérotisme），這些都必然屬於成人已發展的（亦即非部分的）正常性慾[3]。

　　我沒有指出歷史與心理學、科學反思意識和個體發育之間的平行性，這是為了要採用皮亞傑（Piaget）的圖表[4]。但也僅僅只是為了指出，在其積極形式之中的性，遠非一個立即的觀念、行為或是經驗。這是永恆不變的道德輿論或批判主題之一，認為當代世界受到性關注的指引。事實上，無論是對西方文化的反思意識，或是對歐洲人的個體經驗來說，性都只能透過否定性來描繪。

一、歷史性的

　　性變態的學術性論述是如何形成的？

1. 直到18世紀末，性變態仍不是反思或知識的對象，因為性違犯是在無聲的行動中進行的，沒有任何的理論。古典時代的禁閉對象不加區分地包括了失業者、巫師、某些類型的宗教異端、瘋子、失能者（低能者），後來又加入了放蕩者、糜爛者、「雞姦者」等

［74］

等[5]。因此，與禁令（其觸及範圍比性違犯要廣泛許多）相比，性變態並不獨特。

2. 自18世紀起，出現了一個問題。事實上，同質且擁擠的監禁世界開始分離了；嚴格意義的拘禁必須只涉及精神病患：原則上就是要住院。至於其他類型則被分開了；他們或者單純被釋放，或者到工廠，或是被招募到軍隊裡等等；或者（最後而且是最重要的）將〔他們〕送上法庭（刑法[6]）。 [75]

然而，我們看到出現的是近乎輕罪或近乎瘋狂的性案例。但其實兩者皆非。

最單純、最著名的例子就是薩德。兩項可確定的性犯罪。一項政治罪[7]。其他所有的拘禁理由都很奇怪：他從聖佩拉吉（Sainte-Pélagie）被移到夏朗東。但是，有人對他出現在夏朗東提出異議，瓦耶－科拉（Royer-Collard）強調如下：

(1) 他沒有生病，他不能留在醫院裡；

(2) 他患有「惡習譫妄」且無法治癒，因此必須預先拘留，不能釋放[8]。

透過監禁的醫學化，性變態赤裸裸地呈現出來： [76]

(1) 就像我們之前看到的，民法將性事去制度
　　化，性事因而被「解放了」[9]；
(2) 另一方面，監禁被醫學化了。

因此，性踰越仍然沒有身分：這是某種不固定的
現象，並因而成為科學和理論命題。若西方文化
無疑是唯一將性當作科學對象的文化，我們無疑
要歸功於這一系列的歷史和社會現象。在大多數
的其他文化中，以及在我們直到19世紀初的文化
裡，性都無法成為〔科學〕對象，因為它太過於
介入無聲的實作之中了。

因此，在整個19世紀，性偏差將在犯罪和疾病之
間保持這種邊緣身分，既不完全是犯罪，也不
完全是疾病[10]。顯然地，科學的一切努力都將力
求使它趨向於疾病；但是（這很重要），這不是
要讓它成為疾病的一部分，而是要在疾病之中找
到一個抽象、通用的模型，以便分類和解釋性變
態。

換句話說，我們不是將性變態納入疾病之中（或　　[77]
是將疾病納入性變態裡）；我們建立了兩個平行
的系列，它們既沒有實質交流，也沒有相互作用
的模式。這兩個系列是各自獨立的；它們只有在

形式、解釋原則、可理解模式方面是相同的。這
種沒有交會的平行性來自以下事實：19世紀的醫
生以催眠方式治療歇斯底里時，看見與性有關的
內容出現，他們中斷了催眠，相信他們已經達到
不再屬於疾病的〔字詞缺失〕[11]。

然而：

1. 唯一被允許的關係是一種一般類型的因果
   性：
(1) 放蕩會導致精神疾病[12]；
(2) 精神疾病會導致性變態[13]。

2. 確實有所謂「退化」的共同原則：這只是脫
   離正常的衰落[14]。

〔……〕[b]   [78][a]

克拉夫特－埃賓[15]：   [79]

1. 周邊的精神官能症：
(1) 神經質的人：
⊙ 感覺失調；
⊙ 神經過敏；

⊙ 神經痛。

(2) 分泌方面：

⊙ 無精症；

⊙ 多精症。

(3) 機能方面的：

⊙ 痙攣；

⊙ 癱瘓[16]。

2. 脊髓精神官能症：

(1) 勃起中樞的疾病：

⊙ 興奮；

⊙ 癱瘓[17]。

(2) 射精中樞的疾病：

⊙ 容易；

⊙ 困難[18]。

3. 腦神經症：

(1) 不協調：在生殖器的解剖生理過程以外產生
　　的性情緒；

---

a　　　原註：第78頁失蹤了。接下來兩張（第79頁及未編碼的下一頁）似乎是傅柯
　　　從克拉夫特－埃賓的著作中整理出來的。

b　　　原註：被刪掉的片段：「兩個問題：分類／起源」。

(2) 感覺缺失：個體對所有的器官衝動和所有的
表述都無動於衷[19]；

(3) 神經過敏：源自內部或外部的過度興奮[20]；

(4) 感覺異常：對不適當的對象激起性興奮[21]。
〔……〕「具情感表達之性表述方面的病
態，這些表述通常應該會在生理和心理上激
起不愉快的感受，卻相反地伴隨著一種愉悅
的感覺」[22]。

案例。同性戀，一種先天現象：要呈現出同性戀
或雙性戀傾向，需要受到偶發原因的影響[23]。

⊙ 單純的變態（老化、強制力[24]）。

⊙ *Eviratio*[a] 及 *defeminatio*[b]：「性格、情感和傾向
的深刻變化[25]」。

⊙ *sexualis*[c] 的徹底改變：在情感和生理印象方面
是女性[26]。

⊙ 性方面偏執的型態變化（憂鬱多疑的譫妄和
詆毀者）[27]。

二、19世紀末

[80]

同性戀的重要性（或者該說是發現同性戀的重要

性），以及一系列導致內分泌學形成的發現，都將讓我們在生物界限的脆弱性中尋求性變態的可能性，並在打破所謂正常的失衡中尋求其真正的起源。

1. 雌雄間性狀態的研究（其明顯的形式為雌雄同體）。平衡理論[28]。
2. 馬哈諾的研究。有一個完整的性週期（就是男性的性週期）；還有一個緩慢的週期，很早就停下來了：那就是女性的週期[29]。

三、佛洛伊德對性變態的分析 [81]

一般咸信這是很重要的，因為它將性變態[d]和正常的性整合進某種難以分界的統一體內。事實上，這並非〔是〕因為如此，所以它才具有極為重要的特徵（艾利斯、馬哈諾已經這麼做過）。

a   譯註：拉丁文，「女化妄想」之意。
b   譯註：拉丁文，「女性化」之意。
c   譯註：拉丁文，「性」之意。
d   原註：被刪掉的片段：「作為……的一部分」。傅柯對這個句子進行了多次的修改。

它之所以重要：

1. 〔因為它是〕非生物學的[a]。
2. 因為它翻轉了使性變態成為性偏差的倫理關係；它讓性成為性變態的一種發展。
3. 因為它首次根據不是簡單的平行性或因果關係，來分析精神官能症／性變態的關係：
(1) 儘管它在所有的精神官能症中都發現到性變態的影子，但它並沒有將性變態當作是精神疾病的影響；
(2) 儘管它在精神官能症中發現性變態的否定面，但它並沒有將精神官能症當作是性變態的影響。
4. 因為它首次將性變態和幼兒期性狀態連結起來。

正是這四個理由成為佛洛伊德學說的核心，而不是「發現」正常性慾和性變態之間的關聯性、過渡和媒介形式。

佛洛伊德對精神官能症的分析包括：　　　　　　　　　[82]
1. **性變態的形式分析**，但沒有探索病因或心理特徵。佛洛伊德區分出不同類型的性變態[30]：

(1) 依對象：

⊙ 倒錯（同一性別）；

⊙ 兒童；

⊙ 動物。

(2) 依性目的（其定義是性器官的接觸和精液的
〔釋放〕^b或本能的滿足³¹）：

⊙ 解剖學上的違犯：

· 身體其他部位；

· 性對象的高估；

· 戀物癖。

⊙ 暫時性目的之固著（fixation）：

· 撫摸與沉思；

· 施虐狂與受虐狂。

這個簡單的性變態分類學本身已經極為重要，原
因有二。

a　　　原註：之後會補充。

b　　　原註：傅柯起初寫「釋放」，劃掉後寫了「帶有」，再度劃掉之後就沒再添
寫。我們重建為「釋放」。

(1) 首先，因為它至少暫時（尤其是在同性戀方面）將性變態從所有其他異常舉止中區分出來。它從未被視作其他事物（更複雜結構裡的要素）的症狀。

(2) 因為它給性對象下了一個非常特別的定義。[83]
對象與目的是有區別的。目的由器官（或是所有能替代之的東西）、行為（或所有可以作為其中繼或屏蔽的東西）來定義[32]，而對象的定義較為廣泛、不固定：這有點像是伴侶、有點像是另一個人（但永遠不會是自己[33]）。

因此：

(1) 性變態就像自主性事（sexualité autonome）的現象（無論如何都有自己的形式）：這不是其他事物的症狀。

(2) 性變態和性都有目的和對象，因此會在某種確定的過程之中、由某個對象=X來定義。

2. 性變態的內容分析[a]： [84]

一般來說，我們將運動來源的心理等同物稱作「傾向」（tendance），它位於有機體內部，〔且〕其與外部刺激相對立[34]。此一傾向因而

「位於生理和心理的界限」[35]。

它們[b]的特徵性並不在其內部特質，而是其軀體起源〔和〕目的。然而，有一種傾向〔的〕軀體起源是性器官，其目的是平息器官興奮[36]。

(1) 此一傾向可能擴及身體其他部位，這些部位不再只是原來那個樣子，而是變成「生殖器的一部分」。「第二生殖器」[37]。

⊙ 這個第二生殖器（通常包括口腔、肛門，但是在歇斯底里的情況下，〔也〕包括身體其他部位）與性器官本身一樣，都是發生相同興奮和滿足（或抑制）現象的地方[38]。

〔頁緣空白處：「歇斯底里症的感覺缺失，例如第二生殖器的性冷感」〕

---

a　　原註：我們在這一頁的背面找到被劃掉的版本：「2.性變態的內容分析：所有的傾向（性慾本身是其中一部分）都『位於精神和物質領域的極限內』：
〔1〕因此所有的傾向都屬於同一類型；
〔2〕或者所有的傾向可以『根據其化學性質』而分成兩種。
至於其他的特點，就是身體的不同部位。」
b　　原註：理解為「驅力」（pulsion）或「傾向」。

⊙ 這就是性變態的「局部」特徵，性變態會單
獨使用這些區域。

(2) 目的也有可能轉移，就像強迫症[39]。

3. 分析性變態與疾病，〔及其〕與正常生活之間的關係 [85]

(1) 正常生活

⊙ 一方面，性變態很常見，就像正常性活動的
旁枝末節。「任何正常的個體都有可以稱之
為性變態的要素，用以補充正常的性的目的
（le but sexuel normal）。」[40]

⊙ 另一方面，所有的性變態都意味著「在心理
層面參與了傾向的轉變」。「愛的全能」變
形了[41]。

(2) 病理學的

⊙ 心理精神官能症（psychonévrose）並非是性
錯亂的影響；性變態不會在心理精神官能症
的環境下特別發展起來。但是，「性關係是
精神官能症最穩定、最重要的能量來源[42]。」
· 全部或部分的性生活透過症狀表現出來。

· 所有的症狀都是性生活的表達[43]。

此一表達到底是什麼？〔不是〕[a]體現；不是加　　　　[86]
密的語言；而是一種逃避。以歇斯底里症患者為
例，這類患者具有強烈的性本能，以及因潛抑
（refoulement）而引起的強烈反感；解決之道是
透過「將性傾向轉換為病態的症狀」[44]來避開衝
突。逃避同時是解決之道〔及〕藏身處。因此，
它需要經濟管理與意義層面的分析[45]。

　· 用來逃避的症狀（帶來解決之道但遮掩起
　　來了），要以什麼樣的代價才能形成？不
　　是正常性事。我們抑制的不是正常性事。
　　而是性變態。症狀的形成會以性變態為代
　　價。為了不要再違反常情，我們患上了精
　　神官能症；因為我們不再違反常情，所以
　　患上了精神官能症。「精神官能症因而是
　　性變態的否定面[46]。」（要不違反常情，
　　很容易──這就是為何道德永遠都有說教
　　者；但是要不患上精神官能症，卻很不容

a　　　　原註：傅柯最初似乎是寫：「不算是體現，不算是……」，後來將第二個
　　　　「不算是」修改成「不是」，但是忘了修改第一個。我們在此予以修正。

易——這就是為何精神科醫師永遠都會有
客戶。）

造成的結果如下[47]：

· 在所有的精神官能症裡，性變態會無意識
地存於目的之中（基本上是解剖學方面的
違犯）。

· 在所有的精神官能症裡，性變態會無意識
地存於對象之中（也就是同性戀）。

· 在某些精神官能症裡，存有其他的性變態　　　[87]
（暴露癖；施虐－受虐狂）。

· 有一種反常二元性的要素，其存在永遠都會
讓此雙重性的另一個要素或多或少明顯地存
在[48]。

· 在所有的精神官能症裡，至少會有所有性變
態的痕跡。

還要補充兩件事：

⊙ 是否必須下結論，認定精神官能症患者基本
上都是生理本能反常者（pervers）嗎？有許
多人並沒有明顯表現出性變態，而且在變成
精神病患（névropathe）之前，都不曾表現出

性變態。

⊙ 是否必須下結論，認定精神官能症患者都是沒有表現出性變態的那些人，只因為一切都已經被避開了？── 這個例子與其相互矛盾，因為某些人是生理本能反常者。

針對第二個問題，我們可以用附帶理論（théorie de la collatéralité）[49]來回答。性本能一旦受到壓抑，部分未消失的性將通向旁側渠道：那就是性變態，與我們可在正常成年人身上見到的性變態類型（性的次要點）是一樣的；但是比正常人更常出現這種情況，因為精神官能症患者只有次要的性。

至於第一個問題：即使從未表現出精神官能症，是否也必須認定所有的精神官能症患者尤其都是反常的，因為他們所有的精神官能症都是建立在他們的性變態之上？

[88]

事實上，有一種每個人都會有的先天性反常[a]：

---

[a]　原註：傅柯似乎是將「先天性性變態」（perversion congénitale）修正成「先天性反常」（perversité congénitale）。但是他在後方保留了「先天性性變態」這個詞。

⊙ 在某些案例中，這種先天性反常成為性－反常的〔一個〕決定性因素。原因是〔其〕「強度」；

⊙ 在其他案例中，這種先天性反常被壓抑並表現出精神官能症的症狀[a]；

⊙ 最後，在愉快的情況下，透過「情感壓抑」，建構了一個「正常的性生活」[50]。

生理本能反常者	精神官能症患者（及其性變態）	正常的（次要的）
·未抑制 ·強度	抑制／誘導 性變態	壓抑

然而，這種先天性性變態是什麼？其基礎是什麼？在這個共同基礎上，也建立了生理本能反常者的反常、病患的精神官能症與性變態，以及正常者的正常性慾、在正常情況下偶爾出現的反常性慾（次要的）。這個性變態的巨大雜音是什麼？它負載了所有形式的性，包括正常的、反常的、逃避至病態症狀中的。

孩童的性。

但是，在研究這個之前，我們必須注意性變態有

[89]

五種可能的身分：

⊙ 被視作孩童的性。
⊙ 被視作生理本能反常者的性變態。
⊙ 被視作症狀的被潛抑內容。
⊙ 被視作附帶的性慾。
⊙ 被視作次要的性慾。

（最後兩個十分接近，但是其中一個是固定的，
另一個則不是。）

a　　　原註：傅柯曾添加了「〔和〕旁側的性變態」，但接著就劃掉了。

註
釋

1.　問題在於分析*scientia sexualis*的興起，以及特別是思索性在醫學論述中的湧現，這將成為傅柯在《不正常者》（同前註，頁155-158，尤其是頁249-274）主張的論題。此一湧現始於對本能異常場域的分析。我們可以發現，該論題在此極為深入傅柯多次重複的立場，亦即認為心理學首先是一種否定性的知識（參見上文，第二堂課，注釋8，頁67-68，以及第三堂課，頁76-77）。類似的論題請參閱大衛遜（Arnold I. Davidson），《性的興起。歷史知識論與概念的形成》（*L'Émergence de la sexualité. Épistémologie historique et formation des concepts*, trad. par P. Dauzat, Paris, Albin Michel, 2005 [2001]）。關於19世紀「性變態」概念的歷史，也參見朵宏，〈十九世紀性變態之精神病學概念的形成〉（La formation du concept psychiatrique de perversion au XIXe siècle），收錄在《精神病學信息》（*L'Information psychiatrique*, vol. 88, no 1, 2012, p. 39-49）；朗特里－勞哈（Georges Lantéri-Laura），《閱讀性變態。性變態的醫學適應史》（*Lecture des perversions. Histoire de leur appropriation médicale*, Paris, Masson, 1979）；以及馬札賴格－拉巴斯特（Julie Mazaleigue-Labaste），《愛的失衡。從法國大革命到佛洛伊德的性

變態概念起源》（*Les Déséquilibres de l'amour. La genèse du concept de perversion sexuelle de la Révolution française à Freud*, Paris, Ithaque, 2014）。

2.　　參見上文，第二堂課與第三堂課，頁49與頁100-102。可參考佛洛伊德的《性學三論》（1905），傅柯將在本堂課和下一堂課中大量使用之。

3.　　參見下文，頁154及其後。

4.　　參見皮亞傑（Jean Piaget），《兒童智識的誕生》（*La Naissance de l'intelligence chez l'enfant*, Paris, Delachaux et Niestlé, 1936），以及《智識心理學》（*La Psychologie de l'intelligence*, Paris, Armand Colin, 1947）。如同傅柯指出的，「皮亞傑極力促進生物和邏輯結構必要的發展；他試圖在生物結構——從方向不可逆轉且具體的，到可逆且抽象的〔……〕——中，指出一個逆向科學史進程的過程——從歐幾里德的幾何學，到向量微積分與張量微積分：兒童的心理發育只不過是逆向的精神史發展」（〈1850年至1950年的心理學〉，前揭文，頁159）。在此，模式是相同的：性知識的歷史發現——從性變態與局部傾向，到正常性事的「積極」認知——會遵循孩童性發展的不同階段。

5.　　參見《古典時代瘋狂史》，尤其是第三章，詳述所有「各式各樣的人口」：「性病患、放縱者、揮霍者、同性戀、褻瀆者、煉金術士、放蕩者」、乞丐等等，他們充斥在「矯正的世界」裡（同前註，頁116）。所有這些形象都有一個共同的經驗：那就是非理性的經驗。正是這種經驗建立了拘禁世界的「同質」特徵：「整個古典時代只有拘禁；在所有採取的措施裡，以及從這一極端到另一極端，都藏有一種同質的經驗」（同上，第四章，頁125）。

6.　　參見《古典時代瘋狂史》，同前註，特別是第三部分的第三章和第四章。

7.　　這兩項「可確定的」性罪行，一是指薩德對乞丐凱勒（Rose Keller）犯下的殘暴行為（此案於1768年6月判決，薩德被判監禁六個月）；另

一是控訴薩德於1772年在馬賽一個放蕩的夜宴上，提供有毒的錠劑給多位性伴侶（被控下毒與雞姦，缺席判決結果為死刑）。在政治罪行方面，法國共和曆第二年熱月8日（譯註：相當於西元1794年7月26日），革命法庭判薩德死刑，理由是「為共和國的敵人提供情報與通信」。最後，他於1801年再度被捕，首先監禁在聖佩拉吉，接著移到比塞特爾（Bicêtre），最後被關在夏朗東。

8. 關於這個主題，參閱夏朗東收容所主治醫師瓦耶－科拉（Antoine-Athanase Royer-Collard）於1808年8月2日致帝國警政部長的信函。信中指出，薩德「沒有發瘋。他唯一的譫妄就是淫亂，而專門治療精神錯亂的醫院完全無法制止這種譫妄。罹患這種譫妄的人，必須接受更嚴厲的關押，才能讓其他人遠離其狂暴，或者才能將他單獨隔離起來，遠離所有會讓他興奮或激起其恐怖熱情的物件」（收錄在薩德，《薩德侯爵作品集》[*L'Œuvre du marquis de Sade. Zoloé, Justine, Juliette…*], introd. et notes par G. Apollinaire, Paris, Bibliothèque des curieux, 1912 [1909], p. 50）。傅柯在《古典時代瘋狂史》中引用瓦耶－科拉的信函，將之視為一個信號，表明使古典時代拘禁模式具一致性的非理性經驗，已經失去其意義，為的是「進行一種瘋狂的實證科學，亦即讓非理性的話語沉默下來，只聽見瘋狂的病態聲音」。「瓦耶－科拉再也無法理解矯正的存在；他從疾病那邊尋求其意義，但找不到；他稱之為純粹的邪惡，一種除了自身非理性就別無其他理性的邪惡」（《古典時代瘋狂史》，同前註，頁122-123）。傅柯也在1963年的廣播節目《瘋子的沉默》中，再度論及此事（前揭文，頁41-45）。瓦耶－科拉在此就像理性「結巴」、我們文化之「困境」的信號，「自19世紀以降，面對瘋狂和瘋狂的語言，就再也沒有離開過我們。」對於這種偏執狂，「我們再也無法為它找到精確的位置。」這種困境以及隨之而來的制度間際，就是傅柯在《不正常者》（同前註）中論及殺人犯的偏執和性本能的各種偏差所帶來的問題時所理解的。長久以來，聖佩拉吉一直是收容女性的感化院（maison

de correction），法國大革命期間變成拘留所（maison d'arrêt）；薩德在被永久拘禁於夏朗東之前，曾在比塞特爾待過。比塞特爾是另一個18世紀的歷史性監禁場所，後來成為強制院（maison de force），直到1830年代都在收容病人與輕罪犯人。夏朗東曾是強制院，後來變成療養院（asile），19世紀初期主要收容富有的精神病患。

9. 參見上文，第一堂課，頁22-26。

10. 參閱《不正常者》（同前註），該書對此一問題有非常深入的研究。

11. 傅柯將在《精神病學的權力》（*Pouvoir psychiatrique*，《法蘭西學院1973年至1974年課程》，éd. établie sous la dir. de F. Ewald et A. Fontana, par J. Lagrange, Paris, Gallimard-Seuil-Éd. de l'EHESS, 2003）的結尾中，對此一現象提出非常不同的解讀。傅柯分析19世紀末興起的「神經內科行業」，並將歇斯底里視作精神錯亂者和歇斯底里症患者之間的對峙與鬥爭焦點，並藉此回到了一項事實，那就是在辨識創傷（這些創傷使得歇斯底里的事實成為疾病）的工作中，硝石醫院（Salpêtrière）的神經內科醫生在進行催眠時，經常會遇到與性有關的內容，但是他們會避開不談。他們的解釋是，這些與性有關的內容都是歇斯底里症患者對醫生指令此一權力的「反操作」，歇斯底里患者藉此「在由此一指令開啟的突破口中，投入的是〔……其〕真實的生活〔……〕，也就是〔他的〕性生活」。而且，如果夏柯（Charcot）和他的學生不承認這一點，那是因為這完全是在質疑他們讓歇斯底里症成為無可爭議且體面之疾病的努力。「因此，這種性慾不是難以理解的殘渣，而是歇斯底里症患者的勝利吶喊，這是歇斯底里症患者終於戰勝神經內科醫生並讓他們閉嘴的最後手段」（《精神病學的權力》，同前註，頁320-324）。

12. 在麻痺性癡呆（paralysie générale）的情況下尤其如此。關於此一主題，參閱凡仙大學的課程，見下文，第六堂課，注釋7，頁317-318；還有《古典時代瘋狂史》（同前註，頁541），傅柯指出，在麻痺性癡呆的

情況下，「可以非常精確地辨認出以性缺乏形式出現的罪惡感。」

13. 事實上，對大多數的作者而言，性變態可能源於精神疾病而且是其症狀。以士兵貝爾東（François Bertrand）的案子為例，在有關「性嗜欲偏差」的首次辯論中，呂尼耶（Ludger Lunier）的看法是「性嗜欲偏差的變態」只不過是「這種疾病的一種附帶症狀，與精神錯亂者極為常見的這些敗壞嗜欲類似」。關於這一點，參見朵宏，〈19世紀性變態之精神病學概念的形成〉，前揭文，頁44，以及傅柯，《不正常者》，同前註，頁268-269，他與馬爾沙（Charles-Jacob Marchal）及米謝哈（Claude-François Michéa）對此一主題所採取的立場形成對比。

14. 退化理論與病態遺傳的觀念將與莫黑（Bénédict-Augustin Morel）的《論人類在身體、智力與精神方面的退化，以及造成這些病態的原因》（*Traité des dégénérescences physiques, intellectuelles et morales de l'espèce humaine et des causes qui produisent ces variétés maladives*, 2 vol., Paris, J.-B. Baillière, 1857）、馬儂（Valentin Magnan）的《神經中樞的研究》（*Recherches sur les centres nerveux*, 2 vol., Paris, G. Masson, 1876-1893），一起在精神病學中獨占鰲頭，它們的確為所有的精神疾病（從精神官能症到先天痴呆）以及最多樣的性變態提供了一項共同原則。這項原則奠基於特定類型的遺傳偏差（莫黑舉的例子），或是中樞神經的遺傳性漸進式失衡（馬儂舉的例子）。就像佛洛伊德不斷指出並予以批判的，有很長一段時間，性變態被解讀成「退化的信號」（參閱例如：佛洛伊德，《精神分析導論》，同前註）。傅柯再次提及退化理論，特別是在《精神病學的權力》（同前註，頁219-221、頁272-274）及《不正常者》（同前註，頁275-301）中。正如他強調的，退化定義了異常與其遺傳轉變的領域，瘋狂或性變態可能就存於其中。詳情請特別參閱柯芬（Jean-Christophe Coffin），《瘋狂的傳遞，1850年至1914年》（*La Transmission de la folie, 1850-1914*, Paris, L'Harmattan, 2003），以及朵宏，《種族與退化。有關不正常者之知識

的出現》第二冊（*Races et Dégénérescence. L'émergence des savoirs sur l'homme anormal l*, t. II., thèse de doctorat de philosophie, sous la dir. de D. Lecourt, université Paris-Diderot, 2011 [dactyl.]）。

15. 傅柯在此幾乎一字不漏地重謄了克拉夫特－埃賓在《性心理疾病之法醫學研究。性倒錯的專門研究》（*Étude médico-légale, «Psychopathia sexualis». Avec recherches spéciales sur l'inversion sexuelle*, trad. de la 8e éd. all. par É. Laurent et S. Csapo, Paris, G. Carré, 1895）第50至53頁裡建立的「性精神官能症簡圖」。接下來兩頁似乎是傅柯直接從克拉夫特－埃賓的著作裡抄下的原稿。它們出現在一處被刪掉的片段，這片段指出「兩個問題：分類／起源」，這兩個問題能讓我們稍微描繪出傅柯的邏輯。此一疾病的抽象模型帶來兩個問題：前一頁提過的病因學（或起源）問題（長久以來，退化一直是性變態的病因）；還有分類問題。傅柯在此插入克拉夫特－埃賓的「性精神官能症」分類作為最佳證明。與瘋狂有關的一般疾病模型分類，其重要性已經在《古典時代瘋狂史》（同前註，頁208-216）中分析過；關於「分類醫學」，請見《臨床的誕生》（同前註，第一章）。

16. 克拉夫特－埃賓確切指出：遺精（針對痙攣）與滑精（針對癱瘓）。

17. 事實上，興奮指的是陰莖異常勃起；至於癱瘓，則與中樞或傳遞管道受損的脊髓疾病有關；或是以逐漸萎縮的形式出現，也就是與過勞或過度行為有關的敏銳性降低形式（《性心理疾病之法醫學研究。性倒錯的專門研究》，同前註，頁50）。克拉夫特－埃賓在此補充了與某些情緒（厭惡、恐懼疾病等等）有關的勃起「桎梏」現象。

18. 同上，頁52-53。

19. 同上，頁53。正確的引述是「感覺缺失（缺乏性傾向）──在此，所有由生殖器產生的器官驅力，以及所有的表述和所有的視覺、聽覺與嗅覺印象，都讓個體處於性冷感的狀態」。

20. 同上。「神經過敏（傾向增加，變成求雌癖）──在此，對性生活有

極為不正常的憧憬，這是一種由器官、心理和感覺興奮激起的渴望（對 *libido*〔力比多〕[*sic*]異常敏銳、難以滿足的淫慾）。興奮可以是中樞性的（慕雄狂、求雌癖）、周圍性的、功能性的、器官性的。」（譯註：*libido*，拉丁文，「力比多」；*sic*，拉丁文，「原文如此」之意。審校註：此字在中文世界中常有「性原欲」、「原欲」等翻譯。不過佛氏在討論這個概念的時候，是泛指人體內各種與生俱來的「驅力」〔Trieb〕，它可以是與性有關的慾望、口腹之欲等天然生物的慾望，但也涉及到本能之驅力，如求生本能與求死本能。是諸種驅力之總和。故在此建議將此字以音譯呈現「力比多」。）

21. 同上。「感覺異常（性本能的變態），也就是説，由不適當對象刺激的性感覺。」接下來將詳細描述所有的感覺異常，頁77及其後。

22. 同上，頁77。指的是感覺異常的一般定義。

23. 克拉夫特－埃賓在第243頁及其後幾頁論及性感覺倒錯或同性戀。傅柯在此參考的是第246頁，克拉夫特－埃賓強調，以同性戀為例，沒有對另一種性別發展出「正常的」性傾向，並不是因為性器官發育不良，而是源於「中樞狀態的異常、性心理的秉性」，其本身帶有功能性退化的烙印。如同他所指出的：「在性生活發展期間，這種反常的性慾會自動表現出來，沒有任何外部驅力……，這就像是一種先天現象；或者它只在起初遵循正常途徑的性生活中發展起來，並因某些明顯有害的影響而產生：這在我們看來就像是一種後天的性變態……。仔細研究所謂的後天病例，秉性似乎可能也包含了同性戀，或至少是一種潛在的雙性戀，這種潛在的雙性戀要變得明顯，需要受到偶發的驅動原因影響，進而脱離蟄伏狀態。」

24. 依克拉夫特－埃賓的説法，這是性倒錯的第一等級，是「生殖感覺的單純倒錯」，「當一個人對同性別的個體產生催情效應，而後者也感受到一種性的情感。但是，情感的特徵和種類仍符合此一個體的性別。他覺得自己是主動的角色」（同上，頁251）。我們很難明白為何傅柯用了

「老化」和「強制力」這兩個詞，除非也許是在指能制止這個第一等級倒錯的機制（克拉夫特－埃賓認為這種倒錯是可逆的）：透過外部強制力或是個人的意志力；或者會隨著年齡的增長而消失。

25.　克拉夫特－埃賓認為，第二等級的倒錯：「患者感受到深刻的性格改變，特別是其情感和傾向變成具女性情感者的情感和傾向」（*eviratio*的狀況）（同上，頁259）。此一等級的特徵主要是在性行為中持續扮演被動的角色。

26.　*Rectius: transmutatio sexus*（譯註：拉丁文，「*更準確地說：性別轉變*」*之意*）。指的是第三等級，就是過渡至*metamorphosis sexualis paranoïa*（譯註：拉丁文，就是「*易性妄想*」）。在此一狀況下，「生理上的感覺也會朝向*transmutatio sexus*（譯註：拉丁文，「*性別轉變*」*之意*）」（同上，頁266）。

27.　這是第四等級，也是最後一個等級，那就是「易性偏執」（同上，頁284）。

28.　指的是布里奇斯（Calvin B. Bridges）提出的遺傳平衡理論，〈單倍體果蠅和基因平衡論〉（Drosophila and the theory of genic balance），收錄在《科學》期刊（*Science*, no 72, 1930, p. 405-406），該理論認為性別決定因素取決於「體染色體（autosomes）上決定雄性的基因」和「X染色體上決定雌性的基因」這兩者之間的平衡。

29.　特別參見馬哈諾（Gregorio Marañón），《性的演變和雌雄間性狀態》（*L'Évolution de la sexualité et les états intersexuels*, trad. par J. S. d'Arellano, Paris, Gallimard, 1931）。馬哈諾的立場概述於卡爾勒，《性論》，同前註，頁160-162。馬哈諾認為，生理性別並不是兩性之間明確區分的穩固現實，而是一個經歷了不同階段的獨特過程，演變方向有時朝向男性，有時朝向女性。「正常」男性在童年時期會很快度過起初的女性階段，而「正常」女性則要到發展末期，也就是更年期後，才會具備男性特徵。「在男性身上，最初的女性化階段是短暫且溫和的，而男

性階段則非常分化且耗時。在女性身上，女性階段很長且分化，而最後的男性化時期則很短且不太有活力」（馬哈諾，《性的演變和雌雄間性狀態》，同前註，頁243）。

30. 傅柯在此採用了性變態的不同類型，例如佛洛伊德在《性學三論》（收錄在佛洛伊德，《作品全集。精神分析學》卷六[Œuvres complètes. Psychanalyse, sous la dir. d'A. Bourgui-gnon, P. Cotet et J. Laplanche, vol. 6, Paris, PUF, 2006]）第一論「性畸變」中明確區分的類型，特別是頁67-94。傅柯使用的譯本，其特點主要是將Trieb（譯註：德文）翻譯成「傾向」（tendance），而非「驅力」（pulsion）。為方便起見，我們引用此處提及的最新《作品全集》譯本。

31. 「所謂交配行為，是以生殖器結合作為正常的性目的，可以解決性緊張、暫時熄滅性驅力（這種滿足感類似於飢餓時的飽足感）」（同上，頁82）。

32. 關於「器官」，參見前述「目的」的定義，可理解成存有多種初步的、居間的「性目的」，這些目的會伴隨著某種愉悅感，強度應該也會同時增加，以便達到最終的性目的；這些目的可能會變成固著。至於將目的當作行為，這是佛洛伊德提出的定義（同上，頁67），他認為性目的是「一種由驅力所推動的行動」。

33. 性對象被視作「散發出性別吸引力的人」（同上）。

34. 傅柯在此抄錄了《性學三論》（同前註，1915年版本，將Trieb翻譯成「傾向」而非「驅力」）第一論第五章的「部分驅力與性感帶」。在目前採用的《作品全集》譯本中，此處援引的段落如下：「關於『驅力』，我們首先只能理解為體內刺激來源的心理表述，它不斷流動，不同於由來自外部且孤立之興奮所造成的『刺激』」（同前註，頁101）。

35. 參見同上，頁101-102：「靈魂與肉體之間的界限」。

36. 傅柯逐字抄錄了以下段落（《作品全集》譯本，同前註，頁102）：驅力「本身不具備任何性質……，區分各種驅力並使其各具特定屬性的，是

它們與其體內來源及目的之間的關係。驅力的來源是器官的興奮過程，驅力的即刻目的在於消除該器官的刺激」。

37.　同上，頁102。在心理精神官能症（特別是歇斯底里症）和性變態裡，諸如口腔或肛門口等「性感帶」就變成「性別化器官的一部分」，是「邊緣器官，就像是生殖器的替代品」。

38.　同上，頁102-103。

39.　同上，頁85。「在約束性的精神官能症裡，能創造新的性目的且獨立於性感帶的驅力，其意義性最令人震驚。」

40.　同上，頁94。

41.　同上，頁95。「或許，正是在最可憎的性變態中，我們必須承認心理上最廣泛參與了性驅力的轉變……。愛的全能只可在其特有的畸變中，才能表現得更為強大。」

42.　同上，頁97。

43.　同上。

44.　佛洛伊德在《性學三論》（同前註）第一論第四部分「精神神經症患者的性驅力」中，分析了被視作「所有心理精神官能症之模型」的歇斯底里症，特別是在第98-101頁。引文出自第98頁。也參見佛洛伊德與布洛伊爾（Joseph Breuer）合著的《歇斯底里症研究》（*Études sur l'hystérie*, trad. par A. Berman, Paris, PUF, 1956）。

45.　傅柯特別重視一個事實，那就是「沒有任何心理學形式比心理分析更重視意涵」（〈1850年至1950年的心理學〉[1957]，前揭文，頁155）。傅柯當時在〈哲學與心理學〉（前揭文，頁469-471）中，曾提及佛洛伊德與符號詮釋之間的關係（符號詮釋的無意識既是承載者，也是關鍵），也曾於1964年7月在探討尼采的華約蒙會議（colloque de Royaumont）上講述尼采、佛洛伊德和馬克思（Marx）的詮釋技巧時，提過此一關係（〈尼采、佛洛伊德、馬克思〉[«Nietzsche, Freud, Marx»[1967]，收錄在《言與文》第一冊，同前註，no 46，頁592-607]）。呂格爾

則在1961年至1962年開設的系列講座中，詳細討論佛洛伊德的經濟學（「能量論」）與意義之關係，並集結成《論詮釋。評佛洛伊德》（*De l'interprétation. Essai sur Freud*, Paris, Seuil, 1965）。

46. 關於這整個精神官能症和性變態之關係的分析，請見《性學三論》，同前註，頁99-100。

47. 佛洛伊德在頁99-101（同上）詳述了這些結果。

48. 我們理解的是，當我們在無意識中發現一種可能與相反傾向結合的傾向（主動－被動；例如偷窺狂－暴露癖），特定的傾向總是伴隨著其對應者，兩者相較之下，其中一個或多或少會占有優勢。

49. 關於這個理論，參見佛洛伊德，《性學三論》（同前註）第一論第六部分「解釋為何反常性慾在心理精神官能症中占有明顯的優勢」，頁103-104。

50. 傅柯在此遵循《性學三論》（同前註）第一論第七部分「性慾幼年化的誘餌」，頁105-106，並從中節錄各種引文。但是，選擇使用「反常」（perversité）而非「性變態」（perversion）一詞的，並不是佛洛伊德，他僅是指出「某種先天的東西實際上是性變態的根源」，這種「性驅力的先天根源是建構出來的」，是人類共有的，在某些情況下會導致性變態。

對幼兒期性狀態的長期無知並抗拒直接研究。

一、文化原因：兒童史（18至19世紀）。19世紀假設兒童是純潔的。20世紀初期的戰爭和經濟危機再次引發教育問題。

二、心理原因：記憶缺失症和兒童期的精神官能症關係：成人總是以間接方式去理解兒童。

三、精神分析技術：進行兒童精神分析的困難之處。

幼兒期性狀態的分析。

一、要素：無關生殖的性，涉及的是自己的身體，與由部分傾向組成的不同性感帶有關。這種性涉及強烈的詮釋活動。區分詮釋和幻想。不同的詮釋。有關施虐狂和謀殺的認知及語言之關係。性和歷史：與法律的關係，與他者及悲劇經驗的關係。

二、各種組織形式：1.口腔組織；2.肛門施虐組織（organisation sadico-anale）；3.生殖器組織。女性的性問題。

第五堂課

── LEÇON 5　La sexualité infantile

幼兒期的性狀態 1

對幼兒期性狀態的研究非常能證明西方文化反
對分析（成人的、正常的、正向的）性本身的阻撓體
系。

我們已經見到，性只能透過性變態來〔建構〕[a]。
我們認為或希望此一分析能讓我們面對性本身。事實
上，性曾經讓我們面對某一些負面現象（各種性變
態、精神官能症、性的旁側、由被壓抑的性變態所構
成的正常性事）。此外，這一切的基礎都是先天的性
變態——亦即孩童出生之際就擁有，或至少是一出生
就表現出來的性變態[2]。

然而，這項幼兒期性狀態的研究長期以來並沒有
直接進行，而現在應該要著手了；但即使是現在，我
們也能懷疑這是否有可能執行。

幼兒期性狀態研究的間接特性來自許多事實，其
中一些無疑與我們的文化史有關，其他與個人心理學
有關，第三種則與精神分析技術有關。

（這三項原因的確相互有所關聯：個人心理學與
文化史會相互強化、確定；精神分析技術則與前兩項
原因相關。）

一、文化原因[3]

1. 直到18世紀末，兒童才被建構成一個自主的

[90]

[91]

實體，是生命的一個區塊；但這是一個巨大
的區塊，沒有內部分期。我們不是處於兒童
期，就是脫離兒童期。沒有內部的年齡劃分
層級。（在教育方面就造成對成熟過程的漠
不關心[4]。）

在性方面，有一定數量的事情是可以容忍的，且
不會質疑此一性慾的本質。

2. 自19世紀以降，兒童期會依據年齡分級來展　　　[92]
開（這就允許並規定了歷時的教學法）；但
是與此同時，它和成人世界是分開的，自成
一個微觀世界，緊鄰成年人的主要世界。實
際上，這是一個雙重的縮影：學徒制〔和〕
學校教育[5]。

3. 直到戰爭結束後，具體的教育問題才又再次
出現：

a　　　　原註：「建構」二字是我們添加的。

(1)一些社會動盪：

⊙ 阿契霍恩（Aichhorn）[6]－馬卡連柯
（Makarenko）[7]；

⊙ 伯恩菲德（Bernfeld）：為失去雙親的孩童建
立*Kinderheim*[8 a]）。

(2) 經濟危機（生產過剩）導致：

⊙ 很多年輕人失業；

⊙ 技術行業需要轉型與培訓。

在這些社會變革的壓力下，兒童期的問題再次急
迫地被提出來。

因此，在整個19世紀，我們都假設兒童是純潔
的。與性沒有任何關聯。兒童只不過是純粹的學
徒而已。

當時我們正好發現了成人的性，並在起源方面補
充了我們在成人身上發現的。或者更確切地說，
我們深入自然層面，同時重新發現退化的那一
面，也就是我們否定的兒童期的性，它已經不再
只是生物學上的，而且它尚未衰退。「兒童的純
潔」這個主題可用來阻止發現成人在性方面的不
純潔[9]。

[93]

二、心理原因

1. 幼兒期記憶缺失症出現在兒童期的前「6或8」年[10]。

(1) 由於在佛洛伊德之前，無人對記憶缺失症感到訝異，因而更引人注目，彷彿這種記憶缺失症也有一種記憶缺失症。

(2) 幼兒期記憶缺失症不能被視作自然遺忘（起因是神經系統不成熟），因為兒童期是學習的年紀。

因此，它針對的是一種獨特的事實類型：

⊙ 這些事實都是最重要的，例如它們在某些狀況下的重現可以為證。

⊙ 這些事實通常具備跟性有關的性質。　　　　　　[94]

2. 然而，我們必須注意兩件事：

(1) 這些事實在歇斯底里症患者身上，以及一般來說在精神官能症患者身上，都被遺忘了，就像最近的事件（參見杜拉[Dora]：歇斯底

---

a　　　譯註：德文，「兒童之家」的意思。

里的咳嗽、K〔先〕生在樓梯下方的親吻）¹¹。

(2) 另一方面，這些被遺忘的性舉止，其性質與
精神官能症患者表現出來的性舉止是相同
的：

⊙ 其他性對象（同性戀）；

⊙ 其他性目的（部分且衍生的目的¹²）。

在此我們要注意。我們通常會說，佛洛伊德認為
兒童期和精神官能症是完全同質且相互疊合的。
對他而言，兒童期是某種早期的精神官能症；精
神官能症則是被固定且止於其自身的兒童期。但
事情更為複雜。

⊙ 的確，兒童的舉止與精神官能症患者具有相
同的結構；另一方面，精神官能症則具有幼
兒的固著。

⊙ 但事實上，佛洛伊德首先要指出的（這也是
最基本的）是成年人與他曾身為的孩童，這
兩者之間的關係是神經官能性類型的關係
（也就是說，這個關係是依幾乎所有可在精
神官能症中找到的機制而建立的）。我們的
兒童期並沒有歇斯底里症、強迫症或恐慌
症；我們是在與我們的兒童期的關係中，

[95]

變成有歇斯底里症、強迫症或恐慌症；正是
在為了脫離兒童期而脫離兒童期之際，我們
有了「一定程度」的恐慌、強迫、歇斯底里
等過程或機制。當我說「一定程度」，這就
是最主要的問題，因為這是正常與病態的分
界。

有許多機制不會在正常個體中發生作用（或是
程度較小：逃避至幻想中；人格分裂；否認現
實）。相反地，至少有一種機制很少見於患者身
上，那就是昇華作用。

另一方面，有一定數量的機制可在正常人和患者
身上找到：潛抑。潛抑理論是弗洛伊德的精神分
析核心，還有其隱藏的所有謎團。

由於這些建構成人與其童年之關係的「精神官能 [96]
症」機制，因此不可能透過觀察或藉由成人的回
憶來直接觸及兒童期。

1. 在記憶方面，沒有純粹、透明、立即提供的
　 童年回憶。

2. 至於成人可對周圍孩童及通常是對他的孩子
　 （可作為其替代品）所進行的觀察，也會經
　 過這些機制的過濾（這些機制會從主體的兒

童期轉移至其他人的兒童期）。此一轉移的
完成方式有許多種：

(1) 兒童期成為成人的性對象或性目的。例如我
們知道，對母親來說，兒童扮演的是男性器
官的角色，因此會在閹割結構中發揮作用，
這無疑是所有女性共通的；

(2) 或者兒童成為重啟幼兒情境的方式：他成為
性對象。同性戀者或伊底帕斯情結者的固
著。

即使是對正常的個體來說，與孩童的關係也是這
種附帶性慾的一部分，而這種附帶性慾在成人生
活中是很常見的。我們給孩子的愛基本上是反常
的。孩童的第一個、也是唯一的誘惑者，就是父
母。如果我們脫離了被強暴、毆打、同性戀、施
虐受虐狂、暴露癖、偷窺的兒童期，〔那是〕因
為我們有雙親。有好幾年的時間，我們都是成人
性變態的目的和對象。

[97]

前面圖示中的（正常）成人與兒童期的關係：

⊙ 壓制（repression）（這是與其自身兒童期的
關係）；

⊙ 附帶性慾（這是與其他孩童的關係）。

因此，事實就是對精神分析來說，不存在可能的
教學法：

⊙ 「甚至在他來到這個世界之前，我就知道將
　會誕生一個愛慕母親、憎恨父親的小漢斯
　（petit Hans）[13]。」

⊙ 「無論您怎麼做，都是錯的[14]。」

因此，有鑑於所有這些理由，我們不能未經分
析，就直接承認成人對其兒童期與孩子的見證。

三、精神分析技術 [98]

長久以來（實際上是他整個一生），佛洛伊德一
直拒絕分析孩童。而他透過小漢斯這個角色，
既對大人也對小孩進行分析[15]。歷史上，對兒童
的直接分析出現於1926年，當時安娜・佛洛伊德
（Anne Freud）在維也納精神分析學院（Institut
psychanalytique de Vienne）進行系列講座[16]。

⊙ 1927年，因茲布魯克（Innsbruck）第十
　屆國際心理分析大會，安娜・佛洛伊德的
　報告。自此，在維也納召開定期會議。國
　際精神分析學會（Société internationale de

psychanalyse）設立了兩個診所，一個針對
孩童，由斯泰爾巴（Sterba）[17]主持，另一
個針對青少年，由阿契霍恩主持[18]。戰爭
爆發前夕，與桃樂絲・柏林罕（Dorothy
Burlingham）[19]共同設立1至2歲孩童的實驗性
托兒所。

為何會有此一延遲？分析兒童時，還會遭遇哪些
困難？

1. 因為很難（也許是不可能）確定兒童的病理
   學標準。事實上[20]：

(1) 成人的標準（藉此可向他傳遞對其疾病的意
    識）是他的性及工作。但是，這不能用來作
    為對兒童的判定（現實、愉悅[21]）。

[99]

(2) 與他相較之下，成人會判斷對他而言很重要
    的困擾（厭食症）。

(3) 他會透過自身的失常來判斷病理。他認為夜
    間遺尿是很嚴重的，但是會將男孩的女性被
    動特質當作是正面的信號[22]。

(4) 我們並非總是能意識到兒童會有〔此一〕疾
    病[23]。

2. 再者，一旦開始進行精神分析，就會出現一
　 些困難。

(1) 並非總是想要被治癒（被治療的是父母）；
　　再說，這種疾病更常見於成人身上，這是身
　　處無法掌控的環境時，唯一的解決方案。

(2) 沒有語言。

(3) 沒有被建構了的自我。

3. 最後，在分析過程中，我們會遭遇比成人更 　　　[100]
　 為強大的防衛機轉。特別是：

(1) 否定外部現實。

(2) 失憶症。

(3) 避至幻想中。

(4) 人格分裂。

(5) 抑制動作[24]。

幼兒期性狀態的分析

一、要素

1. 這是一項活動，其性本質並涉及生殖特徵

許多性活動都與生殖器無關。要如何確認這些活

動屬於性？部分特徵如下：

(1) 姿勢的節奏性〔……〕[a]；

(2) 注意力集中；

(3) 伴隨更全面性的肌肉緊張；

(4) 放鬆→睡眠；

(5) 最後，這些活動有時會因生殖器的接觸而加倍。

吸吮符合這五項標準[25]。

2. 這項活動通常與他者無關，而是與兒童自身的身體有關

[101]

它是自體情慾的（附註：指的仍是吸吮）。但是，這種自體情慾很明顯，原因有以下四個：

(1) 一方面，它被轉嫁成進食行為：它們的表達形式與描繪營養特徵的節奏性等等，完全是同一類型。

(2) 因此，它屬於維繫生命不可或缺的舉止[26]。這讓它變成最重要的：

⊙ 因為它結合了享樂原則和現實原則（或者更確切地說，它們尚未被分開）；

⊙ 當自我被建構起來（作為現實原則的基礎），

可能會被注入力比多，從而產生自我的本能
〔及〕自戀[27]。

(3) 因此，相較於透過外部對象（母親的乳房）　　　[102]
取得的愉悅，這個自體情慾是衍生出來的。
我們可以說，自體情慾是一種補償，是暫時
失去之對象的替代品[28]。在佛洛伊德的分析
中，身體本身也許永遠只是他者的替代品。
我存於他者不存在之地。我永遠只是缺席的
那個我的對象。所以必須注意的後果如下：

⊙ 愛，作為朝向他者的自體情慾轉向，是「給
予我們所沒有的」[29]。

⊙ 身體本身作為此一對象的缺席，當這個對象
是不好的，我們就消失了：受虐狂、自殺。

⊙ 辨識的過程是依缺席的經驗來進行的。

(4) 它標示著飲食與性之間的首次分離。就此而
言，所謂的性脫離了和生活息息相關的食
慾。我們之所以愛，那是因為我們不吃[30]。

這解釋了為何佛洛伊德會說自體情慾是首要的　　　[103]
（安娜·佛洛伊德又重新採用）；還有為何他能

a　　　原註：接下來的縮寫難以詮釋。佛洛伊德談到的是「有節奏的重複」。

將與對象的關係置於自體情慾之前，就像克萊恩
（Melanie Klein）[31]。

事實上，自體情慾〔標示了進入〕[a]性的秩序，
因為性只會與它一起出現。但是，性出現的可能
條件是與對象的關係；在這個消失之對象的巨大
裂口裡，性的表現就像自體情慾[32]。

3.這項活動位於身體的不同部位[33]

這項活動與性無關，且涉及身體本身，它會位於
哪裡？

要點1：原則上，它可能涉及身體的任何部位。
整個身體都可以是性感帶。然而，如果整個身體
都可以是性感帶，那就表示任何部位都可以被情
慾化；因為，它永遠不會整個突然且同時變成這
樣。為什麼？

⊙ 這是因為，脫離飲食行為的自體情慾首先涉
及的是嘴和手。而且只有能透過嘴和手獲得
的，才算是自體情慾。

⊙ 身體完整情慾化的可能性，意味著兒童無法
做到的三種經驗：

· 與他者（將他抱在膝上時的母親除外）的
　完整關係；

· 感覺到另一個我們可以與之同化的孩童；

· 或是鏡中認知（reconnaissance dans le
　miroir）。

[104]

然而，〔就〕這些經驗來看，第一個證實了對象
的消失，而且如果這個經驗將零碎部分結合起
來，它一旦消失就會使之加劇。其他兩個經驗是
稍後才出現的。而且它們永遠都是決定性的[34]。
在這些條件下，我們明白身體的零碎部分是可能
出現的：

· 在發育不全的情況下，出現在生理本能反
　常者身上。具備了原始的自體情慾和攻擊
　性；

· 或是在與自我嚴重分裂的情況下，例如精
　神分裂症。

我們必須區分這些分裂和歇斯底里症患者的補償

a　　　原註：傅柯換頁的時候忘了一句話：我們添加「標示了進入」。

性恢復。後者只不過是附帶性慾的形式,與生殖性慾的潛抑有關。那就是切斷性冷感。這會造成自體情慾帶的恢復。

要點2:我們見到,肛門情慾會在這種自體情慾 [105]
的背景下被建構起來。因為它允許(透過保留或發洩)身體對自身進行某種行動。所以,它與口腔的自體情慾擁有相同的結構。但是,當發洩引發的愉悅是因為對象消失,就會與不好的對象(避開飲食需求)有關。我們會拒絕我們不吃的東西。這就造成肛門活動的負面評價及其與攻擊性的基本關係。

但是,另一方面,由於發洩的是身體的一部分(身體是愉悅的工具):面對這個我們失去的對象,會有正面的評價和焦慮。因此:

⊙ 肛門情慾的矛盾心理;
⊙ 攻擊和焦慮的關聯;
⊙ 施虐狂(我們拒絕的身體)和受虐狂(與我們分離的自我)的關聯[35]。

強迫性自殺有別於憂鬱型自殺(這個是真實 [106]
的),前者只是一種幻想。

要點3：就區域來說，我們沒有理由將生殖器排除在此一情慾之外，但它並非是特殊情況（至少目前是如此）。正是這種自體情慾激起了幼兒的手淫；受到誘惑時，手淫特別重要，隨後也一樣重要，因為它是被禁止與潛抑的活動。歇斯底里通常源於這種潛抑（而且是在誘惑之下）。佛洛伊德已經在歇斯底里的病因學中發現這一點[36]。

要點4：這些都讓孩童的性具備了「局部傾向」的特徵。這個詞在此有多種同時意義：

⊙ 除了生殖部位，某些身體部位的重要性也與之相當，就算沒有〔更多〕，總之也是更原始。

⊙ 許多與性有關的舉止並沒有被納入生殖性事的組成部分〔或是成為附帶形式（施虐狂、受虐狂）〕[a]。

[107]

---

a　　　　原註：之後補充的片段。

⊙ 這些舉止若真的沒有一個能將它們總合起來
的特定對象，那就完全沒有對象。偷窺狂、
暴露癖、施虐狂、受虐狂，這些都是要在性
對象之前或為了性對象而進行的。不能與力
比多對象混淆在一起[37]。

⊙ 這些舉止是可以被誘惑所啟動的，完全不需
要被創造。兒童因而變成「多型態的生理本
能反常者」，與正常人的唯一差別就在於數
量。還要注意的是，誘惑是一個量化問題
（「誘惑者」[38]父母是存在的）。

正是這種性變態可能會造成：反常（只有在潛抑
狀況下），或是某些潛抑的精神官能症（歇斯底
里症）。

4. 這些活動與強烈的詮釋活動有關[a]   [108]

(1) 我們必須區分幻想和詮釋：

⊙ 幻想：這是對具象徵功能之對象的想像現實
化，而且涵蓋了焦慮的經驗。

⊙ 詮釋：這是一項智性活動，旨在掩蓋焦慮的
經驗與滿足情感的需求。這既是針對焦慮的
保險系統，也是智性系統化的原則。

其中一個是病理性的；另一個具有正面價值。這
是一種適應因素。

的確，詮釋和幻想經常會被混淆：詮釋可以將幻
想（童話類型：食人魔等等）連結起來；而幻想
（母親的陰莖）則證實了詮釋。但是克萊恩將
它們搞混，或至少將它們連貫起來，這無疑是
錯的[39]。它們是相互作用的：當詮釋與幻想混淆
在一起，那是為了平息並使幻想變得可以忍受
（童話故事裡的食人魔比被閹割的父親更不危
險）。相反地，當幻想出現（母親的陰莖），那
是因為詮釋失去了作用（所有的女性都擁有與男
性相同的生殖器）。

(2) 這些詮釋是什麼？　　　　　　　　　　　　[109]

它們主要針對的不是生殖力，原因很簡單，因為
生殖力的重要性只在之後才出現。

⊙　第一個詮釋跟孩子的出生有關（擔心孩子是
其他人的；擔心這個身為母親的性對象消失且被

a　　　原註：傅柯起初寫的是「與強烈的幻想產生有關」，後來修改了。

占有）。孩子是從哪裡來的？（這是獅身人面像的謎題。[40]）普遍性的詮釋（這個詮釋隨後可以被潛抑或變裝）最接近我們已經研究過的結構：兒童是由食物形成並從腸道出生的[41]。這是：

- 非常「令人滿意的」，因為其他將要出生的孩子會類似於排便。它們當然是侵略的對象[42]；
- 准許相信兩性都能擁有孩子（可能還有孩子本身）。

⊙ 第二個詮釋認為每個人都有相同的生殖器： [110]

- 男孩假設女孩有陰莖。而且當他們必須承認事實，他們就會將此解釋為失去（帶有可能會引起幻想的潛在焦慮）。
- 女孩認為每一個人的生殖器都跟她們的一樣。當她們發現事實並非如此，就會認為這是閹割或是發育遲緩。總而言之，就是「陰莖羨妒」[43]。

⊙ 第三種詮釋涉及父母之間的性關係。他們總是會將此解釋為施虐狂，而且通常會與排尿、排便有關[44]。

我們見到，這種智性系統化在其所有的主題和結
構中，都與施虐狂有關，尤其是肛門施虐狂。此
一階段大約出現在二至三歲，這也是重要的智性
〔系統化〕[a]、大規模獲取語言、首次進行重要
探索的時期。

因此，眾所周知的事實是，強迫性精神官能症是　　　[111]
屬於「智力的」課題，無論是智性、詮釋或合理
化的案例[45]。（它們與偏執狂不同，偏執狂的詮
釋包含了一個涉及建構自我的投射系統：這是一
種精神病；而這裡僅涉及性經驗——亦即與力比
多有關的經驗——的合理化：這是一種精神官能
症。）

因此，有一系列鮮為人知的事實：知識和語言、
施虐狂和謀殺之間的關係[46]。各位會發現以下關
係：

⊙ 在主要的宗教主題裡：導致死亡的知識。創
　世紀裡的那棵樹必然會帶來知識，但實際上
　也驅逐了永恆且幸福的生命。這棵樹正是被

---

a　　　原註：缺少一個字，我們重建為「系統化」。

禁令所禁止的。我們也要留意所有的奧祕主
義：不可透露、無法知悉。事實上，許多科
學都是在奧祕主義儀式化的背景下發展起來
的：不要為了知道而透露；不要透露我們所
知道的；若你同意不去知道，你就會知道。

⊙ 我們也在所有的語言禁令中發現此一關係的　　[112]
　痕跡[47]。不應該使用的字詞。會招致死亡的字
　眼。神聖的話語，光是呈現出來就會引來危
　險。而不應該被說出的專有名詞，其主題是
　如此的廣泛：或者因為我們會殺死與這些主
　題有關的人，或者因為我們會暴露在其衝擊
　之下。在我們所有的活動中，語言當然是最
　容易遭受強迫性禁止的。或者，它從中獲取
　了它的神奇力量和感染能力。說出不潔的事
　物是不潔的。只有在強迫性防衛之下，才可
　能是顯而易見的。

只要我們認為在我們文化和其他許多文化中，性
是不應該被說出來的，也不涉及排尿與排便，如
此便會再度見到語言的形構與對性的肛門施虐角
度的詮釋。因此，面對粗暴咒罵或在口頭上揭露
性事時，（愉悅和對抗愉悅的）醜聞就很強烈。

〔我們已經見到性的一般特徵如下：　　　　　　　　[未編碼]a

⊙ 非關生殖的。

⊙ 與身體本身有關。

⊙ 位於不同的身體部位。

⊙ 與重要的詮釋活動有關。

也就是說，性與身體經驗的建構（及與其相反的
死亡）〔和〕知識及語言的建構有關[48]。

但是，有一個專門屬於這個性的向度。它是有其
歷史的；此一歷史的首要特徵就是被導向規範性
目標，其次就是對象的選擇。也就是說，它為個
人定義了與法律的關係，以及與他者的關係。這
些他者由性所建構，同時又避開了性。這一切就
像這個法律是我們能違犯的法律。

我們只服從能被我們摧毀的；我們只喜愛我們會　　[未編碼2]
失去的。正是在這個受到威脅的世界裡，人會成

---

a　　　原註：這張紙的正面和反面（下一頁）皆未編碼，箋頭（反面）有「克雷蒙
　　　大學／文科暨人文科學學院／哲學研究所」字樣。這一頁是重點概述，無疑
　　　是之後才加入的。只有編號121那一頁（本課程最後一頁）也是寫在有大學箋
　　　頭的頁面上。因此，很有可能是傅柯插入這幾頁作為結論，而且未講授其餘
　　　的課程，因為正如我們所見，課程是突然停止的。

長與移動。正是在此,他擁有自己的篇章。

性重新發現了[a]希臘悲劇(他者和命運)。但是,此一悲劇已經深入[b]自然主義裡。而性(與佛洛伊德)從自然中引出超越人類的巨大悲劇力量。

我們在性的悲劇中生活、夢想、說話。這是普魯斯特(Proust)、惹內(Genet)、福克納(Faulkner)教給我們的悲劇。若說在原子彈爆炸之際,性的悲劇性非常薄弱,我們會回答,悲劇經驗一直處於真正危險的邊緣(希臘人、莎士比亞〔Shakespeare〕)[c 49]。〕

二、組織形態

[113][d]

身體部位傾向的特徵,不管是體內的性被支解,或者是基於其他活動(例如飲食)而形成,都不會阻礙性活動形成「組織」。佛洛伊德如何解釋「組織」[50]?

1. 最重要的性活動形式+以從屬形式而與之相關的活動形式+與性活動形式有關的(非性)活動形式。這是活動的核心,在性內部具有一個階序,或是性與非性之間的關聯。

2. 性對象的定義。

3. 性目的的定義。

這些組織在兒童期無法直接見到；只有透過信號
才能辨讀它們。當成人固戀於性組織（或者更確
切地說，固戀於某種無關生殖的組織形式；因為
它被視作是規範性的），只有在病理學的情況
下，它們才會清楚顯現。

1. 第一個組織是<u>口腔的</u>[51]。這個階段的特點很容
易描繪：　　　　　　　　　　　　　　　　[114]

⊙ 所有的性活動都屬於（透過嘴巴與手）攫握
食物的活動；

⊙ 性活動與飲食有很密切的關聯；

⊙ 一個對象，或者可說是一系列的對象，亦即
所有能提供食物的對象；

⊙ 目的是併入（incorporation）。

---

a　　　　原註：傅柯起初寫的是「相反地重新塑造了」。

b　　　　原註：這個字難以辨認。

c　　　　原註：第二個詞彙很難辨讀，但看來似乎是「莎士比亞」。

d　　　　原註：在此，我們回到正常的課程進度。

此一階段的重要性來自於以下〔事實〕：

⊙ 它能急速透過自體情慾和吸吮行為來替換。
  也就是說，它本身只有「虛擬的存在」。它
  一開始就因對象的消失而被穿透，因而就
  是：

  · 藉由身體（作為性對象）的位置，

  · 藉由身體的分散，

  · 藉由對象消失的抑鬱階段，

  · 藉由攻擊（既是尋回也是摧毀對象的方
    式）[52]。

⊙ 它是辨別的基礎。辨別機制奠基於捕獲食物
  的模型。伴隨著所有可能發生的起伏變動。
  母親的乳房就像是活躍且豐碩的對象，對男
  性來說是有吸引力的；然而，對男孩而言，
  對母親乳房的辨識必須排除對母親性慾的辨
  別。母親的乳房必須具有父親性別的價值，
  但不是建立在對兒童而言的女性被動模式之
  上[53]。

就此意義而言，我們可以說，克萊恩認為伊底帕 [115]
斯（Œdipe）情結就是在這個時刻形成的[54]。

2. 第二個組織是肛門施虐類型[55]：

⊙ 與腸道活動有關，腸道活動屬於滯留和排泄
的範圍。

⊙ 隸屬一種兩極的性活動，但並非兩性對立，
而是主動與被動的〔對立〕：

‧ 肌肉活動能確保這項活動的進行。這會引
起身體本身的經驗改變。統一經驗的建
構；

‧ 孔腔和腸道口代表了被動。這會引起身體
內部的經驗。

因此，身體的經驗有兩個面向：主動（外部和肌
肉）；被動（內部、腸道）。

‧ 對自我的形成很重要（感知－肌肉結
構）。

‧ 對疑病症（hypocondrie）的形成很重要
（高度的同性戀成分）。

因此，區分主動和被動也很重要，這與男子氣　　　[116]
概、女性特質並不一致。這就是為何肛門施虐組
織在同性戀的起源中是必要的。

⊙ 性對象，這是身體內部的一個對象，但是注

定要被從中驅逐，因而也滿足了成人（母親）與其誘惑。

這就是使用口腔之性對象的反向結構：使用口腔的性對象位於身體外部，但完全是要用來滿足身體的（因此，這結合了享樂原則和現實原則；因此它成為自體情慾）。肛門施虐組織中的性對象位於身體內部，但是必須被驅逐、給予，才能滿足他者。

　　·因此，它完全受到享樂原則的主導。

　　·這種愉悅是矛盾的，因為造成愉悅的是失去（對另一方而言），造成愉悅的也是克制（對另一方來說是不愉快及懲罰）。

　　·因此，法律介入了，自此與性活動連繫在一起（帶有愉悅的矛盾性）。

⊙　至於性目的，很顯然這就是施虐受虐狂：

　　·攻擊，作為克制或解放，不合時宜地會帶來愉悅；

　　·痛苦，作為自願性失去或克制，會獲得回報。

因此，透過施虐受虐狂的建構，這個階段對於自

我的組織、身體自身的建構（可能成為自戀的對
象）、兩極的性活動（但是與男女對立無關）來
說，是至關重要的。

3. 生殖組織[56]：
屬於由男性特質及女性特質定義的性活動。這意
味著：

⊙ 性器官作為性感帶的優先權（改變身體的經
　驗）；

⊙ 初步愉悅（興奮）的非獨立性，這種愉悅現
　在是用來準備「滿足感的愉悅」（也就是
　說，與生殖相關之成品的釋放）[57]；

⊙ 存在某種類型的性對象，那就是另一種性
　別。

這就帶來了區分男性及女性性慾的問題[58]。　　　　　　[119/118][a]

(1) 什麼是力比多[59]？
測量性興奮過程與轉變的強度：

a　　　原註：此處有分頁上的錯誤：這一頁無疑應該要緊接在前一頁之後，但是傅
　　　柯將前一頁標注為117後，就標了119。後面幾頁的編碼都已經偏移。我們在
　　　左邊標出原本的編碼，右邊則是正確的編碼。

⊙ 不同於其他精神能量；

⊙ 但永遠都是積極、主動的。

因此，女性的力比多不是被動的。這解釋了為何
小女孩對其性別的詮釋永遠都是男性類型的[60]。

(2) 然而，位於性感帶的女性力比多意味著相較
於某一性對象，女性的力比多是被動的。因
此：

⊙ 陰蒂情慾和陰道情慾之間有衝突；

⊙ 「壓抑」和退化；

⊙ 女性特有的自戀[61]。

(3) 第三個問題涉及力比多歷史的平行性。　　　[120/119]

⊙ 在佛洛伊德的第一個概念中，力比多是相同
且主動的，始末則不可能是相同的。尤其
是：男孩跟女孩的閹割姿勢是不同的：

・在男孩身上，閹割會造成伊底帕斯情結；
對母親的依戀→來自父親的威脅。超我的
形成－潛抑，接著是潛伏；

・在女孩身上，閹割相反地應該會造成對父
親的依戀[a]：透過閹割來接受女性特質。閹
割是伊底帕斯情結的建構要素。陰蒂的重

要性：陰道愉悅位居第二。

⊙ 在第二個概念中，佛洛伊德發現了女孩對其
母親的依戀，「例如希臘文明之前的邁錫尼
文明[62]。」

⊙ 克萊恩正是在這個階段對自己進行分析，並　　[121/120][b]
賦予該階段一個特殊的重要性，使她能將閹
割推遲至伊底帕斯情結結束；因此能將力比
多導向被動及女性特質那一邊，重建性別之
間的平行性[63]。

首先是納入陰莖（飲食將取代之）的渴望：

· 與母親（擁有陽具之母親）[64]的早期競爭；

· 害怕破壞身體；

· 斷奶是懲罰性的退縮（retrait）[65]。

陰蒂性慾將是一個替代品。對父親的辨識。力比
多的男性立場[66]。

a　　原註：在此，整段都被刪除了：「從原本對母親的依戀（女兒是父親的競爭
　　　對手），到對父親的依戀」，取代為「會造成對父親的依戀」。

b　　原註：這是最後一頁，就像未編碼的前兩頁（參見上文，注釋a，頁167），
　　　寫在箋頭有克雷蒙－費洪大學字樣的紙上。

註釋

1. 幼兒期性狀態這個主題（在此我們見到其重要性與性知識的興起有關）將在傅柯從系譜學角度談論性史時，再度出現。因此，《精神病學的權力》主要致力於兒童的精神疾病治療問題，以及兒童形象、本能問題與異常問題之間的關係（同前註，頁123-141與頁199-221）。《不正常者》大幅討論18世紀末至19世紀初的自慰與幼兒期性狀態問題，認為性此時開始在醫學知識內部大量湧現，隨後分析*scientia sexualis*將之整合到更為廣泛的性本能與性變態知識的方法（同前註，頁217-303）。最後我們知道，傅柯原本計畫的《性事史》（*Histoire de la sexualité*）包括了一本專冊，談論18世紀至19世紀對抗幼兒手淫的社會改革行動，以及建構一個有性知識出現之領域的方式：「在1760年至1770年代由手淫學形成的醫學神話裡，某種論述逐漸從中脫離……，超越了其原本的出處。它冒充一般的性領域，為的是分析我們可從中認出的特定影響……。性作為知識的領域，建構自手淫學……。在手淫學的論述中，產生了一系列為數眾多且複雜的轉變，最後以1870年至1900年代（亦即一個世紀後）為基準，出現了一種論述和技巧，以性為參照並作為介入的領域」（《兒童的社會改革行動》〔*La Croisade des enfants*，未出版的手稿，

法國國家圖書館第51號箱匣，f. 64-65））。我們將見到，他於1970年代再度提出的解讀部分與此一課程的解讀相反，特別是關於所謂兒童的性的隱藏特徵到佛洛伊德對此的「發現」。參見下文，注釋9，頁178-179。

2.　　參見上文，第四堂課。

3.　　比較這些分析和傅柯在《精神疾病與心理學》中提出的分析是有用的，後者是在分析如何詮釋精神疾病在西方文化中，表現為倒退至幼兒舉止此一事實。如同他指出的，「進化論在這些倒退中見到了病理學的本質，這是錯誤的……。若倒退表現為精神官能症，那只是一種效應。」這是一個社會特定的文化與歷史效應，這個社會自18世紀起就很清楚地將兒童與成人分開來，並力圖「以遵循其發展的教學規則，為兒童建構一個適合他的世界」（同前註，頁95-96）。

4.　　參見阿里耶（Philippe Ariès），《舊制度下的兒童與家庭生活》（*L'Enfant et la Vie familiale sous l'Ancien Régime*, Paris, Plon, 1960），特別是第二部分強調「對兒童期心態的演變」以及「教育機構和教學方法的演變」這兩者之間的關係。

5.　　同上。

6.　　阿契霍恩（August Aichhorn，1878-1949）是第一次世界大戰後，專門研究棄兒照料的奧地利教育家。他建立了一間診所，為未成年罪犯與棄兒提供精神分析方面的照護。特別參見他那由佛洛伊德作序的重要著作，《受苦的年輕人。精神分析與特殊教育》（*Jeunes en souffrance. Psychanalyse et éducation spécialisée*, trad. par M. Géraud, préf. de S. Freud, Lecques, Champ social, 2002 [1925]）。他分別主持過上霍拉布倫（Oberhollabrunn）與埃根堡（Eggenburg）的特殊教育中心。關於阿契霍恩，參見烏席耶（Florian Houssier）及馬爾蒂（François Marty）主編的《奧古斯特‧阿契霍恩。犯罪診所》（*August Aichhorn. Cliniques de la délinquance*, trad. par C. Haussonne et A. Zalvidéa, Nîmes, Champ social,

2007）。

7.　　馬卡連柯（Anton Semenovitch Makarenko，1888-1939）是俄羅斯的教育家暨小學校長，他也在一戰、俄國革命與內戰結束後，負責建立專門照顧孤兒的機構，其中最有名的是1920年至1928年的高爾基教養院（colonie Gorki）、1927年至1935年的捷爾仁斯基公社（commune Dzerjinski）。他的教學研究受到集體主義和教育互助主義的啟發，1950年代成為法國許多出版品的對象，特別是《兒童》期刊（Enfance）中一篇題為〈性教育〉（L'éducation sexuelle）的文章（Enfance, vol. 3, no 1, 1950, p. 457-465）。

8.　　伯恩菲德（Siegfried Bernfeld，1892-1953）和阿契霍恩一樣，都是奧地利的教育家和精神分析師，此外他也參與猶太復國主義和社會主義運動。傅柯在此指的是活躍於1919年至1920年間的鮑姆加登兒童之家（Kinderheim Baumgarten），這個專為孤兒設置的學校通常被視作最早受到精神分析啟發的教育實驗之一，該校也強調這些兒童的體力勞動和創造力。參見安娜・佛洛伊德，《兒童的精神分析治療》（Le Traitement psychanalytique des enfants, trad. par É. Rochat et A. Berman, Paris, PUF, 1951, p. VIII），其中一則有關兒童精神分析的小故事啟發了傅柯對本課堂的構想。更為近期的請參見陶布曼（Peter Maas Taubman），《被否定的知識。精神分析、教育與教學》（Disavowed Knowleddge. Psychoanalysis, Education and Teaching, Londres, Routledge, 2012）。

9.　　關於這個問題，傅柯的立場將會徹底改變。無論是在《兒童的社會改革行動》，或是在《不正常者》裡，他都反對將幼兒期自慰視作18世紀末性知識興起的關鍵時刻。就像他在《兒童的社會改革行動》中指出的：「傳說自18世紀起，兒童的性狀態就一直遭到否定。僅以恐怖的病理形式被否定或承認。必須要等到19世紀末，佛洛伊德和小漢斯才有證據讓拒絕兒童性狀態的清教主義承認之；大人一直需要其孩子的純潔；否則後者的慾望會使他們感到恐懼或羞恥。因此，在將近一個半世紀的歷史

潛伏期裡，幼兒期性慾被有系統地遮掩起來。此一潛伏期……是一個神話」（同前註，f. 36）。在質疑此一神話的同時，還有對「壓抑假設」更深沉的質疑，這將出現在《性事史第一冊：求知的意志》（*Histoire de la sexualité: La Volonté de savoir*, Paris, Gallimard, 1976）。

10. 關於這個「幼兒期記憶缺失症」，傅柯遵循佛洛伊德在《性學三論》（同前註）第二部分〈幼兒期性慾〉第107-111頁的分析。

11. 此處指的是佛洛伊德在《五個精神分析案例》（*Cinq Psychanalyses*, trad. par J. Altounian *et al.*, introd. de J. Laplanche, préf. de J. André, P.J. Mahony et F. Robert, Paris, PUF, 2008 [1905], p. 8-141）中研究的杜拉案例。杜拉呈現出反覆發作的精神性咳嗽，佛洛伊德在其中見到了一種歇斯底里的症狀，認為與已經遺忘的幼兒期自慰（約在八歲的時候）有關，尤其是與壓抑此一自慰有關，並以精神性呼吸困難的歇斯底里症狀來取代。佛洛伊德比較了這個症狀和以下事實，那就是她偷窺雙親的性行為，並興奮地感受到父親「喘著粗氣」。至於樓梯間的親吻場景，指的是起初已被杜拉遺忘的場景，當時杜拉十四歲，她家裡的朋友K先生在樓梯下方強吻並緊緊抱住她。佛洛伊德在杜拉當時體驗到的厭惡之中，見到了歇斯底里的跡象，這與將口部和生殖性感帶轉變成歇斯底里症狀（厭惡與胸部壓迫）有關，並讓她想起已經遺忘的早年（幼兒期）性經驗。

12. 關於這一點，請參閱例如佛洛伊德，《精神分析導論》，同前註，頁370-374。

13. 這裡是取自「小漢斯」案例分析的粗略引文：「早在他出生之前，我就已經知道我會有一個小漢斯，他會非常愛他的母親，以致於他可能會極為害怕他的父親」（佛洛伊德，《五個精神分析案例》，同前註，頁188）。傅柯在他於1950年代研究佛洛伊德與精神分析的課程中（法國國家圖書館第46號箱匣），喜歡用這段引文來說明「恐懼與愛、焦慮與情慾的關聯」（這是精神分析的特徵），使之更接近聖保羅（saint Paul）

在羅馬書簡第九章11-13節（Épître aux Romains, IX-11-13）裡提出的格言：「即使孩子還沒出生，也沒有做過好事或壞事……，他對利百加（Rebecca）說：『長子將要服從幼子』；正如他所寫：『我愛雅各（Jacob），我恨以掃（Ésaü）』。」

14. 通常援引自佛洛伊德（實際上無法追溯其起源）回答一位母親有關孩子教育的問題：「夫人，無論您怎麼做，都是錯的。」傅柯也喜歡重複引述這句話，例如當他於1966年至1967年在突尼斯大學教授當代西方文化人文思想的課堂上（法國國家圖書館第58號箱匣），再次強調精神分析和教學法的區分。

15. 事實上，「小漢斯」赫伯特·格拉夫（Herbert Graf）是在佛洛伊德的監督下，由他的父親馬克斯·格拉夫（Max Graf）進行分析的。馬克斯是新聞記者兼音樂評論家，也是維也納精神分析學會（Société psychanalytique de Vienne）的成員。參見佛洛伊德，《五個精神分析案例》，同前註，頁144-282。

16. 所有關於兒童分析的簡史資料都取自安娜·佛洛伊德的著作《兒童的精神分析治療》的序言，同前註，頁VIII-IX。這部著作也蒐集了傅柯在此提及的1926年研討會文章以及1927年的報告。較為近期的案例請參見例如蓋斯曼－尚邦（Claudine Geissmann-Chambon）與蓋斯曼（Pierre Geissmann）合著的《兒童精神分析史。運動、思想、觀點》（*Histoire de la psychanalyse de l'enfant. Mouvements, idées, perspectives*, Paris, Bayard, 1992），以及宏德（Xavier Renders），《要求的遊戲。兒童的精神分析史》（*Le Jeu de la demande. Une histoire de la psychanalyse d'enfants*, Bruxelles, De Boeck Université, 1991）。

17. 這裡指的是精神分析師暨音樂學家愛笛·斯泰爾巴（Edith Sterba，1894-1986），她是精神分析師理查·斯泰爾巴（Richard Sterba）的伴侶，後者曾對貝特罕（Bruno Bettelheim）（譯註：教育學家暨精神分析師，1903年生於奧地利，二戰結束後前往美國，主要的治療對象是自閉症兒

童。）進行分析。關於這個臨床案例，參見安娜‧佛洛伊德，《兒童的精神分析治療》，同前註，頁VIII。

18.　　參見上文，注釋6，頁177。

19.　　柏林罕（1891-1979）是安娜‧佛洛伊德的友人暨合夥人：她們在戰時共同創建了漢普斯德戰時托兒所（Hampstead War Nursery），從中獲得各種觀察報告，並於1943年集結發表成《無家的幼兒》（*Infants Without Families*）一書，此處提及的實驗性幼兒園於1937年在維也納創立。參見安娜‧佛洛伊德，《兒童的精神分析治療》，同前註，頁IX。

20.　　這些不同的限制似乎取自安娜‧佛洛伊德的文章〈兒童的精神分析治療指南〉（收錄在《兒童的精神分析治療》，同前註，頁88及其後）。在傅柯草擬本課程之際，我們也能在勒伯維希（Serge Lebovici）、狄亞基納（René Diatkine）等人撰寫的章節中，找到兒童精神分析之挑戰的有用摘要，參見〈兒童的精神分析〉（La psychanalyse des enfants），收錄在納赫（Sacha Nacht）主編的《今日的精神分析》第一冊（*La Psychanalyse d'aujourd'hui*, Paris, PUF, 1956, p. 169-235）。

21.　　傅柯在此總結了安娜‧佛洛伊德的分析（《兒童的精神分析治療》，同前註，頁91-93）。在兒童身上，性的「正常」特徵很難評估，一方面是因為尚未成熟，因此無法享受最高程度的歡愉；另一方面是因為「自戀的滿足」和「對外部對象的喜愛」這兩者之間的關係難以評估。至於工作，就兒童來說，其類比物可能就是遊戲，但是「由於遊戲是由享樂原則主導，而工作是由現實原則主導，因此，這兩種功能具有不同的意義」。

22.　　厭食症、夜間遺尿、被動女性特質的案例論述可見於前揭書，頁88-90，用以強調在兒童的精神分析中，痛苦標準是不相關的，因為此一標準通常與父母有關，而非兒童本身。

23.　　參見同上，頁3-4，因此，他關注的是如何提高對兒童疾病的意識與產生需求。

24. 所有這些防衛機轉都描述於前揭書，頁106-112。

25. 事實上，對佛洛伊德來說，吸吮是幼兒期性表現的模型。傅柯列出的不同特徵如下：(1)姿勢的節奏性：「節奏重複」；(2)專心致志：「予人快感的吸吮和全心全意的專注有關」；(3)更為全身的肌肉緊繃：「緊緊抓住的驅力」；(4)放鬆、睡意：「造成……入睡」；(5)撫摸生殖部位：「通常會……與某些敏感的身體部位如乳房、外生殖器官有摩擦接觸」，並伴隨著吸吮。參見〈幼兒期性慾〉，收錄在《性學三論》，同前註，頁114-115。

26. 同上，頁116-118。

27. 特別參見〈自戀導論〉（1914），它確切分析了此一「自戀與自體情慾的關係」（佛洛伊德，《性生活》〔*La Vie sexuelle*, trad. par D. Berger, J. Laplanche *et al.*, introd. par J. Laplanche, Paris, PUF, 1969〕）。

28. 如同佛洛伊德在《精神分析導論》中指出的，「母親的乳房構成了性本能的第一個對象」，「吸吮母親乳房的行為變成……之後任何性滿足都無法達到的理想典範」，並於隨後被「自己身體本身的某一部分」所取代（同前註，頁379）。

29. 指的是拉岡著名的格言：「愛，就是給予我們所沒有的東西」，出自1960年至1961年有關「轉移」的研討會：「我在過往有關愛的論述中提到兩件事……第一，愛是一種喜劇的感覺……第二，所謂的愛，就是給予我們所沒有的東西」《1960年至1961年第八屆研討會「轉移」》（*Le Transfert, 1960-1961. Séminaire VIII*, éd. par J.-A. Miller, Paris, Seuil, 1991, p. 46）。事實上，這句格言可追溯至拉岡更早的一個主題，我們可在1957年有關「對象關係」的研討會上發現此一主題，會中認為愛是「我們所缺乏的贈禮」。因此，愛是一種關係，其特徵是缺乏，而非溝通與主體間的交流。這條格言稍後會完整補充如下：「愛，就是將我們所沒有的東西，給與不想要這樣東西的人。」《1964年至1965年第十二屆研討會「精神分析的關鍵問題」》（*Les Problèmes cruciaux de la*

psychanalyse, 1964-1965. Séminaire XII, 2 vol., s.l., s.n., 1985）。

30.　關於此一分離，參見例如佛洛伊德，《性學三論》（同前註，頁117）以及《精神分析導論》（同前註，頁379）。

31.　關於安娜‧佛洛伊德和克萊恩在「大論戰」時期（1941-1945）的對立，現在請參見珀爾‧金（Pearl King）、史岱納（Riccardo Steiner）主編的《佛洛伊德－克萊恩論戰，1941年至1945年》（*Les Controverses Anna Freud-Melanie Klein, 1941-1945*, préf. d'A. Green, trad. par L.E. Prado de Oliveira *et al.*, Paris, PUF, 1996 [1991]）。事實上，安娜認為自體情慾是第一個出現的，先於所有自我與對象的區分；相反地，克萊恩認為兒童一開始就與母親建立了對象關係，尤其是與母親的乳房，它既是「美好的對象」，是哺育且令人滿足的美好乳房，也是「不好的對象」，是會拒絕、撤退與迫害的不好乳房。參見例如〈關於嬰兒情感生活理論的結論〉（Quelques conclusions théoriques au sujet de la vie émotionnelle des bébés, 1952），收錄在克萊恩等人合著的《精神分析的發展》（*Développements de la psychanalyse*, trad. par W. Baranger, Paris, PUF, 1966），其中第六章概述了克萊恩對此一主題的立場。

32.　嚴格來說，性趨力（pulsion sexuelle）首先會利用自保功能（飢餓）和對象（母親的乳房）來獲得滿足；只有失去此一對象並由身體自身（作為驅力傾注之處）所取代，性趨力才能變成獨立的。參見拉普朗許（Jean Laplanche）、彭塔利斯（Jean-Bertrand Pontalis），《精神分析詞彙》（*Vocabulaire de la psychanalyse*, sous la dir. de D. Lagache, Paris, PUF, 1967），〈自體情慾〉一文是重點。

33.　與本堂課的其餘部分一樣，傅柯遵循佛洛伊德在《性學三論》（同前註）中的不同論述階段（例如在此為〈性感帶特徵〉這部分，頁118-119），但他也考慮了個人因素與其他精神分析家的結論，特別是例如拉岡、克萊恩、亞伯拉罕（Karl Abraham）。

34.　對「鏡中認知」來說尤其是如此，這是瓦隆（Henri Wallon）在《兒童

性格的起源。人格情感的開端》（ *Les Origines du caractère chez l'enfant. Les préludes du sentiment de personnalité*, Paris, Boivin, 1934）裡的分析對象。這尤其是拉岡著名的研究，詳述於1936年並發表成〈家庭：情結，家庭心理學的具體因素。病理學上的家庭情結〉（ La famille: le complexe, facteur concret de la psychologie familiale. Les complexes familiaux en pathologie）一文，收錄在《法國百科全書》卷八《精神生活》（ *Encyclopédie française*, t. VIII, *La Vie mentale*, Paris, Larousse, 1938），轉載於《文選》（ *Autres Écrits*, Paris, Seuil, 2001）。

35. 關於肛門情慾，參見佛洛伊德，《性學三論》（同前註，頁121-123）。佛洛伊德多次重述此一主題，這構成了他以基本兩極化來詮釋性的第一階段（主動／被動兩種極端）。在肛門情慾中，他認為虐待狂居於主導地位，主要與強迫性精神官能症有關。特別參見〈強迫性精神官能症的體質〉（ La prédisposition à la névrose obsessionnelle, 1913），收錄在《精神官能症、精神病與性變態》（ *Névrose, psychose et perversion*, introd. et trad. sous la dir. de J. Laplanche, 13e éd., Paris, PUF, 2010, p. 190-218）。然而，傅柯似乎在此加入了由亞伯拉罕啟發的要素，尤其是他的〈以精神障礙之精神分析為基礎的力比多發展史略述〉（ Esquisse d'une histoire du développement de la libido fondée sur la psychanalyse des troubles mentaux, 1924），收錄在《作品全集》卷二《1913年至1925年，力比多的發展、個性的形成、臨床研究》（ *Œuvres complètes*, t. II, *1913-1925. Développement de la libido, formation du caractère, études cliniques*, trad. par I. Barande, avec la collab. d'É. Grin, Paris, Payot, 1966），他更明確強調此一階段的矛盾性與攻擊性特徵。亞伯拉罕在此區分出兩方面：一是被動的，對應於黏膜的愉悦，另一個是主動的，與肌肉收縮有關；稍後又區分出兩個階段：第一階段的特點是失去對象，第二階段則是保留，分別與憂鬱症、強迫性精神官能症有關。關於和受虐狂的關係，參見羅文斯坦（Rudolph M. Loewenstein），〈對受虐

心理分析理論的貢獻〉（A contribution to the psychoanalytical theory of masochism），收錄在《美國精神分析學會期刊》（*Journal of the American Psychoanalytic Association*, vol. 5, no 2, 1957, p. 197-234）。

36.　傅柯在此遵循佛洛伊德《性學三論》（同前註，頁113-118）有關生殖性感帶活動、不同幼兒自慰階段的論述。佛洛伊德本人在此提及1896年一篇有關歇斯底里病因學的文章，事實上，他在文中強調誘惑（來自成人或其他兒童）在重現兒童自慰式性活動裡的作用，就像在歇斯底里病因學裡一樣。在《性學三論》中，他堅決主張誘惑的重要性，但也強調誘惑並非總是必要的。誘惑在精神官能症病因學中的位置（特別是佛洛伊德在1897年後對它的相對遺棄），將於1970年至1980年代引起極大的爭議，佛洛伊德被控故意放棄其誘惑理論，以便否認性侵害的重要性。特別參見麥森（J. Moussaieff Masson），《突襲真相。佛洛伊德對誘惑理論的壓制》（*The Assault on Truth. Freud's Suppression of the Seduction Theory*, New York, Farrar, Strauss and Giroux, 1984）。

37.　參見佛洛伊德，《性學三論》（同前註，頁123-126），描述了一系列針對他人的部分驅力，這些驅力因而具有對象的作用，但它們首先會表現得與引發性快感的（更別提生殖器的）性活動無關。這是一種自我炫耀的傾向，或是相反地涉及觀視衝驅力（pulsion scopique）及好奇心，還有兒童在殘酷與支配中獲得的愉悅。傅柯在此與「力比多對象」做出區別，似乎表明了帶有這些部分驅力的「對象」並沒有與性感帶（具有不同前生殖器階段的力比多）混淆在一起。

38.　參見前揭書，頁118。事實上，它確實指出「在誘惑的影響下」，兒童「可能成為多型態的生理本能反常者，會偏向所有可能的過度行為」。

39.　指的是克萊恩的分析，尤其是在〈兒童意識的早期發展〉（Le développement précoce de la conscience chez l'enfant, 1933）裡的分析，兒童意識「在神話與童話故事中都會見到所有的怪物，它們充斥在兒童的幻想生活裡」，這麼多的幻象對象也代表了「兒童的雙親」，但

是具備了所有與被潛抑之攻擊驅力有關的焦慮，並構成了早期超我的形式。在克萊恩的分析中，「有陰莖的母親」是一個反覆出現的形象，母親在此似乎將父親的陰莖納入其中，引起兒童羨慕、仇恨與攻擊性的情感。參見例如《兒童的精神分析》（La Psychanalyse des enfants, trad. par J.-B. Boulanger, Paris, PUF, 1959）。傅柯的批判呼應了往日對克萊恩的批評，特別是狄亞基納與勒伯維希的批評，他們經常譴責這種持續性，以及克萊恩在意象（imagos）與幻想之間造成的混淆，亦即混淆了「幻覺的幻想、隱藏在幻想之下的影像」。在此一批評之下，狄亞基納和勒伯維希指的是克萊恩使用她在與兒童玩耍中所取得的材料，她在其中看到了兒童對「幻想〔的〕表達」，而「遊戲的基本功能之一，就是為幻想提供一個出口，一個介於現實要求和本我之間的解決方案」。參見勒伯維希、狄亞基納，〈兒童幻想的研究〉（Étude des fantasmes chez l'enfant），收錄在《法國精神分析期刊》（Revue française de psychanalyse, vol. 18, no 1, 1954, p. 108-159，此處為頁117-118）；也參見狄亞基納，〈幻想在兒童精神分析中的意義〉（La signification du fantasme en psychanalyse d'enfants），收錄在《法國精神分析期刊》（vol. 15, no 3, 1951, p. 325-343）。

40. 傅柯在此重拾佛洛伊德在《性學三論》第二論第五部分（同前註，頁131-132）陳述的「幼兒期性狀態研究」之不同階段。佛洛伊德在此提出的「孩子從哪兒來？」此一謎題，是獅身人面像對伊底帕斯提出之謎題的變形版本。也請參閱〈幼兒性慾理論〉（Les théories sexuelles infantiles, 1907），收錄在《性生活》（同前註，頁14-27）。

41. 參見佛洛伊德，《性學三論》，同前註，頁132。

42. 克萊恩提到的艾爾娜（Erna）即為一例，她以幻想的方式攻擊其母親的身體內部，尤其是她用來與孩子聯想在一起的糞便。參見克萊恩，《兒童的精神分析》，同前註，頁68。

43. 參見佛洛伊德，《性學三論》，同前註，頁132。

44. 同上，頁132-133。

45. 參見例如佛洛伊德，〈強迫性精神官能症的秉性〉，前揭文。

46. 實際上，關於虐待、暴力、認知、語言之間的這個密切關係，傅柯可在佛洛伊德的作品中找到（參見佛洛伊德，〈求知的驅力〉〔La pulsion de savoir〕，收錄在《性學三論》，同前註，頁130）；也可見於精神分析文獻中，參閱克萊恩在〈兒童發展〉（Le développement d'un enfant, 1921）裡的分析，收錄在《精神分析論。1921年至1945年》（*Essais de psychanalyse. 1921-1945*, introd. par E. Jones, trad. par M. Derrida, introd. à l'éd. fr. par N. Abraham et M. Torok, Paris, PUF, 1968, p. 48-56）；我們還能在巴塔耶的作品中見到此一密切關係，巴塔耶指出暴力和禁止如何透過打破主體和對象之間的交流，讓對象遠離我們，同時使其成為可能的認知對象，從而建構了科學可能性的條件（巴塔耶，《情色論》，同前註，頁42-45）。在傅柯本人的所有研究中，此一密切關係將對他的反思有很重要的影響，直到他與尼采的「求知的意志」銜接起來。因此，無論是在《精神疾病與心理學》或是在《古典時代瘋狂史》，傅柯都強調「所有的知都與殘酷的形式有關……這個關於瘋狂的關係〔是〕極為重要的。因為，首先就是此一關係讓瘋狂的精神分析成為可能；但最重要的是，因為正是此一關係，才祕密地建立了整個心理學的可能性」（《精神疾病與心理學》，同前註，頁87）。同樣的原則也見於《臨床的誕生》，認為死亡及屍體讓我們有可能認識生命和個體，這就是畢夏和薩德的同時代性所強調的：「畢夏……與那位一舉將情色及其不可避免的終點（死亡）帶入其論述語言的人，不就是處於同一個時代嗎？尤有甚者，知識和情色揭露了……它們最深切的相關性……認識生命只不過是被賦予了一個殘酷且惡毒的知識，這種知識只會讓生命渴求死亡」（《臨床的誕生》，同前註，頁175）。同一主題也出現在〈如此殘酷的知識〉（Un si cruel savoir, 1962）一文中，這篇文章與本課程幾乎是同一時代的，傅柯在文中強調「啟蒙的敘述〔應該是〕其情色幻象中最強

烈的，讓知識和慾望之間的關聯更為敏感。我們錯在於僅將這個模糊、不可或缺的關聯賦予『柏拉圖主義』（platonisme），也就是說，我們排除了兩個詞彙之一。事實上，每一個時代都有自己的『情色認知』系統，涉及了極限（Limite）和真理（Lumière）的體驗（而且是在唯一、相同的作用裡）」（收錄在《言與文》第一冊，同前註，頁243-246，在此為頁247）。傅柯於1970年代初期重拾此一主題，作為其分析的引導線，並與他對尼采「求知的意志」、「真理的意志」等概念的反思做一個連結。如同他在1971年一個未公開的訪談中所指出的，「我們的知識能普及，其代價是排斥、禁止、拒絕、否定，是以某種對現實的殘酷作為代價」（1971年11月28日在荷蘭電視臺接受厄爾德斯[Fons Elders]的採訪）。正是這個「認知的根本惡意」，使得「在認知的背後，存有一個意志……不是要將對象帶向自我、使之與自己合而為一，而是相反地，這是一個晦澀的意志，會讓我們遠離並摧毀之」（參見〈真理與司法形式〉〔La vérité et les formes juridiques〕，收錄在《言與文》第一冊，同前註，no 139，頁1406-1514，在此為頁1416），這將引導傅柯對「求知的意志」的最初反思。

47. 關於語言的禁止問題，參見〈瘋狂，作品的缺席〉（La folie, l'absence d'œuvre, 1964），收錄在《言與文》第一冊，同前註，no 25，頁440-448，在此為頁444及其後。

48. 我們將認出傅柯在《臨床的誕生》裡，努力要從歷史角度來理解其形成的兩個重要經驗：個人的身體和死亡；語言和認知（與其反面「瘋狂」，傅柯當時將它和語言的禁止史連結起來，參見〈瘋狂，作品的缺席〉，1964，前揭文，頁443），後來成為《詞與物》。我們看見性的整個重要性，它透過情慾的問題而處於語言和死亡的交界處。「死亡」與「性」將和「歷史」形成傅柯隨後引進的三種概念，並強調它們在「19世紀思想」中的整個重要性，無論是在生物學知識方面，或是它們將在哲學與人文科學領域激起的人文「反應」方面皆然。關於此一主題，

參見下文，凡仙大學課程，頁312-314；以及授課情境，頁440-444；
也請參見〈居維葉在生物學史上的地位〉（La situation de Cuvier dans
l'histoire de la biologie, 1970），收錄在《言與文》第一冊，同前註，no
77，頁898-934，在此為頁932-933。

49.　這個「悲劇性」的概念是所有受存在主義或馬克思主義啟發之研究的
核心，特別是雅斯培（Karl Jaspers）或高德曼（Lucien Goldmann，
《隱蔽的上帝。巴斯噶的冥想錄與拉辛戲劇裡的悲劇意象研究》〔Le
Dieu caché. Étude sur la vision tragique dans les «Pensées» de Pascal et
dans le théâtre de Racine, Paris, Gallimard, 1955〕），傅柯對此非常了
解。但這個概念主要是傅柯的計畫核心：自《古典時代瘋狂史》的序言
起，這項計畫就完全處於「偉大的尼采研究之光底下」，將「歷史的辯
證法與悲劇的固定結構」做一個對照（《古典時代瘋狂史》〔1961〕的
〈序言〉，收錄在《言與文》第一冊，同前註，no 4，頁187-195，在
此為頁189）。我們見到，本課程旨在深入這些對性的研究。關於這一
點，參見授課情境，頁398-405。我們還必須與傅柯在〈為踰越作序〉
（1963）（前揭文；參見上文，第一堂課，注釋35，頁42-44）中對性
的研究做一個比較，他在文中指出：「現代的性，其特徵從薩德到佛洛
伊德都不在於找到其理性或本質的語言，而是透過其論述的暴力被『去
自然化』（dénaturalisée）——將它扔進一個空虛的空間裡，在這個
空間裡，它只遇見微不足道的極限形式，而且它只能在突破它的狂熱中
超越和延伸。」現代的性就像是一種「裂痕」，能「勾勒出我們內在的
極限，並將我們本身描繪得就像是一種極限」；這是「唯一還有可能的
劃分」（前揭文，頁261-262）。當傅柯強調佛洛伊德「從本質中得出
俯視人類的巨大悲劇力量」，他指的是他自1950年代以來，經常在課程
中對佛洛伊德提出的詮釋，這使得佛洛伊德成為「他最初的自然主義計
畫」（與達爾文〔Charles Darwin〕的進化論或傑克遜〔John Hughlings
Jackson〕有關）與「意義暨其起源之分析」這兩者之間出現緊張狀態的

始作俑者，這徹底質疑了此一自然主義。傅柯認為，心理分析的主題因而成為各種超越它的力量的「衝突之地」，「陷入本能保護的意志－驅力，〔和〕意志－抑制（只以社會環境的限制形式出現）之間」，這個主題「只解放了兩種異化形式：妓院的解放和監獄的解放」。這種矛盾要「透過對悲劇模式的精神分析來體驗。悲劇，這是佛洛伊德作品的最後調性」（法國國家圖書館第46號箱匣）。凡仙大學課程與附件〈性特質、繁殖、個體性〉部分深入探討了此一反思：性特質生物學知識的形成在此被納入反人文主義者的角度，使得性成為法律和超越個體－主體的命運（這只不過是「不確定、暫時、很快就消失的延伸部分」）。傅柯在此也指出「人文主義哲學」會以哪些形式，力圖透過將此一悲劇經驗重新融入愛、溝通與繁殖的哲學裡，進而對此一悲劇經驗「起作用」（參見下文，凡仙大學課程，第六堂課，頁312-314；〈性特質、繁殖、個體性〉，頁380-390；以及「授課情境」，頁440-444）。提到原子彈是直接呼應卡爾·雅斯培的著作《原子彈與人類的未來》（*La Bombe atomique et l'Avenir de l'homme*, trad. par R. Soupault, précédé de *Le Philosophe devant la politique*, par Jeanne Hersch, Paris, Plon, 1958），這正好提出了「有限情境」、悲劇形式的問題，就是要在「使用原子武器徹底消滅人類的可能性」和「因極權主義勝利而失去所有人類自由的可能性」之間做一個切割；以及或許是呼應布朗修在《批判》期刊中為此一著作提出的批判性評註，參見〈令人失望的啟示錄〉（L'apocalypse déçoit, 1964），收錄在《友情。論文集》（*L'Amitié. Essais*, Paris, Gallimard, 1971, p. 118-127）。

50. 傅柯在此遵循的是佛洛伊德在《性學三論》（同前註）第二論第六部分〈性組織的發展階段〉（Les phases de développement de l'organisation sexuelle），頁133-134的分析。

51. 參見同上，頁134。

52. 口腔組織的攻擊性和抑鬱性面向，主要是亞伯拉罕（《作品全集》，同

前註）與克萊恩（參見例如〈躁狂抑鬱狀態的心理成因〉〔Contribution à la psychogénèse des états maniaco-dépressifs, 1934〕，收錄在《精神分析論》，同前註，頁311-340）的研究對象，這些研究非常重視與失去對象（母親的乳房）有關的沮喪及抑鬱，也極強調口腔階段的虐待狂成分。

53. 關於此一主題，請參閱洛伊德，《李奧納多‧達文西的童年回憶》（*Un souvenir d'enfance de Léonard de Vinci, 1910*），收錄在《作品全集。精神分析學，卷十，1909年至1910年》（*Œuvres complètes. Psychanalyse, vol. X, 1909-1910*, trad. sous la dir. d'A. Bourguignon, P. Cottet et J. Laplanche, Paris, PUF, 1993, p. 79-164）；以及克萊恩，《兒童的精神分析》，同前註，頁251-291。

54. 事實上，克萊恩很早就擺脫了佛洛伊德的立場，並聲稱孩童早就存有伊底帕斯情結，就在口腔階段末期的前期，也就是大約在第六個月。克萊恩在虐待狂驅力加劇的背景下（這些驅力是口腔與肛門階段末期的特徵），最初將這個第一時刻和攻擊性及仇恨的驅力（與母親斷奶、渴望占有父親的陰莖有關）相連結（特別參見〈伊底帕斯情結衝突的早期階段〉〔Les stades précoces du conflit œdipien, 1928〕，收錄在《精神分析論》，同前註，頁229-241，以及《兒童的精神分析》，同前註，尤其是頁137-162）。克萊恩隨後的研究將更加強調在伊底帕斯情結初期形成中，對對象的依戀和對失去對象的恐懼（與抑鬱期有關）。

55. 參見佛洛伊德，《性學三論》，同前註，頁134-136。關於此一組織與其特徵，傅柯在此予以深入探討，參見上文，頁160；以及見上文，注釋35，頁184。

56. 關於這點，參見〈青春期的蛻變〉（Les métamorphoses de la puberté），收錄於前揭書。

57. 參見同上，頁145-151。

58. 參見〈男性及女性的差異〉（Différenciation de l'homme et de la

femme），收錄於前揭書，頁157-160。

59. 參見〈力比多理論〉（La théorie de la libido），收錄於前揭書，傅柯在此密切追隨之。

60. 關於這一點，參見《性學三論》（同前註）第四部分，強調力比多的特徵永遠都是「主動」、因而是「男性的」。佛洛伊德堅持區分出三種層面的男性／女性對立，分別是主動／被動的對立、生理性別、社會學意義的性別。

61. 參閱《性學三論》（同前註）第三部分，特別是頁159-160。對女性而言，青春期的特徵是陰蒂性慾（主導了幼兒自慰）的潛抑。此一精神分析理論認為，女性的性成熟期應該會從陰蒂性慾轉變成以陰道為中心的性慾，這種理論在1960年至1970年代引起了激烈的辯論。關於這方面，請參見夏佩宏，〈金賽在法國：受到爭論的兩性情慾〉，前揭文，頁103及其後。

62. 指的是佛洛伊德的文章〈關於女性的性〉（Sur la sexualité féminine, 1931），這篇文章指出「小女孩沉浸在前伊底帕斯階段，這讓我們感到驚訝，就像在另一個領域，在希臘文明的背後發現米諾－邁錫尼文明」（收錄在《性生活》，同前註，頁140）。

63. 參閱克萊恩，《兒童的精神分析》（同前註），特別是第11章與第12章詳述女孩及男孩的性發展。事實上，克萊恩強調男孩會經歷「女性階段」。

64. 「有陰莖的母親」就像是融合了父親陰莖的母親。克萊恩認為，女兒和兒子都會與這個有陰莖的母親進行競爭。

65. 克萊恩將斷奶描述成一種懲罰，會引起沮喪和攻擊性的情感。在這種情況下，對女孩及男孩來說，父親的陰莖將成為母親乳房的替代品。

66. 參見克萊恩，《兒童的精神分析》，同前註，頁224-231。此處詳細說明了對父親的認同，特別是對有虐待狂之父親的認同。在女孩的自慰幻想中，陰蒂因而具有陰莖的意義，在整個虐待狂階段中都扮演著這個角

色。克萊恩一直強調陰道性慾的主導性，但事實上，此一過程的結束與佛洛伊德設想的極為不同，這與「英國學派」有關，尤其是霍尼（Karen Horney）及瓊斯（Ernest Jones），並與海倫娜‧德意志（Hélène Deutsch，《女性心理學，精神分析研究》，同前註）及波拿巴（Marie Bonaparte，《論女性的性慾》，同前註）在法國提出的女性性慾分析相反。

性事論述。凡仙大學的課程（1969年）

LE DISCOURS DE LA SEXUALITÉ.
COURS DONNÉ À L'UNIVERSITÉ DE VINCENNES (1969).....

第一堂課 **性事論述**

—— LEÇON 1 Le discours de la sexualité

區分性事論述的分析：

1.分析論述成為慾望興起之處或慾望投入之對象的方法；

2.性事科學的歷史（生物學、心理學、性事人類學）。

讓性事分析成為不同論述的可能參照系統（近期的歷史現象）。自問性事如何被知識論化：性事如何變成知識的場域和解放的場域。

五個研究類群：(1)性事經驗在18世紀末期的轉變；(2)性事的知識論化；(3)發現精神官能症的性病因學；(4)性事作為文學論述的參照系統；(5)性解放的主題。

區分其他幾種可能的分析。 [1]

1. 慾望與論述

(1) 論述是慾望興起之處；慾望在此採用象徵形式；它在此經歷了變動、隱喻、借代；它在此重複出現並受到壓制。

⊙ 例如我們可以研究，在兒童身上，慾望如何和語言連結在一起：

　· 討論人稱代名詞的作用及其用法；

　· 討論（被創造、強加或變形的）字詞，這些字詞可用來指稱身體的各部分或慾望的對象；

　· 討論表達的開發、禁止的字詞、我們不談論的事物[1]。

⊙ 我們也可以進行比較研究：指出這種連結會依文化而有所不同（基督教 ≠ 伊斯蘭教）。 [2]

(2) 論述是慾望投入的對象；方法是讓論述自身被情慾化：

⊙ 透過嘴巴，作為性感帶；

⊙ 或是作為象徵性的滿足工具；

⊙ 或是作為屬於另一他者的對象（藉此，我們

可以獲得滿足或禁止）。他者的論述[a]，就是禮
物、就是法律[2]。

我們見到，這兩種論述[b]觀點會在法律概念中相
會合。論述，就是法律。

（要區分語言和論述。確實被說出的事物[3]。）

2.性事科學 [3]

這將是研究性事科學概念之建構、修正、淨化、
組織的方法。

(1) 我們可以研究性事被用來作為分類原則的方
法：

⊙ 不僅是雄性－雌性的二分法（有時也用於非
生物）；

⊙ 還有生物物種的分類學[4]。

(2) 我們可以研究性特質科學（une science de la
sexualité）如何被建構：

⊙ 雄性與雌性在生育中各自扮演的角色（→卵
子和精子）；

⊙ 胚芽發育的過程（→胚胎學）；

⊙ 在有性生殖中，特定或個別特徵的傳遞（→

基因）；

⊙ 第一性徵和第二性徵之間的關係（→荷爾
蒙）。

生理學－胚胎學－遺傳學－內分泌學－心理學[5]。

(3) 我們也可以研究性心理學是如何被建構的：　　　　　[4]

⊙ 來自性變態；

⊙ 來自情緒狀態，例如嫉妒、被愛妄想症
（érotomanie）；

⊙ 來自性舉止的缺陷（神經衰弱；歇斯底
里）。

　→直到佛洛伊德的「力比多」概念[6]。

(4) 我們最後還可以〔研究〕各種性的人類學
（anthropologie sexuelle）主題：

⊙ 對人而言，成為一個「性別化的存在」，其
意義為何？與世界的何種關係意味著他是有
性別的？

a　　　　原註：取代了被劃掉的「語言」。
b　　　　原註：同上。

⊙ 什麼是男性特質和女性特質？身為女性和男
   性的方式為何？

⊙ 我們可在不同的文化形式中找到哪些類型的
   性行為？不同形式的性事結構對文化有什麼
   影響[7]？

我們在此進行的研究並不完全屬於這兩個領域範   [5]
圍，而是介於這兩者之間。

(1) 我們要知道的不是性事如何被投入論述之
    中；而是性事如何成為論述的對象。論述不
    是慾望的對象，也不是慾望之對象的律則；
    相反地，性事是論述的對象。不是在論述裡
    的性事（反之亦然），而是作為論述之相關
    事物的性事。

因此，問題並非是我們在既定語言中，用什麼方
式來描繪、隱喻或借代「性事」（例如孩童對與
性事有關之字詞的挪用）。而是與這樣的性事有
關的論述（例如薩德的作品或是佛洛伊德的《性
學三論》中所言）。

但這必須要詳細說明。什麼是「與性事有關的論   [6]
述」？

畢竟，有關的是「小漢斯」敘述的性事；有關
的是《葛拉蒂娃。龐貝幻想曲》（*Gradiva. Une
fantaisie pompéienne*）裡的性事；有關的是《性
學三論》中的性[8]。但這恰好是三種不同的模
式：

⊙ 第一種，它是[a]被指定者（指稱對象）；

⊙ 第二種，它是有內涵的（主題、範圍）；

⊙ 第三種，它是參照系統，也就是一般常規的
　場域，會出現以下狀況：

　　‧如「力比多」、組織、對象、局部傾向等
　　　概念，

　　‧對象（例如性變態、受虐狂、吸吮）。

我們要研究的是作為論述參照系統的性事[9]。

例如薩德：

⊙ 不是被指定的（性變態的不同形式）；

⊙ 不是有含義的（性事在場景中如何被隱喻，
　或是性事如何存於哲學分析中）

⊙ 而是作為論述的參照系統。例如薩德談的不
　是惡習和美德，也不是這類假想的角色，而

a　　　　　原註：傅柯在上方添加了兩個無法辨讀的字。

是性事[10]。

然而，這意味著要進行歷史分析，因為將性事設　　[7]
成論述的參照系統並非存在已久的事情。的確，
長久以來，它一直都是被指定的（毫無疑問，一
向如此）；長久以來，它已經被概念化了。但
是，它已經成為論述的參照系統，有一種文學，
它不僅是慾望投入之處，也會談論慾望〔，這是
全新的〕[a]。

這將是要研究的第一點：性事在歷史上開始作為
可能的論述參照系統。這涉及兩個問題層面：

⊙ 社會裡的性事應該是（應該成為）什麼樣
  子；其實踐和制度化應該為何；婚姻、性別
  共享與其法定不平等應該是如何；為了讓性
  事成為論述的參照系統，法律（與其嚴峻和
  違犯）應該是什麼樣子？然而，在歐洲文化
  中，性事一直都只是被指定的或是有含義
  的：它只是被隱喻或概念化。
⊙ 還有相互的問題：文學、哲學、科學等論述　　[8]
  應該成為什麼樣子，才能讓它們都把性事當
  作參照系統？

因此，一系列針對18世紀末至19世紀初性事開始
作為論述參照系統的研究。

(2) 另一方面，問題不在於知道性事科學如何被
　　組織。而是性事如何被知識論化。也就是
　　說，這個性事的論述（以性事作為參照系統
　　的論述）如何一直趨向於成為知識的論述
　　（且越來越不再是提升價值的論述），同時
　　成為踰越的論述（且越來越不再是具體規定
　　的論述）。

換句話說：性在成為論述的參照系統之時，不再
含有提升價值的意義，或是被具體規定所指定；
它已經成為知識的領域和解放的場域。

另一系列的研究：法學如何引發性事知識；精神　　[9]
病學如何能將其領域擴展至性事方面；性事如何
能成為哲學的對象；如何建構自主的心理學領
域；如何建構性解放的政治哲學主題？

a　　　　原註：我們在中括號中加入了一段話，讓句子得以完整。

五個研究類群：

(1) 性事經驗在18世紀末的轉變：

⊙ 婚姻、節育的實踐規則，不同社會階級的配偶選擇。

⊙ 婚姻的司法制度（轉至契約[11]）。

⊙ 決疑論（casuistique）[a]。

(2) 性事的知識論化：

⊙ 法學。

⊙ 性事作為精神病學的對象。

⊙ 對性事的哲學反思，例如叔本華、尼采。

⊙ 性特質的生物學（biologie de la sexualité）[12]。

(3) 佛洛伊德發現精神官能症的性病因學：

⊙ **歇斯底里的研究。**

⊙ 致弗里斯（Fliess）的信函[b]。

⊙ 小漢斯。

⊙ 《性學三論》[13]。

[10]

(4) 性事作為文學論述的參照系統：

⊙ 薩德，〔扎赫爾－〕馬索赫（Sacher-Masoch）、勞倫斯（Lawrence）、惹內[14]。

(5) 性解放的主題：

⊙ 從〔……〕[c]到赫希菲爾德、賴希及馬庫色。

⊙ 性事與革命[15]。

a　　　　原註：「決疑論」出現在此一列表的開頭，但是傅柯似乎添加了一個「3」，
　　　　　這讓我們覺得應該將決疑論放在我們現在放的位置。

b　　　　譯註：指的是威廉·弗里斯。這位在柏林執業的耳鼻喉科醫生是佛洛伊德的
　　　　　摯友。

c　　　　原註：文本中留白：或許與傅立葉有關？

註釋

1. 參見上文，克雷蒙－費洪大學的課程，第五堂課〈幼兒期的性狀態〉，頁166提及「被禁止的字詞」問題。我們將在此見到所有能説明傅柯觀點的精神分析參考。參見例如〈小漢斯〉，收錄在佛洛伊德的《五個精神分析案例》（同前註），或是克萊恩的《兒童的精神分析》（同前註），皆可用來説明精神分析如何研究兒童創造字詞來指稱身體各部位，並將慾望投入其中。

2. 在此直接參考拉岡，他認為「無意識，就是他者的論述」，參見《書寫》（Paris, Seuil, 1966, p. 16）。論述造就了「情慾化的對象」，而且可以成為滿足的載體，拉岡曾在羅馬演講（discours de Rome）中提及這個事實，參見〈話語及語言的功能和場域〉（Fonction et champ de la parole et du langage），收錄在前揭書，尤其是頁301，參考了亞伯拉罕與弗里斯（Wilhelm Fliess）的研究。他者的論述（亦即「被建構成如同一種語言」的無意識）和律則之間的關係構成了律則和建構主體的象徵性秩序，因而成為拉岡所有分析的核心（參見例如〈話語及語言的功能和場域〉，前揭文）。

3.　這份手稿證明了傅柯於文本開頭時，在「語言」和「論述」之間最初的猶豫，「語言」一詞曾多次被劃掉，改成「論述」。自從在突尼斯大學講授當代哲學與文化論述中人的問題以來（1966年至1967年），傅柯一直致力於區分「語言」和「論述」，但是與他在此所做的不同，他比較了「人的語言」和「非人的論述」：前者由一個主體陳述，旨在意指、表現某事物；後者沒有主體，「不屬於人，而且是在人之外」，並由「所有遵循『句法的』規則、代碼的要素」所構成（參見法國國家圖書館第58號箱匣）。換句話説，傅柯將「論述」和結構分析連繫在一起，建立了此一比較。此處的區分應該是更接近《知識考古學》（*Archéologie du savoir*），傅柯在此書中比較了「用語（langue）和語言（langage）的分析」及「陳述（énoncé）和論述（discours）的分析」。若用語構成了「整個有限的規則，而這些規則允許了無限次數的表述（performance）」和可能的陳述，那麼論述和陳述相反地就建構了「總是有限且當下受限的、被明確表達的單一語言序列」（Paris, Gallimard, 1969, p. 39）。關注於陳述，就是嚴肅對待這類論述事件「單一且有限的存在」（同上，頁146）。因此，對傅柯而言，論述指的是「所有屬於相同論述形式的陳述……，是由數量有限的陳述構成，我們可以將這些陳述定義成所有實存（existence）的條件……這貫穿了整部歷史。」（同上，頁153）。也可參見〈論書寫歷史的方法〉（Sur les façons d'écrire l'histoire, 1967），傅柯在此文中強調，不同於結構主義者，他對「用語之類的系統所提供的形式可能性不感興趣，〔反而……〕比較會被論述的存在所困擾，因為話語已經發生了……〔其〕對象並非是語言，而是檔案，也就是論述的累積存在」（收錄在《言與文》第一冊，同前註，no 48，頁613-628，在此為頁623）。想在傅柯當時進行反思的背景下關注這項性事論述的分析計畫，參見授課情境，頁419-430。

4.　參見上文，克雷蒙－費洪大學的課程，第二堂課，頁50-51，以及注釋

11，頁68-69。指的是林奈的分類法，他以植物的性器官來進行分類。在《詞與物》中，傅柯也強調，在18世紀末，這個方法經由朱西厄（Antoine de Jussieu）的研究而獲得改進，在朱西厄的植物自然分類法中，子葉的數量是最基本的，這是「因為子葉在繁殖功能中，有決定性的作用，〔而且〕具有命令個體全權支配的功能」（同前註，頁240）。

5.　　這系列可能的研究，參見上文，克雷蒙－費洪大學的課程，第二堂課與第三堂課。第一個（生理學）指的是自17世紀以來的卵源論者和精子主義者之爭，這將導致確認精子和卵子在受胎中的角色。第二個（胚胎學）涉及胚芽預成暨發育論點（*evolutio*〔譯註：拉丁文，「演化」之意〕）與後成論之間的爭辯，造成胚胎學於19世紀的發展，關於此一主題，參見康居朗（Georges Canguilhem）、拉帕薩德（Georges Lapassade）、畢葛瑪爾（Jacques Piquemal）等人合著的《19世紀從發育到演化》（*Du développement à l'évolution au xixe siècle*, 2e éd., Paris, PUF, 1985 [1962]）。第三個（遺傳學）指的是特徵的繼承與傳遞問題，這個問題開始出現在18世紀中葉的自然史中，並將透過一系列的突破，進而形成遺傳學。傅柯對於遺傳知識的出現特別感興趣，並將於本課程中再次提出，這也成為他為法蘭西學院規劃的課程基礎（參見下文，第六堂課；以及授課情境，頁423-428）。第四個（內分泌學）造就了內分泌學史，這部分已經在克雷蒙－費洪大學的課程中討論過。所有這些研究都將成為康居朗的概念知識論史傳統之一，傅柯在此則仔細地與他的考古學觀點做出區別。致力區分其性事論述考古學與性特質科學概念史是恰當的，傅柯當時也在「科學的知識論史」和「知識的考古學史」之間做出區分：科學的知識論史「位於科學性的門檻，想從各種知識論去質疑它是如何被超越的。問題在於知曉……一個概念（仍帶有隱喻或想像內容）如何被淨化，且能具備科學概念的身分和功能」；而知識的「考古學史」以「知識論化（épistémologisation）的門檻作為攻擊點……，我們試圖揭露的……是論述實踐，因為這些實踐產生了知識，

而且這個知識在此具備了科學的地位和角色」。參見《知識考古學》，同前註，頁248-249；也參見〈論科學考古學。對知識論學圈的回應〉（Sur l'archéologie des sciences. Réponse au Cercle d'épistémologie, 1968），收錄在《言與文》第一冊，同前註，no 59，頁724-759。傅柯將於本課程的第三堂課和第六堂課再次討論這些問題。

6.　再次參閱克雷蒙－費洪大學的課程，見上文，該課程部分實現了此項計畫，方法是透過對性變態的研究來了解跟性事有關的心理學和精神病學知識之起源，接著專注於佛洛伊德對「力比多」的分析。傅柯將於法蘭西學院的課程中再次提出這個問題，特別是在《精神病學的權力》（同前註，頁299-325，關於歇斯底里）以及尤其是《不正常者》（同前註，頁249-301）中，提及有關性事和性變態的精神病學知識之起源，另外還有《性事史第一冊：求知的意志》（同前註）。

7.　這個性的人類學的主題在克雷蒙－費洪大學的課程中已經討論過多次（參見上文，第一堂課與注釋2、3及33，頁32-34及41），不過傅柯沒有像他最初開始宣稱的那樣處理民族學描述的「跨文化歧異與分散」問題。實際上，這個主題在此涵蓋了兩個不同的領域。一方面是哲學意義上的人類學，例如傅柯在克雷蒙－費洪大學的課程中，以黑格爾或孔德為例提出的性事的人類學（anthropologie de la sexualité）。被提出來的這些問題（人被性別化一事，意味著什麼？這代表了與世界的何種關係？女性特質、男性特質又是什麼？）主要是德國哲學人類學的傳統在質疑人的本質與性事之關係時，會提出的疑問，例如昆茲（Hans Kunz）的〈人的思想、本質和現實。關於哲學人類學的基本問題評論〉（dee, Wesen und Wirklichkeit des Menschen. Bemerkungen zu einem Grundproblem der philosophischen Anthropologie），收錄在《哲學研究》（Studia Philosophica, vol. 4, no 147, 1944, p. 147-169；參見法國國家圖書館第42b號箱匣）。或是謝勒（Max Scheler）的〈對人的想法〉（Zur Idee des Menschen [1914], Vom Umsturz der Wert, Leipzig, Der

Neue Geist, 1919, t. I, p. 271-312）。我們知道梅洛龐蒂的《知覺現象學》（*Phénoménologie de la perception*）也有一個章節專門在討論「被性別化的身體」，以及我們所感知的世界承擔情慾意義的方式（《知覺現象學》，1945，收錄在《作品集》〔*Œuvres*, éd. établie et préf. par C. Lefort, Paris, Gallimard, 2010〕，頁839及其後）。我們也可在布伊東迪克的作品（《女性與其存在、出現、生存的方式，存在主義的心理學評論》，同前註）或是上文頁41提及的尚尼耶爾著作（《性的人類學》，同前註）中，找到相同的人類主題。但是另一方面，性的人類學在此也指涉馬凌諾斯基或米德等人的人類學研究（參見上文，頁32-34），還有以性事結構為基準的研究，例如李維史陀、親屬結構人類學。

8.　　關於「小漢斯」，參見上文，克雷蒙－費洪大學的課程，第五堂課，頁153。葛拉蒂娃指的是佛洛伊德的研究〈詹森之《葛拉蒂娃。龐貝幻想曲》裡的譫妄與夢境〉（Le délire et les rêves dans la "Gradiva" de Jensen），收錄在《作品全集。精神分析學，卷八》〔*Œuvres complètes. Psychanalyse*, vol. 8, *1906-1908*, PUF, Paris, 2007〕。佛洛伊德在此分析了作家詹森（Wilhelm Jensen）的小説《葛拉蒂娃》及其中與性有關的情慾。傅柯也在克雷蒙－費洪大學的課程上大量評述了《性學三論》（同前註），參見上文。

9.　　這個「參照系統」的概念是傅柯在他回應巴黎高等師範學院知識論學圈的文章中引入的，他在文中表明，論述的統一性不應該在論述參照的對象中去尋找，而是要在「各種對象顯現且不斷轉變的共同空間」中去尋找，也就是在規則作用之中，這些規則支配著「因陳述引起之不同對象或指稱對象的形成與分散」（〈論科學考古學〉，1968，前揭文，頁739-740）。這個概念將於《知識考古學》中重現，用以描繪所有陳述指涉的關聯性：並非單一對象或個體，也不是事實的狀態，而是「一個『參照系統』，它不是由『事物』、『事實』、『現實』或『存有』構成，而是由可能性的律則、存在的規則構成，指的是在此被命名、指定

與描繪的對象，以及在此被肯定或被否認的關係」（同前註，頁120）。

10. 傅柯將於本課程的第七堂課中詳細介紹薩德，參見下文。1970年3月，他在水牛城（Buffalo）舉行的第二場研討會中，再度討論了薩德的論述、性事與慾望之間的關係問題。這一次，傅柯反而指出「薩德的論述沒有談到慾望；這些論述不談性事，性事與慾望都不是〔薩德〕論述的對象」。但是，在薩德的作品中，論述與慾望之間存有另一種完全不同的關係類型：「我們見到，相較於慾望，論述的作用就像慾望的動機或原則……論述與慾望……相互關聯，論述不需要高於慾望，就能講出真相」（收錄在《偉大的陌生人》，同前註，頁175-177）。

11. 這項研究請見本課程的第二堂課，特別是第四堂課，參見下文。

12. 在這一系列可能的研究中，傅柯最終在此只保留了性事的生物學史（參見下文，第六堂課）。性事作為精神病學對象的情況曾於克雷蒙－費洪大學的課程中簡要討論過（參見上文，頁116-124），稍後也將予以廣泛討論，法學部分（例如關於性別的決定）亦在《不正常者》（同前註）、《性事史第一冊：求知的意志》（同前註）、〈真正的性別〉（Le vrai sexe，1980，收錄在《言與文》第二冊，同前註，*1976-1988*，no 287，頁934-942），以及未出版的手稿《兒童的社會改革行動》（同前註）中稍微討論過。19世紀時，對性事的反思從來就不是哲學的專門研究對象。但我們要指出的是，傅柯藉由解讀*Naturphilosophie*（譯註：德文，「自然哲學」之意）──特別是奧肯（Lorenz Oken）的生理哲學──和叔本華來進行此一分析（法國國家圖書館第45-C2號箱匣）。

13. 在本課程中，傅柯並沒有繼續討論佛洛伊德和精神官能症的發現，雖然當時他正在仔細地重新解讀佛洛伊德有關此一主題的大量文本（法國國家圖書館第39-C3號箱匣，檔案「〔佛洛伊德〕的首批文本」以及「佛洛伊德。性事理論」）。關於更早之前對此一主題的概述，參見上文，克雷蒙－費洪大學的課程，頁123及其後，以及傅柯於1950年代末期眾多有關佛洛伊德的課程（法國國家圖書館第46號箱匣）。

14.　　　在這些作家中，傅柯在此只從性烏托邦的角度來討論薩德（參見下文，
　　　　第七堂課），而且他已經在克雷蒙－費洪大學的課程及1960年代的各種
　　　　文章中大量提過薩德（參見上文，第一堂課，以及注釋31、35，頁40-41
　　　　與42-44，還有第四堂課，頁118）。與傅柯關係親密的惹內在此一時
　　　　期也被多次提及，特別參見〈瘋狂、文學、社會〉（Folie, littérature,
　　　　société，1970，收錄在《言與文》第一冊，同前註，no 82，頁972-
　　　　996，在此為頁987-991，傅柯在此與文學裡的性踰越做出區隔，他認為
　　　　後者已經淡化了真實的踰越）。我們知道他在烏普薩拉大學（Uppsala）
　　　　時，曾針對「從薩德到惹內，法國文學裡的愛情」此一主題開設了一系
　　　　列的討論會。雖然扎赫爾－馬索赫（Leopold von Sacher-Masoch）（譯
　　　　註：扎赫爾－馬索赫〔1836-1895〕是奧地利作家暨新聞記者，《穿裘
　　　　皮的維納斯》〔La Vénus à la fourrure〕是他的代表作，書中有大量的受
　　　　虐情結。「受虐狂」〔masochims〕一詞即來自他的姓氏。「施虐狂」
　　　　〔sadime〕則源自薩德的姓氏。）幾乎沒有引起傅柯本人的注意，但是他
　　　　於1967年成為德勒茲（Gilles Deleuze）那篇著名評論再出版時的對象，
　　　　參見《扎赫爾－馬索赫簡介。無情與殘酷。續里奧波德・馮・扎赫爾－
　　　　馬索赫之「披著裘皮的維納斯」全文》（Présentation de Sacher-Masoch.
　　　　Le froid et le cruel, suivi du texte intégral de L. von Sacher-Masoch, La
　　　　Vénus à la fourrure, trad. par Aude Willm, Paris, Minuit, 1967）；德勒
　　　　茲也研究勞倫斯（David Herbert Lawrence），參見〈尼采與聖保羅，
　　　　勞倫斯與帕摩島的約翰〉（Nietzsche et saint Paul, Lawrence et Jean
　　　　de Patmos, 1966），收錄在《批判與臨床》（Critique et Clinique, Paris,
　　　　Minuit, 1993, p. 50-70），並經常在作品中提到他。

15.　　　第七堂課將會討論這最後一個主題（參見下文），特別是透過對馬庫色
　　　　的分析，並在第四堂課（參見下文，頁253）中簡要提及托洛茨基（Léon
　　　　Trotski）與柯倫泰（Alexandra Kollontaï）對布爾喬亞婚姻的批判。我
　　　　們已經見到，傅柯曾在克雷蒙－費洪大學的課程中提及「性革命」這個

主題（參見上文，第一堂課，頁30-31；以及注釋36，頁44）。1968年5月事件顯然讓這個主題成為傅柯在凡仙大學授課時的時事核心（參見下文，第七堂課；以及授課情境，頁444-448）。

第二堂課

—— LEÇON 2　Les mutations du XVIIIᵉ siècle

18世紀的變動 [1]

性事轉變成經濟層面的實踐。

1.人口平衡的打破和經濟成長。15至16世紀：先是崩潰，接著擴張，這與各種障礙形成衝突：現實上的馬爾薩斯主義、技術創新、政治集權。蕭條－不景氣。

2.18世紀：經濟成長和人口停滯：勞動力的需求：某一階級對另一階級的人口需求。後果：救助機構、統計學、人口理論、反獨身主義的運動、自然出生率的主題、布爾喬亞階級對自身性事的控制（婚姻－契約）。性事成為自然科學和規範知識。

3.關於意識型態／科學之關係的方法學注意事項：如何思考影響社會形成的過程與性事知識論化之間的關聯？

我們可以將它們[a]分成三個標題：　　　　　　　　[11]

⊙　性事作為在經濟層面運作的實踐；

⊙　〔性事〕作為被法律系統化的實踐；

⊙　〔性事〕作為經過道德編碼的實踐。

一、人口平衡的打破和經濟成長[2]

若我們研究大規模的人口運動，可得到以下結果：

1. 15世紀的大崩潰（戰爭、黑死病）伴隨著美洲金礦的發現，是〔一種〕強而有力的經濟刺激：更多的商品、更多的流通、更多的技術合理化（勞動力的再分配）。

這造就了16世紀的大擴張，但是自1570年起，卻遇到許多障礙：

(1) 可耕地面積；

(2) 貨幣缺稀；

(3) 技術慣性（90％為文盲[3]）；

---

a　　　　原註：我們認為是指「18世紀的變動」。

2. 這些障礙（與隨後出現的困難）造成了：

(1) 在勞動力方面：

⊙ 現實上的馬爾薩斯主義，其因素非常多：自 [12]
然死亡率、晚婚[4]、墮胎[5]。

⊙ 另一方面，新生產力的技術研究：農學、渠
道開鑿[6]。

(2) 在政治制度方面，中央權力的建構呼應了布
爾喬亞階級的要求（消除失業、提高貨幣儲
備、增加生產）。但這是以封建形式來回
應：提高租金，而這又加強了障礙的阻力。
這造成了自下而起的固定不變，這種長期的
不景氣一直持續到18世紀初期[7]。

3. 18世紀，緩慢擴張的時期：

(1) 資本累積（透過租金的增加）並轉移至布爾
喬亞階級，造成工業的發展。

〔頁緣空白處：「租金提高100％；四年一輪」[8]〕

(2) 新技術方法的研究被納入效益之中。

〔頁緣空白處：「⊙價格提高50％至60％；⊙工
資停滯；⊙人口增加三分之一」[9]〕

(3) 但是人口平衡相對保持平穩，因為農民的生 [13][a]
活水準並沒有任何改變。

因此，資本主義後備軍對勞動力產生需求[10]。

此一對人口的需求（這正是其特點）與資源擴增並沒有直接關聯；而是與某種改變了社會及經濟平衡的生產類型有關。這涉及一部分的人口要求增加另一部分的人口。是一個階級對另一個階級的需求。這清楚表現在需求如何被明確地表達（不僅是在理論方面，在實踐上亦然）。

(1) 衛生、救助[11]。

(2) 開始[b]了統計計算[12]。

(3) 人口論不再與國家權力（以及重商主義者的致富）這個一般主題有關；而是與生產和消費問題有關，〔並且〕帶來了調節方面的問題，參見布阿吉爾貝爾（Boisguillebert）、莫歐（Moheau）、布魯克納（Bruckner）、格林（Grimm）、馬爾薩斯（Malthus）[13]。

(4) 要家庭，不要單身[c 14]。 [14]

---

a　　原註：我們將於本堂課的附件部分（參見下文，頁221-222）附上第17至18頁的手稿，其中包含了被傅柯刪除的一長段文字，是後續詳述的修改稿。

b　　原註：縮寫符號並不清楚。第一本學生筆記指出是「人口測定技術（社會統計學）的出現」。

c　　原註：接著有一行被劃掉：「反對或贊同離婚（參見塞福佛爾〔Cerfvol〕）。」

(5) 普遍的意識型態主題，〔根據這個主題〕，
　　所有的這些人口移動（亦即這個被要求的出
　　生率）都是自然的影響：

⊙ 布豐（Buffon）的「科學」理論。社會是人口
　　增加的結果。只要人的數量不多，就不需要
　　社會[15]。

⊙ 道德主題：我們可在農民身上發現自由生
　　育，這些農民遠離城市的墮落行為，是最接
　　近自然的[a][16]。

(6) 最後一項要素：布爾喬亞階級想要在自己　　　　　[15]
　　的階級內掌控人口的影響（在財產分配方
　　面）。它期望能從其他階級的貧窮中獲得此
　　一限制，它想要為自己控制此一限制：將婚
　　姻視作契約、離婚的可能性[17]。

　　　　　　　　　　　　　　　　　　　　　　　[16-17][b]

因此，我們將採納性事。賦予它「公民權」，其　　[18]
性質實際上是城邦的意識型態。我們將婚姻視作
契約與民事行為之際。

注意事項

1. 我們又見到契約－自然這兩個在當時是錯開
   的詞彙，它們早先曾頻頻出現在政治意識型
   態裡：

(1) 工業社會發展之際，布爾喬亞階級必須讓人
    相信社會不是契約的結果，而是有機體連繫
    的結果。

(2) 與此同時，布爾喬亞階級需要使人相信它所
    需的出生率是自然的影響，〔而且〕它想要
    掌控的財富集中必須受到契約的限制。

(3) 這沒有矛盾，並且發展出一個從（自然的）　　[19]
    生育到公民契約（作為此一巨大有機推力的

---

a　　　原註：接著有一段被劃掉，顯示出傅柯將自手稿第20頁起進行的分析：「人
　　　口＝道德＝自然＝自發的局限性。會顛覆真實要求次序的意識型態操作，這
　　　些要求包含：⊙要求限制；⊙會以自然替代經濟必要性；⊙會將社會發展視
　　　作當務之急。」

b　　　原註：手稿第15頁末尾與整個第16頁包含了很長一段被劃掉的敘述，是傅
　　　柯將於隨後的課堂上進行的分析，也就是自手稿第21頁起。傅柯本人則指出
　　　「接至第20頁」。因此，我們遵循其指示，將被劃掉的部分放在下一堂課的
　　　附件，作為第21頁的修改稿。參見下文，頁240-241。第17頁與第18頁的開頭
　　　則全部被刪掉，變成第13至15頁的修改稿。因此，我們選擇將它放在本堂課
　　　的附件，作為上述各頁的修改稿。參見下文，頁221-222。

最後與最終表達形式）的家庭意識型態。透過家庭，與社會有關的有機體論意識型態、與出生率有關的自然主義意識型態、作為布爾喬亞婚姻特徵的契約主題，這些都被明確表達出來[18]。

2. 此一對性事的採納將涉及許多事情：

(1) 只有具備生殖力，性事才是自然的（18世紀出現的主題）。

(2) 只有符合次序，性事才是自然的；

(3) 因此，假使性事是知識的對象，這個知識是其（生物學方面的）自然性的知識，而且能界定非自然的事物（規範性和壓抑性的知識）。

性事知識將是「自然科學」與「規範性認知」[19]。

3. 就方法學而言，問題不在於……說性事認知是意識型態的，也不是說階級鬥爭就是其可能性的條件，而是指出四個意識型態的影響層面：

[20]

(1) 在確定的社會型態裡，性事如何被建構成對象以及在其中進行之過程的結果。

(2) 某種意識型態如何要求執行例如生物學知識
　　之類的知識。

(3) 它如何要求某種知識的運作模式（規範性與
　　壓抑性的運作）。

(4) 最後，它如何強加這些主題（例如生育的自
　　然特性）。

因此，我們不能說科學與意識型態是相對立的。
在既定的社會型態之下，其作用要複雜許多。
對知識場域採用意識型態[20]。

*

〔第二堂課〕附件

〔我們在此插入手稿第17頁及第18頁的開
頭，其中包含一段被傅柯刪除的較長片段，
是自第13頁起所進行之分析的修改稿。〕

(3) 但是，人口平衡依然完全相同，因為農民的　　[17]
　　生活水準並沒有改變。因此，資本主義後備
　　軍對勞動力產生需求，其表現如下：

⊙ 人口論。

⊙ 自然的意識型態（遠離城市的墮落行為）。

⊙ 監督人民的衛生問題。

⊙ 要家庭，不要單身。

換句話說，這是第一次，人口解鎖（déverrouillage démographique）不再與資源擴增有直接關係，而是與創造（或至少是發展）某種改變了社會及經濟平衡的生產類型有關。這涉及另一部分的人口提出增加一部分人口的要求；是一個階級對另一個階級的需求。

事實上，布爾喬亞階級並沒有改變自身的人口統計規範。它規劃了婚姻－契約和離婚，這使得它能在經濟上調節其人口統計學的結果。

另一方面，它要求另一個社會階級為人口密度做出努力，然而人口密度並非是資源增加的結果；但是它必須能增加布爾喬亞階級的資源。而這種因要求而造成的增加，我們將之視為應該是回歸自然本身的結果。

[18]

註釋

1. 第一本學生筆記中有一份打字稿指出：「性事體制的變動：18世紀末」。

2. 相較於克雷蒙－費洪大學課程提出的分析，本小節有一個重要的創新，傅柯在此採用了年鑑學派（École des Annales）的研究，同時也從歷史分析的角度來強調該學派的重要性。參見〈論科學考古學〉（1968，前揭文，頁725）；〈傅柯解説其新書〉（Michel Foucault explique son dernier livre，1969，收錄在《言與文》第一冊，同前註，no 66，頁799-807，特別是頁801）；尤其是稍後的〈重返歷史〉（Revenir à l'histoire，1972，收錄在前揭書，no 103，頁1136-1149，特別是頁1144-1149）。除了傅柯在此用來佐證其歷史人口統計結果的三部經典之作，亦即拉居利（Emmanuel Le Roy Ladurie）的《朗格多克地區的農民》（Les Paysans de Languedoc, 2 vol., Paris, SEVPEN, 1966），以及顧貝爾（Pierre Goubert）的《博韋市與1600年至1730年的博韋地區。十七世紀法國社會史》（Beauvais et le Beauvaisis de 1600 à 1730. Contribution à l'histoire sociale de la France du XVIIe siècle, Paris, SEVPEN, 1958）和《路

易十四與兩千萬名法國人》（*Louis XIV et vingt millions de Français*, Paris, Fayard, 1966），我們必須記得，自1961年以來，年鑑學派為「物質生活與生物學行為」專欄進行公開調查，定期出版有關人口、性行為或飲食行為的生物學史研究。在1969年出版的「生物學史與社會」特別號中，我們可以讀到法朗德亨（Jean-Louis Flandrin）和居帕其耶（Jacques Dupâquier）有關避孕史的文章：〈基督教西方世界裡的避孕、婚姻和情愛關係〉（Contraception, mariage et relations amoureuses dans l'Occident chrétien）及〈避孕在法國的開始或兩種馬爾薩斯主義〉（Les débuts de la contraception en France ou les deux malthusianismes），皆收錄在《年鑑：經濟、社會與文明》期刊（*Annales ESC*, vol. 24, no 6, resp. p. 1370-1390 et p. 1391-1406）。如同帕特里尼耶利（Luca Paltrinieri）所強調的，這些歷史人口統計研究和人口生物學史研究，無論是阿里耶的《18世紀以降的法國人民與其生活態度》（*Histoire des populations françaises et de leurs attitudes devant la vie depuis le XVIIIe siècle*, Paris, Self, 1949），或是居帕其耶與赫希特（Jacqueline Hecht）在國家人口統計研究院（Ined）的研究，又或是年鑑學派的研究，它們都在傅柯後來思索生物權力與生物政治時，扮演了很重要的角色。參見例如帕特里尼耶利，〈生物權力，政治小說的歷史淵源〉（Biopouvoir, les sources historiennes d'une fiction politique），收錄在《現代與當代史期刊》（*Revue d'histoire moderne et contemporaine*, vol. 60, no 4/4bis, 2013, p. 49-75）。

3.　　傅柯在此使用拉居利的博士論文中對朗格多克地區農民的分析，分析中指出，1570年是16世紀所有進步的最後一年：「16世紀上半葉的突飛猛進，確實在1560年至1570年後『嘎然中止』」（《朗格多克地區的農民》卷一，同前註，頁194）。關於15世紀的崩潰與16世紀隨後發生的人口及經濟成長，參見前揭書，頁139-236。「缺乏耕地」此一障礙主要描述於頁222-226（參見檔案「舊王朝時代的人口移動與出生制度」

〔Mouvement de population et régime des naissances sous l'Ancien Régime〕，法國國家圖書館第39-C2/F3號箱匣）。

4.　　第一本學生筆記進一步指出：「饑荒、衛生條件差、疾病；50%的兒童未能活到成年。」所有這些資訊均來自顧貝爾的作品，《路易十四與兩千萬名法國人》，同前註，頁25-29。如同傅柯在前述檔案中所指出的，出生率為40/1000；每25或30個月懷孕一次。總體而言，就每戶有五個孩子的家庭來説，有二或三個孩子能活到成年。「調控方式如下：(1)死亡：預期壽命為25歲，約有25%會在1歲之前死亡；50%在20歲之前死亡；75%在45歲之前死亡；(2)晚婚；(3)募兵。」修努（Pierre Chaunu）也強調晚婚的作用，他提醒：「女孩的適婚年齡是古典時代真正的避孕武器。」參見《古典時代的歐洲文明》（La Civilisation de l'Europe classique, Paris, Arthaud, 1966）。

5.　　第一本學生筆記補充説明：「適度的避孕措施（拉居利在朗格多克地區的紀錄，每一女性每27個月懷孕一次）」（參見拉居利，《朗格多克地區的農民》，同前註，頁556-557）。

6.　　關於自16世紀末至17世紀發展起來的農學，請見布爾德（André Jean Bourde）的重要著作《18世紀的法國農學與農學家。文學博士學位論文》（Agronomie et Agronomes en France au XVIIIe siècle. Thèse pour le doctorat ès lettres, 3 vol., Paris, SEVPEN, 1967）。整個17世紀，法國都在進行沼澤排水工程（《沼澤乾涸詔書》〔Édit pour le désseichement des marais〕，1599）與布里亞爾運河（Briare）、奧爾良運河（Orléans）、雙海運河（Deux-mers）等重要運河的建設。

7.　　第一本學生筆記裡有更詳盡的闡述：「我們也目睹了新興資本主義的政治制度化，其目的在於：(1)克服歐洲的經濟停滯：國家機構出現，其功能是刺激經濟：國家負責發展生產工業；它也負責灌溉工程；還要維護貨幣、海關。(2)人為地維持人口閉鎖（verrouillage démographique），以避免失業、罷工及暴動。因此建立了壓抑型的國家重商主義；1659年

〔*rectius*（譯註：拉丁文，「更準確地說」之意）：1699年〕，創立國家警察。[3]在封建政治模式之上建立重商主義國家。君主政體依靠的是既有的階級：提高農民必須向貴族和教會繳納的稅費。貴族和教會成為權力的守護者。由於財富是為了教士和貴族的利益而當下花掉的，並非是投資，所以布爾喬亞階級對其政治努力感到沮喪。**實際上的經濟封鎖**：地租增加100％；商品價格增加50％至60％；工資完全沒有增加。因此，工資實際上是下降了；人口增加30％。這些現象的政治效應：布爾喬亞階級和貴族階級之間的鬥爭；布爾喬亞階級革命與不成功的人民革命結合在一起；整個18世紀，布爾喬亞階級都在努力克服它所面對的障礙。其起源：重農主義；有助於耕種土地的技術研究；投資製造業。這些因素構成了新的情境，讓資本主義得以啟動。」傅柯從《古典時代瘋狂史》起，就多次提及17世紀的政治經濟轉型，認為「大禁閉」和各種監禁機構的創立都與重商主義及君主政體有密切關係（同前註，頁56-91），一直到《刑罰理論與制度》的第一部分，他都在討論17世紀上半葉的緊張局勢和騷動，接著是17世紀末誕生的新國家鎮壓工具，參見《刑罰理論與制度。法蘭西學院1971年至1972年課程》（*Théories et Institutions pénales. Cours au Collège de France, 1971-1972*, éd. établie sous la dir. de F. Ewald et A. Fontana, par B. E. Harcourt, avec E. Basso, C.-O. Doron et D. Defert, Paris, Gallimard-Seuil-Éd. de l'EHESS, 2015, p. 3-109）。

8. 關於租金增加100％，參見例如克魯佐（François Crouzet）的〈18世紀的英國與法國。兩種經濟成長的比較分析評論〉（Angleterre et France au xviiie siècle. Essai d'analyse comparée de deux croissances économiques），收錄在《年鑑：經濟、社會與文明》期刊，vol. 21，no 2，1966，頁254-291：「封建地租的租金與農業利潤的提高……讓很大一部分的人口變得富有……這刺激了商業、工業、城市的發展，並提高了非農業的收入」（同上，頁279）。

9.　我們可在克魯佐的文章中找此一次序的數值，這篇文章比較了英國和法國在18世紀的成長狀況（〈18世紀的英國與法國。兩種經濟成長的比較分析評論〉，前揭文）。因此，1701年至1781年間，法國人口估計增加了35％；貝洛赫（Paul Bairoch）認為18世紀的「物質產品」成長了69％（同上，頁270）。至於工資，平均工資在18世紀上半葉有所增加，接著就停滯不增，我們可以說，就實際工資而言是下降的，因為農產價格和封建地租的租金大幅提高（同上，頁279）。

10.　參閱克魯佐，〈18世紀的英國與法國。兩種經濟成長的比較分析評論〉，前揭文，頁287-288。「資本主義後備軍」一詞出自馬克思，他認為資本累積法則導致過剩人口相對增加，從而為資本主義創立了「工業後備軍」：「若累積……必然會產生過剩的勞動人口，後者反過來會成為最強大的累積手段，這是資本主義生產在其整體發展中的存在條件。它組成了絕對屬於資方的工業後備軍，彷彿這是資方自己培養與訓練得來的。這支後備軍提供了它所需的浮動式增值，而且與人口的自然增加無關，人力一直都是可剝削與可利用的」《資本論》卷一（*Le Capital*, t. I, trad. par J. Roy, éd. par L. Althusser, Paris, Garnier-Flammarion, 1969, p. 461）。本堂課和下一堂課應該要與馬克思探討資本主義生產方式特有的人口法則及其對馬爾薩斯（Thomas R. Malthus）的批判做一個連結。參見下文，頁229。

11.　第一本學生筆記明確指出：「新的社會實踐：救助窮人、病人；醫療技術和機構急速遽增。」關於此一主題，參見傅柯在《古典時代瘋狂史》（同前註）和《臨床的誕生》（同前註）裡的分析，以及〈醫學危機或反醫學危機？〉（Crise de la médecine ou crise de l'antimédecine?，1976，收錄在《言與文》第二冊，同前註，no 170，頁40-58），還有〈將醫院納入現代技術〉（L'incorporation de l'hôpital dans la technologie moderne，1978，收錄在前揭書，no 229，頁508-522）。

12.　自17世紀下半葉起，各種程序（行政調查，以數字和圖表來顯示生物、

經濟和社會現象,以這系列統計學來計算概率,諸如此類)都就定位了,這些程序造就了18世紀末所謂「政治和道德計算」(亦即社會統計學)的發展。關於這些技術的發展,參閱國家人口統計研究院自1950年代末期起,由赫希特推動出版與評論的人口統計學及政治經濟學經典著作;也請參閱更近期的研究,例如戴羅席耶(Alain Desrosières)的《大數量的政策。統計學理由的歷史》(*La Politique des grands nombres. Histoire de la raison statistique*, Paris, La Découverte, 1993)、哈金(Ian Hacking)的《馴服偶然》(*The Taming of Chance*, Cambridge, Cambridge University Press, 1990),或是魯斯諾克(Andrea A. Rusnock)的《生死帳目。18世紀英國與法國的衛生暨人口量化》(*Vital Accounts. Quantifying Health and Population in Eighteenth-Century England and France*, Cambridge, Cambridge University Press, 2002)。傅柯會在法蘭西學院的課程《安全、領土、人口》(*Sécurité, Territoire, Population*)中更詳盡闡述此一主題(《法蘭西學院1977年至1978年課程》,éd. établie sous la dir. de F. Ewald et A. Fontana, par M. Senellart, Paris, Gallimard-Seuil-Éd. de l'EHESS, 2004),並分析生物政治學及安全措施的布置(旨在理解與調節可能會影響人口的重大現象)。

13.   傅柯在此提到的作者包括布阿吉爾貝爾(Pierre le Pesant de Boisguilbert, 1646-1714),他是路易十四時期柯爾貝(Colbert)領導之重商主義政策下的重要經濟學家,也是《法國詳情》(*Détail de la France*, 1695)的作者,通常被視作法國政治經濟學的先驅,赫希特為他寫了一本書《布阿吉爾貝爾或政治經濟學的誕生》(*Pierre de Boisguilbert ou la Naissance de l'économie politique*, 2 vol., préf. d'A. Sauvy, Paris, Ined, 1966);莫歐(Jean-Baptiste Moheau, 1745-1794)寫出18世紀有關人口暨人口統計學的重要論著之一《法國人口研究與論述》(*Recherches et Considérations sur la population de la France*, Paris, Moutard, 1778),傅柯也將於《安全、領土、人口》(同前註,頁24,

以及注釋，頁29）中再次提到這名作者；布魯克納（John Bruckner, 1726-1804）著有《動物系統理論》（*Théorie du système animal*, Leyde, Jean Luzac, 1767），馬克思認為他是最早提出人口理論的學者之一，特別是將生存鬥爭視作動物族群調節因素的先驅之一；格林（Friedrich Melchior Grimm, 1723-1807）是狄德羅（Denis Diderot）與百科全書編纂者的密友，也是《文學、批評暨哲學通信》（*Correspondance littéraire, critique et philosophique*, Paris, Furne-Ladrange, 1829-1830）的作者，他特別參與和重農主義者的辯論。馬爾薩斯（1766-1834）是著名的《人口論》（*Essai sur le principe de population*, 3 vol., trad. par P. Prévost, Paris, J. J. Paschoud, 1809 [1798]）的作者，他在書中將「生計的算術成長」和「人口的幾何成長」之間的矛盾視為自然法則。從他的觀點來看，此一法則是人口調節的因素，會機械性地導致人口過剩——若沒有英國救助窮人的人為協助——或者消失，或者能限制其繁殖。從西斯蒙第（Sismondi）（譯註：瑞士經濟學家暨歷史學家〔1773-1842〕，起初受亞當‧史密斯〔Adam Smith〕的影響，後來轉而批判經濟自由主義）到馬克思，眾多19世紀的經濟學家都在批判馬爾薩斯，他將實際上是某種特定生產模式（資本主義）的事實視作自然法則，此一生產模式造成了其特有的相對人口過剩（由於資本集中，所以生產方式和生計也會集中）。傅柯延續這些在此一採納中瞥見某種意識型態操作的批判，力圖將之置入更為複雜的同類操作之中。學生筆記（第一本學生筆記）能更清楚闡明傅柯對「18世紀發展出來的人口與其調節問題（problématique）」及「重商主義帶來的問題」所做的區分：「整個以人口問題為基礎的政治經濟發展。重農主義者與李嘉圖（Ricardo）之間的對話就在於：人口必須多還是少，才能讓經濟狀況達到最佳狀態？因此，經濟迴路將決定人口比率的價值。出現了一個問題：了解人口發展的最佳狀態」。對重商主義者來說，人口比率是國家財富及權勢的重要因素。重農主義者的立場非常不同：他們認為人口取決於生產，在這

種情況下，也就是取決於農業淨收益的成長——對重農主義者而言，農業是唯一的生產部門。自此，這確實開啟了根據所有定義經濟循環的因素——生產因素（土地、勞動力或資本）、消費等等——來進行人口比率最佳狀態的辯論。傅柯在《詞與物》中，非常強調這些經濟反思的轉變，並將缺稀性問題當作基本的人類學情境，是勞動力與經濟發展的條件，進而將李嘉圖和馬爾薩斯視作古典時代（重農主義者所處時代）典型「財富分析」的決裂點。在《安全、領土、人口》課程（同前註，頁70-79）中，這顯然是重商主義者和重農主義者在「人口作為知識對象和管理主體」此一確切問題上的決裂點：重商主義者站在「財富分析」這一邊，將作為主體－對象的人口帶入經濟的理論和實踐場域，而重農主義者則位於「政治經濟」那一邊。

14. 第一本學生筆記明確指出：「政治主張：國家重新接掌家庭的地位。民事司法權不應該再受到宗教法規的影響。我們要求採取的措施涉及：單身；離婚；大家庭。」這裡參考了許多作家，至少自孟德斯鳩（Montesquieu）以降，他們就不斷攻擊被視作人口障礙的單身者（特別是牧師），鼓勵各種協助大家庭的措施，並以促進離婚為目的，認為這是提高與改善人口的最佳方式，特別是《人口論》（*Mémoire sur la population*, Londres, 1768）的作者塞福佛爾。關於此一主題，參見例如布魯姆（Carol Blum），《數字的力量。18世紀的法國人口、繁殖與權力》（*Strength in Numbers. Population, Reproduction, and Power in Eighteenth-Century France*, Baltimore, Johns Hopkins University Press, 2002）。

15. 參見例如布豐，〈大自然的時代。第七與最後一個時代〉（*Époques de la nature. 7e et dernière époque*），收錄在《自然史總論與專論的補充》卷五（*Suppléments à l'Histoire naturelle générale et particulière*, t. V, Paris, Imprimerie royale, 1778, p. 226-227）。只要人類是分散的，相對而言就會是野蠻的：「只要他們僅能形成由幾個家庭或同族親人組成的

小國家，就像我們今日仍可在原始人身上看到的……。但是，在所有與水毗鄰或被高山環繞的〔地方〕，這些小國家變得太多了，它們被迫共享自己的土地（*sic*），自此，地球變成人類的領地；他透過耕作來占有土地，而對故鄉的依戀也與其最初的占有行為有很密切的關係：特定利益是國家利益的一部分，秩序、警察和法律（*sic*）應該都會予以接管，而社會則獲得穩定與力量。」

16. 這是重農主義或醫學文獻的典型主題，出現在例如盧梭或布列東的作品裡。

17. 第一本學生筆記的紀錄則有些許不同：「根據意識型態的主題，性事是一種<u>自然現象</u>，不應該再被視為罪行（le registre du péché）。透過性事的解放，所有的人口統計機制都會找到其自發性的調節。想要控制此一人口統計系統的布爾喬亞階級同時宣揚：(1)純粹、自然等等的農民家庭；(2)將婚姻定義成隸屬民事管轄權的<u>契約</u>。此一雙重主題有很密切的連繫；天主教婚因而解體了。<u>結果</u>：性事與婚姻是兩回事：(1)婚姻：民事契約的對象；(2)性事：自然現象」。

18. 傅柯將於本課程的第四堂課中重提將婚姻視作民事契約此一問題，還有家庭的有機主義意識型態，參見下文，頁258及其後。

19. 我們在此發現傅柯隨後將遵循的兩條分析路線。性事知識作為「自然科學」，成為本課程第六堂課的主題（參見下文），並將於法蘭西學院的研究計畫中獲得更深入的探討。性事知識作為「規範性認知」，將在接下來幾年引起相關研究，特別是法蘭西學院的課程《不正常者》（同前註），還有未出版的手稿《兒童的社會改革行動》（同前註），最終誕生了《性事史第一冊：求知的意志》（同前註）。

20. 第二本學生打字筆記（以下稱為第二本學生筆記）讓我們知道傅柯在此引進了兩個概念，亦即<u>知識型</u>（épistémé）的概念及意識型態操作的概念，我們可於下一堂課中找到。再者，我們不確定這兩堂課是否是分開的，第三堂課比較具有方法學與理論媒介的作用，而第四堂課則延續

對18世紀轉變的分析，不過這次討論的是婚姻實踐與司法體系的層面。第二本學生筆記指出：「注意：意識型態考慮的是知識，而非科學→科學／意識型態對立並不相關。<u>知識型</u>：自此可以構成尚未成為一門科學的知識。意識型態操作：統治階級如何編碼、掩蓋、喬裝其主導之系統的經濟需求。機構、代碼、實踐、規範以及知識和科學，都可以被理解成這些操作的表達。」事實上，本堂課的結尾以及下一堂課，應該都是依傅柯當時的反思而建構的，目的是明確表達他對阿圖塞的「替代性意識型態／科學」此一主題的批判，並使自己對「知識、經濟關係和權力之間的連結」此一論述更加完善，這個問題將持續出現在法蘭西學院的課程中，至少直到1976年至1977年。「對知識場域採用意識型態」必須與《知識考古學》裡的一段話進行比較，傅柯在此指出，「科學論述中提出的意識型態和科學的意識型態作用，這兩者的連接並不發生在它們的理想結構上……，也沒有發生在社會中對它們在技術上的使用層面……。更不在構成它的主體意識層次上；它們之間的連結是在科學從知識中顯現出來的地方」，在科學「被納入知識要素並在其中運作」的方法上（同前註，頁241）。參見下文，第三堂課將深入探討這些問題。

一、上一堂課的概述。經濟進程如何產生異質性要素（制度、法律、意識型態課題、認知對象）。

二、方法學論的注意事項。這些要素形成了一個功能性系統。此一系統假定一系列的操作，這些操作必須就其所處內容、形式與效果來加以分析。這些操作定義了經濟進程的「最初意識型態編碼」（codage idéologique primaire），它既非是嚴格意義下的意識型態，也不是異質性要素的系統，而是確保其形成的規則。不同於「特定的意識型態效果」，亦即此一編碼產生的非科學性命題；也不同於「次要意識型態功能」（fonctionnement idéologique secondaire），也就是此一特定效果如何在系統的不同要素（包括在科學之中）發揮作用，而不僅僅是障礙。

三、結論。沒有統一的意識型態領域：意識型態／科學的對立並不相關；最初意識型態編碼既非表述的集合，也不是一種無意識，而是由某一社會階級執行的一套規則；這是一種沒有主體的階級實踐。意識型態鬥爭並非意識問題，也不是科學問題，而是社會實踐：巴修拉（Bachelard）─阿圖塞的「斷裂」（coupure）模型和理論工作不相關。

第三堂課　性事論述（3）
── LEÇON 3　Le discours de la sexualité (3)

1. 我們已經見過經濟進程的發展。 [21]

⊙ 原始累積的建構（多虧了人口崩潰）。

⊙ 經濟與人口的發展遭到結構與技術不可能性
  的阻礙。

⊙ 政治權力的建構是用來除去此一阻礙，但這
  也在某種程度上導致此一政治權力的閉鎖
  （在人口統計學方面）。

  造成了：

  ・資本主義的發展

  ・人口不足。

⊙ 勞動力的需求[1]。

2. 我們已經指出此一進程如何產生多重要素a：

⊙ 機構→救助；

⊙ 司法原則→婚姻、契約；

⊙ 意識型態主題（唯一正常的性事就是生
  育）；

⊙ 最後是一個可能認知的對象：性事。

須針對這個主題提出多個注意事項[2]： [22]

⊙ 經濟進程不會造成某種類似意識型態的東
  西，而是一堆具有各種不同性質、地位
  〔和〕功能的要素。意識型態的影響只不過

是這些要素之一。

⊙ 這些要素並沒有像散射效果一樣分散或彼此並列。它們相互之間是有明確功能的[3]：特別是意識型態的主題：

· 強化契約；

· 梳理（cliver）[b]性事的知識[4]；

· 預防窮人階級的馬爾薩斯主義

⊙ 但是，為了讓此一經濟進程產生這些效應，而非其他效應（例如自由結合），必須要有某種操作或一組操作：

a   原註：手稿第15頁末尾和第16頁將放在本課程的附件裡，其中傅柯指出必須參閱第20頁（參見上文，上一堂課，頁217-218）。這幾頁提供了以下論述的修改稿。

b   原註：有可能是此字。第二本學生筆記指出：「性事在倫理和醫學上的劃分（clivage）。」

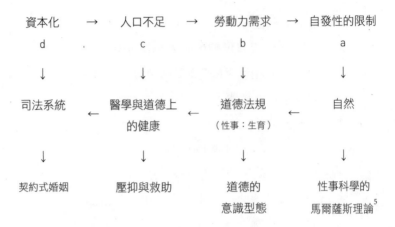

[23]

1.這組操作的內容包括如下：

(1) a：經濟法和自然法的混淆；

(2) b：將階級要求轉變成道德原則；

(3) c：以倫理及醫學原則來校正經濟狀況；

(4) d：將經濟進程轉譯成司法系統。

2. 這組操作的形式包括如下：

(1) 涉及之次序的全面倒錯；

(2) 層面或次序（經濟、道德上）的移動；

(3) 抽象的普及化（經濟機制、自然機制）；

(4) 轉譯或偽裝（資本化、司法結構、短缺）；

(5) 補償性介入（倫理與醫學的〔……〕[a]）。

3. 在其效應方面，〔這些操作包括〕讓整個經
濟機制和要求能像一個緊密協調的系統般運
作，無論是從自然到法律，或是從自發性到
制度，甚至包括道德和醫學在內，都是如
此。

這整組操作可以稱為經濟進程的最初意識型態編 [24]
碼。這是一組轉變，透過這些轉變，某一確定的
社會階級（握有政治、經濟、文化權力的社會階
級）就有可能從某個既定的經濟進程來建構一組
知識論、道德、司法和制度。此一意識型態編碼
並非嚴格意義上的意識型態；這也不是所有的制
度、表述、道德和司法規則。這是其歷史可能性
的條件。這是能確保其形成的整套規則[6]。

我們將整個（具非科學性質的）命題或理論稱做
特定的意識型態效應，這些命題或理論都是由此
一編碼所產生，可在完全是意識型態的文本中
（例如道德）找到，或是出現在不完全是意識型
態的文本中（醫學、法學）。

最後，我們所謂的次要意識型態功能，就是此一

a　　　　原註：無法辨識的字。

意識型態效應分散和作用於制度、司法系統、各
門科學中的方法，例如具有證成的作用（對司法
制度和系統而言），〔或是〕成為障礙、限制，
但也有可能是有利於一門科學的刺激物和環境[7]。

(1) 這三種層面不應該被混淆，而且我們也無法
談論統一的意識型態領域。

[25]

(2) 我們不可能大規模反對意識型態和科學：

⊙ 意識型態編碼能完美產生一門可能之科學的
對象，雖然允許此一對象出現的操作並非是
科學性的操作（也就是說，有〔可〕能進入
一個以形式表達的系統[8]）。一是知識對象的
歷史性顯現。另一是在某個知識論場域中確
定一個對象。

⊙ 另一方面，假如特定的意識型態效應從來就
不是一門科學，也不單是某種障礙下的形
式，那麼它的次要運作是可以在一門科學內
部執行的。

(3) 最初意識型態編碼不完全是一種存於人類思
想中的表述系統；也不完全是一種無意識。
這是由某一社會階級在制度、論述、訓誡的
形成中所執行的一套規則[9]。

因此，這是一種實踐；但是它不處於意識之中，　　　[26]
也沒有主體可加以參照；這是一種在社會形式中
運作的階級實踐。它沒有主體，但有施行之處，
有其布局及其運作[10]。

(4) 因此，我們必須以最謹慎的態度推翻一種想
　　法，那就是，意識型態是某種巨大的集體表
　　述，相較於科學性的實踐，它建構了其外在
　　性與障礙，而其科學性實踐必須以斷裂的方
　　式脫離之。這個巴修拉模式在確定意識型態
　　的運作方面是無效的；而且它只有區域性的
　　價值（用以說明科學如何擺脫其意識型態的
　　障礙）[11]。

〔……〕[a]

意識型態並非意識問題，也不是科學問題；這是
社會實踐的問題。這就是為何就真正的思想層面
而言，意識型態的鬥爭不可能僅僅只是一種理論
鬥爭的原因[12]。

[a]　　　原註：被刪掉的片段：「可能會有某些科學確實是科學，而且是從確定的意
　　　　　識型態編碼來運作的。」

＊

〔第三堂課〕附件

〔我們在此插入手稿第15頁結尾和第16頁，
其中包括被傅柯劃掉的一長段文字，而且他
指出必須參閱第20頁，這是本堂課一開始的
修改稿。〕

因此，我們見到一個其要素極為不同的組合體被　　　[15]
建構起來：

⊙ 社會實踐（救助）；

⊙ 知識技術；

⊙ 經濟理論；

⊙ 社會訴求；

⊙ 司法改革；

⊙ 道德與文學論題；

然而，我們不能只是說：這一切，這都是意識型
態（某些要素並不具備意識型態的性質），而是
要說明意識型態如何使這些要素運作並連繫在一
起。意識型態就是要素的功能性系統，而不是要

素的性質。意識型態的操作[13]。

我們見到意識型態如何讓這一切運作，以及它在它們之間建立了什麼關係。

⊙ 讓進程的次序顛倒；

⊙ 道德觀念→自然→限制

〔……〕 [a]

⊙ 它以自然取代了經濟必要性；

⊙ 它以道德規則的形式來闡述社會要求；

⊙ 它劃分了社會場域，但是透過法律讓一種虛幻的統一性出現了。　　　　　　　　　　[16]

---

a 　　　　原註：「取代」，被劃掉了。

註釋

1. 傅柯在此簡述了上一堂課的主要結論。「原始累積」要以15世紀的人口危機來解釋。根據第一本學生筆記，傅柯指出「在16世紀，經濟發展要歸因於人口的下降……，可耕地的數量相對而言比中世紀的時候還要多出許多。資本的原始累積就是其結果。」

2. 這些注意事項延續上一堂課和本堂課附件修改稿論及的方法學注意事項（參見上文，頁219-222）。其目的是明確地表達傅柯在科學與意識型態之間，還有實踐與理論研究之間等諸關係的論戰立場，更深入來説，這場論戰在馬克思－列寧派與毛派知識份子之間激起狂熱的討論，1968年5月運動之後，這些爭論更為激烈。關於分析此一重要背景，以便理解隱含在這幾頁方法學中的許多暗示及參照，參見授課情境，頁430-440。

3. 參見附件的修改稿，見下文，頁240-241，文中堅持以下這點：「意識型態就是要素的功能性系統，而不是要素的性質。」

4. 這個認為性事知識「被梳理」的想法，必須與傅柯在上一堂課中所説的（參見上文，頁219-220）連繫起來。一方面是一個「自然的」性事，是生物學知識的對象，另一方面對非自然的限定，是規範性暨壓抑性知識

的對象。

5.　　我們在此插入第二本學生筆記中勾畫的圖示，它有所不同且更清楚：

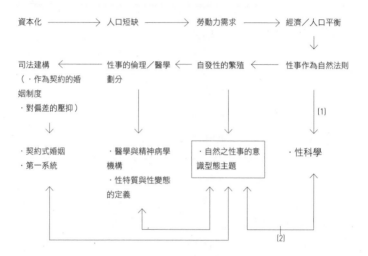

＊為了建構一門科學，必須要讓它**產生**一個進程並確保論述者的立場〔1〕，還必須要有知識論的斷裂〔2〕能確保其**規範**。

6.　　當他堅持必須將對某一對象、某種風格或某個要素的分析，轉移到整個能確保其形成與分散的規則時，描繪此最初意識型態編碼之特徵的方式會使其更接近於傅柯在〈論科學考古學〉（1968年，前揭文）和《知識考古學》（同前註）裡操作的差距。更確切來説，這個最初意識型態編碼接近於傅柯思索《臨床的誕生》的方式，並強調：「臨床醫學既是一套政治指示、經濟決策、制度規章、教學模式，也是一套描述」，也就是推論與非推論。他在此指出，我們必須分析使這些異質現象「可能同時或相繼出現的一套規則」。因此，接下來就是傅柯力圖從論述系統的描述分析轉變成他所謂的「知識王朝」（dynastique des savoirs），也就是説，「明白這些論述類型如何在歷史上形成，還有它們依據哪些歷史

事實闡明……我們可在某一文化中觀察到的這些重要論述類型之間的關係，及其出現和形成的歷史條件、經濟條件、政治條件。」參見〈從考古學到王朝〉（De l'archéologie à la dynastique，1973，收錄在《言與文》第一冊，同前註，no 119，頁1273-1284，在此為頁1274）。這些分析於1977年成為「布置」（dispositif）的概念，非常接近傅柯描述「最初意識型態編碼」的方式：「一個絕對異質的總體，由論述、制度、架構規劃、合乎規定的決策、法律、行政措施、科學陳述，以及哲學、道德、慈善等主張組成，簡言之：說，以及不說，這就是布置的要素。布置本身，就是我們可在這些要素之間建立起來的網絡。」參見〈傅柯的遊戲（針對《性事史》的訪談）〉（Le jeu de Michel Foucault (entretien sur l'*Histoire de la sexualité*)，1977，收錄在前揭書第二冊，no 206，頁298-329，在此為頁299）。但是有一個相當大的區別：儘管布置確實有一種「主導的策略性功能」，但這種功能與階級統治並沒有明確的關聯（傅柯於1977年針對這一點，採取了一個有細微差別的立場，參見前揭文，頁306-307），而最初意識型態編碼卻很顯然是一個霸權社會階級的事實。

7.　　傅柯在此混淆了他於《刑罰理論與制度》（同前註，頁198）中，為刑罰實踐區分的兩件事：一方面，「意識型態操作」被理解成「一套程序，透過這些程序，刑罰的實踐和制度……在一個合理化的系統內都是正當的、可解釋的、重複的」，另一方面是「知識效應」（effets de savoir），亦即「對刑罰實踐中已知事物的輪廓勾畫、分配與組織；……具認知資格之主體的立場和功能……在其中起作用的認知形式」，換句話說，就是社會實踐如何定義知識的場域和形式，此一場域和各種形式有可能建構一個「有利於一門可能之科學的環境」。認為「意識型態是一門科學的障礙與限制，因此有必要透過斷裂的理論研究來擺脫之」，這樣的想法反覆出現在阿圖塞與其學生的分析中。例如馬舍雷（Pierre Macherey）寫道：「意識型態的問題比較像是認知的障礙，而非讓我

們認識某件事：它阻礙了認知的產生，同時表達了某種思索上的不可能性。」（馬舍雷，《科學家的哲學課課程講義》〔*Cours de philosophie pour scientifiques*〕，no 6，1968年1月8日，頁3，原稿中有畫底線；線上可查詢未出版的手稿：https://archive.org/details/ENS01_Ms0169，2018年8月6日查詢）。即使是佩修（Michel Pêcheux）或雷尼諾（François Regnault），雖然他們比較肯定在科學形成中意識型態的實證性，並提出「意識型態上的認知效應」，但他們也強調一個事實，那就是，「在意識型態、表述系統成為障礙之前，科學就先存在了。」（雷尼諾，同上，no 11，1968年2月26日，頁2）。這是阿圖塞本人當時處理意識型態與科學之關係的方法：根據傅柯於同一時期在筆記中對其定義的認識和批評（參見下文，第六堂課，註釋22，頁322-323；以及授課情境，頁430及其後），阿圖塞認為一個意識型態的命題指的是：「雖然有著相同的表徵，但其所指的對象卻是全然不同的現實；（也）是一個假命題，因為命題裡所針對的對象並不是實際的對象。」（阿圖塞，前揭文，1967年11月20日，頁4）。因此，它必然涉及了認知此一現實的無知和障礙效應。相反地，傅柯不斷堅持一個事實，若我們處於知識論化的門檻（也就是說，若我們提出知識出現之條件的問題），那麼意識型態在此一知識及因而是一門可能之科學的形成中，就有「刺激」或「有利環境」的作用；而且，即使是在一門科學之中，意識型態效應對「科學家」也不是只有障礙或威脅的負面作用。關於此一主題，參見《知識考古學》，同前註，頁242-243；以及見下文，第六堂課。

8.　　這個「科學」的定義值得強調。對傅柯來說，「當知識論形象……遵循某些形式標準，當其陳述〔遵循〕某些命題建構法則時」，就能克服「科學性的門檻」。再者，我們知道當「此一科學論述……能定義它所需的公理、它所使用的要素」等等時，此一「門檻」可以延伸至「形式化的門檻」（《知識考古學》，同前註，頁244）。這個繼承自卡瓦耶（Jean Cavaillès）和康居朗的科學形式主義與公理主義的概

念，乃是數學理想化的視角以及科學化的最後視域，這都是傅柯亟欲擺脫的對象。關於這一點，參見拉布因（David Rabouin），〈數學特例〉（L'exception mathématique），收錄在《哲學研究》（*Les Études philosophiques*, vol. 3, no 153, 2015, p.413-430）。

9.　意識型態的特徵是「存於人類思想中的……表述系統」，指的是《德意志意識型態》（*L'Idéologie allemande*, 1845-1846）以降，對意識型態的傳統定義，馬克思和恩格斯（Engels）在此對反對人、**表述**和**想法**之間的物質關係之**現實**，個體會在自己的意識中形成他們與自然、他們彼此之間或關於其本質的關係。這些表述是真實關係被顛倒或扭曲的反射。這種意識型態的概念就像或多或少錯誤或扭曲之表述的系統，存於個體或集體主體（「階級意識型態」、「世界觀」）的意識裡，這樣的概念在1960年代仍非常占優勢，特別是在官方馬克思主義中。傅柯對此一概念始終抱持批判的態度，因為這個概念假定主體和客體之間的認知關係是既定的，經濟和社會條件應該只會扭曲或模糊這個關係。參見例如〈真理與司法形式〉（1974，前揭文，頁1420）。另一方面是因為這個概念的焦點是表述和想法，傅柯在此堅持一個事實，那就是權力關係先於意識主體的建構，且要透過身體（參見例如〈透過身體內部的權力關係〉（Les rapports de pouvoir passent à l'intérieur des corps，1977，收錄在《言與文》第二冊，同前註，no 197，頁228-236）。1969年，傅柯對這個主題仍處於開始批判反思之始，因此有必要在當代辯論中再次確定意識型態的性質。關於這一點，參見授課情境，頁430-440。在這些辯論中，正好有一個替代性立場，繼阿圖塞之後，力圖發展一個意識型態的一般性理論，並與其後的努力一致，以便從拉岡的精神分析和結構主義的角度來重新思考這個主題。當傅柯指出最初意識型態編碼「不完全是一種無意識」時，他指的就是這份努力。事實上，阿圖塞自1964年發表〈佛洛伊德與拉岡〉（Freud et Lacan）一文後，就經常將無意識的象徵性次序和意識型態的結構連結在一起。關於這些觀點的詳細分析，

參見吉優（Pascale Gillot），《阿圖塞與精神分析》（*Althusser et la Psychanalyse*, Paris, PUF, 2009）；以及授課情境，頁432-434。此一對照在某些親近阿圖塞與拉岡之學生的研究中也隨處可見，他們皆為《分析筆記》（*Cahiers pour l'analyse*，簡稱CPA）撰稿。阿圖塞認為這與雙重論題是同時並進的，因為一般的意識型態就像一般的無意識，是沒有歷史的，而且就像吉優指出的，「主體的類別本身是由所有意識型態構成」，「再也不是哲學史的確定序列」（同上，頁120-121）。此一論題與阿圖塞的其他分析產生緊張關係，尤其是與傅柯的分析，這解釋了為何傅柯將最初意識型態編碼的特徵描繪成一套在歷史上已確定且由明確社會階級來執行的規則。

10. 參閱前一個註釋。這些注意事項針對的是整個「人文主義」理論，該理論認為，只要主體意識到他在世界上的處境，就足以擺脫異化。這些注意事項也呼應了由拉岡和阿圖塞交織而成的反思，亦即將主體主權的幻象當作是意識型態的核心。對於此一問題的分析，參見授課情境，頁430-440。

11. 這一次，傅柯清楚針對阿圖塞信徒使用的指標概念，以便區分屬於意識型態的和屬於科學的，並描述產生科學認知的進程。雖然阿圖塞與他部分學生無疑都同意知識論的斷裂必須被「區域性地」分析，因為所有論及**那個**科學的論述都被阿圖塞稱為「意識型態」，但無論如何，自從阿圖塞在《保衛馬克思》（*Pour Marx*）和《閱讀資本論》（*Lire Le Capital*）（這兩部著作均於1965年由瑪斯佩洛出版社出版）提出命題後，他的信徒就將巴修拉的「知識論斷裂」概念視作科學認知生產過程、科學和意識型態劃分過程的一般模型。伽利略（Galilée）代表的「斷裂」就是一個例證。關於此一主題，參見1967年至1968年在巴黎高等師範學院開設的《科學家的哲學課課程講義》，尤其是雷尼諾講授的〈什麼是知識論的斷裂？〉。同樣的原則也主導了《分析筆記》的撰稿，裡面有拉岡在〈科學與真理〉（La science et la vérité）中對前述

斷裂的解讀（《分析筆記》一號刊，頁7-28）。儘管傅柯願意接受因此一斷裂概念而導致的不連續性（參見〈論科學考古學〉，1968，前揭文），但是他似乎也對它在科學與非科學之間進行一般劃分的功能抱持審慎的態度：這項功能讓我們無法有效分析知識的形式和一門科學在這些知識中構成的方式（參見《知識考古學》，同前註，頁240-247），它在不質疑其歷史、政治、社會方面的條件和效應之下，再次劃分了真理與不真實。參見《求知的意志課程講稿。法蘭西學院1970年至1971年課程，續「伊底帕斯之知」》（*Leçons sur la volonté de savoir. Cours au Collège de France, 1970-1971*, suivi de *Le Savoir d'Œdipe*, éd. établie sous la dir. de F. Ewald et A. Fontana, par D. Defert, Paris, Gallimard-Seuil-Éd. de l'EHESS, 2011）。而且它掩蓋了在知識形成與科學建構裡起作用的權力機制（《刑罰理論與制度》，同前註）。就此一觀點而言，凡仙大學的課程是傅柯第一次如此清楚地與「知識論斷裂」的概念保持距離（參見授課情境，頁430-440）。

12. 在1969年的凡仙大學時期，這些句子標示出傅柯對當時所謂的阿圖塞「理論主義」（théoricisme）採取批判的立場。阿圖塞於1960年代進行理論研究，而且必須為其反思的基本方向提供一個符合馬克思主義實踐的理論。自1966年至1967年起，在毛派模式的鼓動下，理論研究至上的地位開始受到馬列共產主義青年聯盟〔UJC，創始者為林哈特〔Robert Linhart〕）部分成員的質疑，這導致《馬列筆記》（*Cahiers marxistes-léninistes*）和《分析筆記》的分裂。這場爭論於1968年之後加劇，顯示出所有昔日親近阿圖塞且與凡仙大學有關的人自此轉而以接觸群眾的政治實踐暨鬥爭之名，反對他的「理論主義」和「科學主義」。此一演變在無產階級左翼（Gauche prolétarienne）的各種成員身上很明顯，例如洪席耶（Jacques Rancière），他於1969年撰寫了一篇以其批判式直觀而著稱的文章，〈論阿圖塞的政治意識型態理論〉（Sur la théorie de l'idéologie politique d'Althusser），收錄在《人與社會》期刊（*L'Homme*

et la Société, no 27, 1973, p. 31-61），之後又在他著名的《論阿圖塞》（*La Leçon d'Althusser*, Paris, Gallimard, 1974）裡為此一決裂做了總結。若傅柯對該「理論」保持距離的態度在此足以引起注意，那麼接下來幾年，此一距離會在他初期的法蘭西學院課程中以及政治參與方面大大加強，他同時於1971年創立了監獄信息小組（GIP），與毛派關係也就更為親近。關於這些關鍵議題，更多細節請參見授課情境，頁430-440。

13.　　傅柯在他的「最初意識型態編碼」分析中，將在此出現的「意識型態操作」概念視為一整組的操作（參見上文，頁235-239，接著又出現在《刑罰理論與制度》（同前註）裡，這個概念值得與米榭爾・佩修（別名湯瑪斯・赫伯〔Thomas Herbert〕）的分析做比較，後者致力於區分兩種意識型態形式（經驗主義的、思辯主義的），也強調「場域的要素不如其配置形式來得重要」，參見赫伯，〈對意識型態一般理論的評註〉（Remarques pour une théorie générale des idéologies，《分析筆記》九號刊，1968年，頁77；原稿中有畫底線）。因此，佩修區分了意識型態的兩種功能模式：隱喻－語義功能，意識型態在此是「一種**標記**的系統……，一種**信號**系統，這些信號設置了……一套可執行的**姿勢**和**話語**」，此一面向可在傅柯《刑罰理論與制度》（同前註）中闡述的「王朝」裡找到；特別是轉喻一句法功能，意識型態在此是一種「有關要素的操作系統」，使這些要素具有一致性，並以「語言能指」（signifiant）將它們連結起來，且以「真正的結構」、「制度和論述」為基礎。因此，佩修描述了「隱喻位移」、「偽裝」以及在這些操作中執行一致性的不同進程，模式類似於傅柯在此描述的不同操作之分析（參見同上，頁79及其後）。

第四堂課

—— LEÇON 4　Les formes juridiques du mariage jusqu'au Code civil

從婚姻的司法形式到民法

性事與婚姻是規則性的一部分。印歐社會的婚姻規則薄弱。但是，自中世紀以來，婚姻有變得更複雜的趨勢（特別是司法約束）；同時發生的還有對婚姻的意識型態批判以及性解放的意願。

一、基督教婚姻：稍後，它會將聖禮婚姻（mariage-sacrement）與羅馬婚姻加疊在一起；起初，婚姻是便利且沒有社會強制權的。

二、婚姻的社會成本增加；特倫特會議（concile de Trente）：社會控制和限制的強化；家庭負擔的增加。小農的婚姻案例（布赫迪厄〔Bourdieu〕）。

三、布爾喬亞社會的婚姻：1.革命：意識型態主題和司法措施：契約婚姻與離婚。2.民法：婚姻在此不被視同為契約；准許離婚並非契約的結果，而是人類的軟弱。婚姻，社會的自然構成要素；性事是引起騷動的威脅，必須受到婚姻的框架，並在社會上被排斥。

導論

　　在所有的社會中，婚姻都是有規則性的[1]。這些規則性與以下兩項皆受經濟影響的事實有關：

1. 性事意味著享樂－因而是慾望－因而是缺乏－因而是對象－因而是財產[2]。
2. 性事是對於物種的繁衍－因而是對人口－因而同時對資源和生產力的數量有影響。

性事〔位於〕享樂和生產力的邊緣。性事在財產系統中是有作用的；而且性事會改變財產系統。

這些規則性，我們可以辨識如下：

(1) 在人口的層次上：婚姻是否便利；其繁殖力是否有利。

(2) 在財產流通的層次上：婚姻可以帶來利益， 也就是說，可以帶來所有權的轉讓。

(3) 在配偶選擇的層次上：年齡、社會群體。

(4) 在隨之而來的司法行為的層次上：一夫一妻制、解婚。

非印歐社會的婚姻規則性極為繁多，能獲得非常微妙的社會平衡。位處歐洲的印歐社會並沒有

如此嚴格的規則：這是我們所知最薄弱的婚姻
結構[3]：

⊙ 也許是因為資源豐富及其高度的人口彈性。

⊙ 也許是因為，造成印度種姓制度的原始三級
　 制在此產生了本質上具經濟性的團體。

然而，所有自中世紀以降的社會演變，都在於
使婚姻更加複雜。

[29]

⊙人口少、資源豐富、死亡率高，這都使得人口
　統計學有較長的週期。但是，資本主義有要
　求，也有局限。

⊙經濟利益薄弱，但是資本累積意味著布爾
　喬亞階級恢復了封建制度中的「昂貴」
　（coûteuse）形式。

⊙配偶的選擇雖然自由，但是受限（至少在同性
　婚姻方面）。

我們已經從一個結婚方便的社會，進入一個結婚
更加困難的社會。而且這是在一個「富足」與
「自由」的社會。此一婚姻的困難度以及（因而
造成的）重要性的提升，導致了：

⊙ 婚姻的司法制度化越來〔越〕繁重（在資本

主義社會中，社會調節具備司法形式）；

⊙ 司法形式之間的脫節，透過這些司法形式，我們限制了婚姻和對性事的意識（將性事視為自然事實，而非社會、經濟、司法的事實）。

⊙ 兩種旨在掩飾此一決裂的補救系統：　　　　[未編碼/30]

　· 愛、自由選擇的意識型態，

　· 家庭的制度化，家庭同時具有表面上統一（自然→社會；性事→情感）並透過性壓抑來仔細維持距離的作用[4]。

⊙ 最後，雙重抗議運動：

　· 意識型態上的反應，贊同另一種婚姻形式（傅立葉式的特徵組合），或是贊同性事在制度上的解放[5]，

　· 一種革命性的爭議，它無疑甚至沒有取得表達的一致性（托洛茨基、亞歷珊德拉·柯倫泰）[6]。

一、基督教婚姻　　　　　　　　　　　　　　[31]

1. 作為司法－宗教制度的「基督教婚姻」很遲才出現（9至10世紀[7]）。

(1) 起初，基督徒的婚姻是羅馬式的。而且他們

接受解婚[8]。

(2) 他們將聖禮加諸於婚姻，不但認可夫妻成為一個團體〔而且〕讓失去貞操變得神聖[9]。

(3) 此一被強化的婚姻意味著在社群之前的不可解除性和公開性。

基督教婚姻的建立是羅馬式婚姻和聖禮婚姻加疊的結果[a]。

⊙ 民事婚姻方面：共識。　　　　　　　　[未編碼/32]

⊙ 在貞操問題方面，性行為是必要的：*copula carnalis*[10]。

2. 這是便利的婚姻[11]。

(1) 基督教社會是一個結婚方便的社會：

⊙ 沒有經濟要求；

⊙ 親屬關係的禁忌複雜，但不是很嚴格[12]。

(2) 這是一種沒有社會強制權的婚姻：

⊙ 祕密婚姻（因此事實上是一夫多妻制）；

⊙ 未經家庭同意的未成年人婚姻。

這解釋了為何家庭不是很重要，不是社會的基本單位[13]。

二、婚姻的社會成本增加[b]　　　　　　　　　　　　　　　　[33]

1. 這些設想的措施無論是否被採用，都在整個
   歐洲擴散[14]：

(1) 取消祕密婚姻：

⊙ 婚姻的公開性[15]；

⊙ 教區的義務（要有神父的同意[16]）；

⊙ 戶政資料簿的建構[17]。

(2) 討論廢止未經父母同意的童婚。法國的民法
   自16世紀起開始實施[18]。

婚姻的社會成本大大增加[19]。

2. 與此同時，僅在貴族間採行的經濟利益系統
   也正在擴張。

小農地主的婚姻案例[20]。

在穆斯林國家裡，共享規則帶來了近親通婚[21]，

在西方（以及擁有個人財產），〔建立了〕一套

---

a　　　原註：被劃掉的片段：「⑴契約部分從未被遺忘；⑵社群的規則擴展到社
　　　　會。基督教婚姻是『促進者』。」

b　　　原註：原本標為「3.」（被劃掉，以「二」取代），最初的標題為「特倫特會
　　　　議」。

用以持有土地為目的的規則：

(1) 長子繼承權：2/3、1/3或 $\dfrac{P}{4}+\dfrac{P-\dfrac{P}{4}}{n}$ [22] [未編碼/34]

但以金錢或動產來取代未成年子女[a]的份額[23]。嫁妝。

〔**頁緣空白處**：「這意味著除了維持生計的經濟，還有貨幣經濟」〕

(2) 嫁妝流通：

⊙ 這就是女孩與幼子結婚時所帶來的。

⊙ 由於它是用來贈與後人的（獲得此一嫁妝的家庭成員），所以家庭成員越多，它應該會越多[24]。

⊙ 若死亡時沒有子嗣，嫁妝可以退還，因此它不應該太多[25]。

⊙ 最後，只有在次子女與長子女結婚（反之亦然）[26]〔以及〕未婚者去世或被視作勞動力[27]的情況下，此一系統才能維持。

〔**頁緣空白處**：「非常複雜的系統確保了：財產的規模；金錢／人口的平衡；孩子的出生（為了避免嫁妝回到女方家裡）；還有家庭隨著時間的延續。」〕

⊙ 因此，出現了限制非常繁重的系統。

⊙ 必須賦予婚姻一個明確的司法地位。

⊙ 必須使婚姻穩定且不可解除。

⊙ 必須使婚姻脫離外婚制的規則。

⊙ 必須將婚姻視作家庭的利益。

⊙ 必須建立普遍的社會控制。

所有這些都解釋了為何不再使用以下規則：

⊙ 外婚制規則（參見所有17至18世紀的亂倫文學[28]）。

⊙ *copula carnalis*的要求。

此外，就事實而言，這顯然是一種「解放」，是社會成本更為提高的結果。

---

a　　　原註：難以辨認的字。

三、布爾喬亞社會的婚姻　　　　　　[未編碼/35]^a

1. 革命²⁹

(1) 主題：
⊙ 贊成婚姻並反對單身。
⊙ 最大限度減少亂倫的限制。
⊙ 讓婚姻成為所謂的民事行為（非宗教的、與
性無關的³⁰）。
⊙ 維持女性的劣勢。儘管有拉孔伯（Rose
Lacombe）和古傑（Olympe de Gouges）的女
性主義運動³¹。

(2) 司法措施：
⊙ 「法律僅將婚姻視作民事契約」（1791年憲
法，卷二，第7條³²）。
⊙ 1792年9月准許離婚的法案：
・出於特定的原因，
・經雙方同意，
・出於單方的意願³³。
⊙ 法國共和曆第二年花月（floréal an II）^b，可
因政治理由而離婚³⁴。

2. 民法

[35/更準確地

說是36][c]

我們通常會說民法讓婚姻成為一項契約，而且民法准許離婚。事實上，無論是就其內容或是形式而言，我們都無法〔將婚姻〕視同為契約[35]。

(1) 內容：未指明：「帶來互助」[36]。

至於其真正的目的：「延續物種」，並未在契約中獲得認可[37]。

(2) 形式：

⊙ 就個體意願而言：

· 它是永久的[38]；

· 男孩到25歲才算法定的成年[39]；

· 女性在司法上是無能力的[40]。

因此，意志上的自主無法掌控契約的效力[41]。

⊙ 就社會介入而言：戶政資料官不僅是有資格的證人，他還要宣布婚姻成立[42]。

---

a　　原註：傅柯未編頁碼，但是出現在第35頁的背面。傅柯在手稿的編碼中，顯然弄反了正反面。我們按邏輯和時間順序重建了頁數。

b　　譯註：相當於西曆的4月20日至5月19日。

c　　原註：參見上文，註釋a。

至於離婚，這並非是契約婚姻的直接司法結果。　　[37]

⊙ 離婚不應該存在。它是一種邪惡，與人的軟弱有關。

⊙ 因此，離婚只能被容忍；而且是在嚴格的限制範圍內被容忍[43]。

民法編纂者對婚姻的定義如下：

(1)在民法之前是自然的。婚姻屬於自然。其結果如下：

⊙ 家庭先於社會；社會建立在家庭之上，因此它沒有任何權利和可能性讓家庭瓦解；它甚至應該肩負起保存家庭的責任，使之成為其主要且自然的核心。

⊙ 自然規定了婚姻；自然、正常的性事與婚姻有關，也就是說，是一夫一妻制且有生育性的[44]。

(2) 應該成為整個社會關注的對象。它必須有嚴格的社會和立法框架。

而這是為了避免婚姻被個體的不良本質破壞。婚　　[未編碼/38]
姻，是社會自然且美好的要素。性事，是社會的
擾亂元素，是必須在社會層面上予以壓制的。

因此，所有被視為自然的性事都被納入契約式婚
姻和經濟系統；所有被視為行為表現的性事都被
排除在家庭和婚姻的司法－社會系統之外[45]。

註釋

1. 根據第一本學生筆記，傅柯似乎在本堂課一開始就藉由19世紀的社會統計學，在婚姻中發現前述規則性：「〔1〕在19世紀，〔凱特勒（Quételet）〕從統計學上指出，結婚的發生次數比死亡更有規則。〔「在與人有關的事實裡，沒有什麼比結婚的行為更直接涉及他的自由意志，[……然而]我們可以說，比起死亡，比利時人對婚姻的付出更有規律性；但是，我們不會像思考結婚那樣去思考死亡。」參見凱特勒（Adolphe Quételet），《社會制度與其管理的法律》（*Du système social et des lois qui le régissent*, Paris, Guillaumin, 1848, p. 65-66）〕。〔2〕在此之前，我們只會量化異常的部分。〔3〕這確實是社會現實的存在，而非其他事物，這意味著社會中存在自主的規範機制。」

2. 第一本學生筆記指出是「價值」而非「財產」，並說明：「經濟關聯：女性被視作財產。」此一分析可呼應拉岡對享樂、慾望和缺乏之關係的分析，以及李維史陀對女性交換的分析，亦可與財產交換進行對比（參見《親屬關係的基本結構》，同前註）。

3. 在此，我們再度找到李維史陀於《結構人類學》第一冊（同前註）第二

章和第三章裡的分析：印歐社會在此被描繪成在婚姻管理方面儘可能簡化（只有幾項消極的規定），但是社會單位的組成卻根據極為複雜的結構（奠基在放大的家庭模式之上）；例如漢藏地區社會的婚姻規則系統更為緊密和複雜，但社會結構相反地較為簡單，其以宗族或血脈為中心組成。

4.　第一本學生筆記的陳述略微不同：「在古代和基督教社會中，婚姻的要求很低。自發的死亡率和經濟發展使得婚姻的擴散和生育力實際上有可能不受到限制。教會已經認可並使所有可能締結的婚姻神聖化；禁止所有不可能生育的性形式。在中世紀，大多數人的經濟利益都極低。唯一的例外：封建貴族。然而，包含嫁妝等等在內的貴族婚姻模式被布爾喬亞階級採用〔參見下文，頁225-227〕。配偶選擇的演變：當前的社會似乎沒有中世紀社會來得自由。在中世紀：外婚制的規則極為寬鬆，因為不知道人口內部的親屬關係規則。當今的內婚制規則更為強力，因為不同的社會群體倍增。現在：婚姻是一種複雜的社會行為，接近於可在所謂原始社會中觀察到的規則：〔1〕司法法規；〔2〕以下有所脫節：－婚姻：契約－性事：契約之外；〔3〕『意識型態』的補救：愛、熱情的意識型態，以確保個體的自由、透過契約再度與婚姻連結的可能性。－家庭的制度化。當前配置的家庭相較而言是比較新的。它出現於17世紀。幾代人開始共同居住在同一間房子裡。兒童就是一個共居的證明。抗議失落統一體的運動出現：婚姻／性」。我們看見自某一時刻（18世紀末）起，出現婚姻（以及司法形式）和性事──被視作契約之外的「自然」──之間有劃分的想法，部分與在克雷蒙－費洪大學課程中詳述的論題銜接起來（參見上文，頁24-26。傅柯在突尼斯大學的課程上再次詳述了此一分析（同前註），認為性事在19世紀時被視作「私人領域」，避開了契約和「契約式的家庭」。根據他的說法，此一「性事的去制度化」尤其引起了「某種『談論』性事的強烈衝動」，以及「一種將性事當作問題，而非純粹且簡單地利用之的慾望」。

5. 傅柯會在最後一堂課中詳細介紹，參見下文，第七堂課。

6. 傅柯在此指的是托洛茨基對家庭及男女關係轉變的反思，這一系列文章
於1923年發表在《真理報》（*Pravda*）上（尤其是1923年7月13日的〈從
舊家庭到新家庭〉〔De l'ancienne famille à la nouvelle〕一文），也出現
在〈蘇維埃統治下的家庭關係〉（Relations familiales sous les Soviets，
1932/1934）一文裡的問題4至12；他也在指柯倫泰（1872-1952）提出
的分析，後者是批判傳統家庭和婚姻的主要推動者，她捍衛新共產社會
中的自由結合、男性／女性關係的徹底轉變。特別參見《共產主義和家
庭》（*Le Communisme et la Famille*, 1919）與《新道德》（*La Nouvelle
Moralité*, 1919），以及貝萊斯（Kendall E. Bailes），〈柯倫泰與新道
德〉（Alexandra Kollontai et la nouvelle morale, trad. par M.-J. Imbert,
Cahiers du monde russe et soviétique, vol. 6, no 4, 1965, p. 471-496）。

7. 關於將基督教婚姻視作聖禮婚姻的歷史，它首先與羅馬民法婚姻並存，
接著自9至10世紀起，將後者包含於其中，參見艾斯邁因（Adhémar
Esmein），《教會私法史研究。符合教會法的婚姻》卷一（*Études sur
l'histoire du droit canonique privé. Le mariage en droit canonique*, Paris, L.
Larose et Forcel, 1891, t. I, p. 3-31），法國國家圖書館檔案第39-C2/D12
號箱匣「基督教婚姻的法規」（La législation du mariage chrétien）。

8. 參見同上，卷二，頁45及其後。

9. 指的是一項原則，根據此一原則，有肉體結合的婚姻（*copula carnalis*）
象徵基督與教會的結合，建構了婚姻的絕對不可解除性。參見例如同
上，卷二，頁66。

10. 關於基督教婚姻有別於其聖禮價值的契約範圍，參見同上，卷二，頁78-
83；關於*copula carnalis*在教會婚姻概念中的主要作用，參見同上，卷
二，頁83-85，還有近期由魯謝（Michel Rouche）主編的《中世紀的婚
姻與性事。協議或危機？》（*Mariage et Sexualité au Moyen Âge. Accord
ou crise?*, Paris, Presses de l'université de Paris-Sorbonne, 2000, 頁123

及其後）。正如傅柯在其檔案中指出的：「*copula carnalis*〔與同意、訂婚和婚禮祝聖形成基督教婚姻的四個要素〕。它的必要特徵建立在兩份文本之上：一個是聖奧古斯丁的偽經；另一個是聖列昂（saint Léon）致魯斯提古斯主教（Rusticus）的書簡。然而，在這份書簡裡，有人插入了一個**不**字，這就改變了文本的意義。這個插入的字出現在沙特爾（Yves de Chartres）（譯註：1090年起開始擔任沙特爾的主教，直到1116年辭世為止）的版本裡。但是該文本在原始版本中就已經被曲解了（昂克馬爾〔Hincmar〕）。對昂克馬爾而言，締結但未有肉體結合的婚姻並非聖禮。」我們知道傅柯曾在課堂上提出這些解釋（第一本學生筆記）。

11.　　參見艾斯邁因：「教會法……有利於締結婚姻……它讓婚姻的形成就像從前它使婚姻難以解除一樣簡單。」《教會私法史研究》（同前註，卷二，頁85）。

12.　　因此，傅柯在法國國家圖書館第39-C2/D12號箱匣的檔案夾「有利於婚姻的教會法」（Le droit canon favorise le mariage）裡提出這些禁令：「直到第七等級的親屬關係；收養；訂婚者的（第七等級）親屬關係；教會上的親屬關係」。

13.　　參見艾斯邁因，他引用祕密婚姻作為結婚方便的證明，並指出：「〔教會法〕更進一步：為了促進在情慾最高漲的年齡締結婚姻，它削弱了父親的權能和家庭的權威。在婚姻方面，它排除了所有民事上與年齡和性別有關的無能力者，並宣布所有青春期的人都能依據自己的意願結婚」（《教會私法史研究》，同前註，卷二，頁85-86）。第一本學生筆記指出傅柯加入了以下論述：「卡洛林王朝將越來越多的行政工作託付給教會，這些行政工作逐漸取代了民事婚姻。結果：神學家擬定的婚姻司法規定:(1)沒有未經同意的婚姻;(2)需要性行為;(3)非強制性的訂婚儀式;(4)非強制性的祝聖。自此，一切都是被允許的。禁止神父、具第一等級和第二等級親屬關係者結婚。」

14.　　指的是特倫特會議第八場（1563年）中採納的各種限制措施，而且艾

斯邁因會詳述這些措施（參見《教會私法史研究》，同前註，卷二，頁 137-240）。傅柯也直接採用普洛（Gabriel Du Préau）的《與婚姻有關的法令和教規》（*Les Décrets et Canons touchant le mariage...*, Paris, J. Macé, 1564）來描述這些措施。

15. 艾斯邁因，《教會私法史研究》，同前註，卷二，頁170-171。特倫特會議重提這一點，並明確指出拉特宏會議（concile de Latran）的規章，還特別安排了三份由教區神父製作的出版物。

16. 同上，卷二，頁77。婚姻必須獲得配偶雙方之教區神父的同意，才能慶祝。

17. 這次指的是一項與維萊－科特雷命令（ordonnance de Villers-Cotterêts，1536）第50至56條條文有關的民事措施，這項命令規定神父要保存死亡和洗禮名冊。布盧瓦命令（ordonnance de Blois, 1579）加入了婚姻這個項目。參見同上，卷二，頁203-205。

18. 事實上，這項禁令停留在討論狀態，而且也沒有在特倫特會議中重新提出（參見同上，卷二，頁156與163-165）。艾斯邁因指出法國16世紀世俗立法在廢除這些婚姻時的作用（同上，頁165）。

19. 第一本學生筆記補充：「因此，家庭控制了婚姻。婚姻變成一種社會行為。婚姻和性事如何參與經濟和社會進程？」。

20. 為了闡述這個案例，傅柯非常明確地採用布赫迪厄（Pierre Bourdieu）的文章〈獨身與農民情境〉（Célibat et condition paysanne，收錄於《鄉村研究》〔*Études rurales*〕，no 5-6，1962，頁32-135），文中描述的是上庇里牛斯山省（Hautes-Pyrénées）農民的習俗。我們很難知道，傅柯是否真的在課堂上闡述了這個例子。在第二本學生筆記中，我們找到一個截然不同的版本，僅解釋了這些演變的一般問題：「資本主義和布爾喬亞社會讓婚姻成為一種複雜且昂貴的經濟行為：個人層次上的土地擁有問題；建構有嫁妝的婚姻。基本上與長子繼承權有關的體系：這是為了不要損及財產。嫁妝的流通是此一維持財產的條件：這是次子結

婚時可以帶走的繼承部分，主要是金錢形式。因此，繼承的維持是為了個體的利益。幸好有這套系統，土地所有權就避免了被分割。這套系統包括：[1]大量的財富以貨幣形式表達；[2]固定的動產份額。孩子的出生可以穩定財產，但是生育過多是有弊病的→平衡的必要性→大量貨幣流通的必要性→大量可用份額的必要性。資本化的必要性排除了奢侈的開支。建構代代相傳的金字塔型家庭；資本主義並沒有造成家庭的解體，而是相反地讓這種家庭類型制度化；婚姻的複雜化。婚姻行為不再獨立於家庭的意願之外；在一定經濟範圍內結婚的必要性；出現極為穩定與封閉的同質階級」。

21.　這是李維史陀於1959年參與答辯的論題，〈親屬關係的問題〉（Le problème des relations de parenté），收錄在《親屬關係系統。關於穆斯林社會的多學科訪談》（*Systèmes de parenté. Entretiens pluridisciplinaires sur les sociétés musulmanes*, Paris, EPHE, 1959, p. 13-20）。李維史陀認為，穆斯林國家禁止與平行從表姊妹（la cousine parallèle；譯註：「平行從表姊妹」指的是父親兄弟的女兒〔堂姊妹〕或母親姊妹的女兒〔姨表姊妹〕）結婚，這並不能僅以基本的親屬關係規則來解釋；我們必須考慮社會和經濟因素，特別是身份和財產的傳遞，才能理解這一點。此一立場涉及結構與歷史、親屬關係結構與生產模式之關係這個更為廣泛的問題，並在1960年代末期有過激烈的辯論。這個立場特別受到居瑟尼耶（Jean Cuisenier）的批判，參見〈阿拉伯婚姻中的內婚制與外婚制〉（Endogamie et exogamie dans le mariage arabe，收錄在《人類》期刊（*L'Homme*），vol. 2，no 2，1962，頁80-105），他力圖重申親屬關係結構和社經關係之間的相對獨立性，並將看似反常的「與平行從表姊妹結婚」重新納入結構主義的形式主義裡。相反地，布赫迪厄將再次採用此例與李維史的和分析，以便將其延伸至所有關於親屬關係的研究，並堅持有必要分析親屬關係的有效實踐、這些實踐與其社經策略的融合，他也將如此處理貝亞恩省（Béarn）的農民案例。參

見本薩（Alban Bensa），〈被排除在家庭之外。布赫迪厄的親屬關係〉（L'exclu de la famille. La parenté selon Pierre Bourdieu），收錄在《社會科學的研究行動》期刊（Actes de la recherche en sciences sociales, vol. 5, no 150, 2003, p. 19-26）。因此，傅柯並非單純地選擇使用布赫迪厄的研究：對他而言，這是在分析直接融入社經活動之實踐的規則性，而非理想親屬關係的形式化規則（參見授課情境，頁427-430）。

22. 根據布赫迪厄的說法，「當家庭只有兩個孩子……地方習俗是透過婚姻契約，將三分之一的財產價值授與次子〔就是在此顯示的圖示2/3（長子部分）、1/3（次子部分）〕。當有n個孩子（n＞2）時，次子的份額是 $\dfrac{P-\frac{P}{4}}{n}$，長子的份額是，$\dfrac{P}{4}+\dfrac{P-\frac{P}{4}}{n}$ P指的是財產的價值」（布赫迪厄，〈獨身與農民情境〉，前揭文，頁37）。

23. 例如在布赫迪厄的文章中，次子的份額轉換成「3000法郎的現金、價值750法郎的布料與行頭，床單、抹布、毛巾」等等（同上，頁38）。

24. 同上，頁40：「丈夫或妻子、男性繼承人或女性繼承人的選擇至關重要，因為這有助於確認次子能獲得的嫁妝金額、能締結的婚姻，還有他們是否能結婚；作為交換，次子的數量，尤其是有結婚的次子數量，對此一選擇有很大的影響。」

25. 同上，頁42：「任何嫁妝都有回歸權（**歸還嫁妝**〔tournedot〕），只要此嫁妝締結之婚姻的後代過世……。**歸還嫁妝**對家庭構成很大的威脅，特別是那些曾經收到極多嫁妝的家庭。這是避免婚姻過於不平等的另一個原因。」

26. 同上，頁45。

27. 同上，頁38：「事實上，有關繼承的習俗是以團體利益至上為基礎，次子必須為這些團體而犧牲其個人的利益……，他要外出找工作並完全放棄繼承，或是終身未婚並跟隨長子在祖先的土地上工作。」

28. 傅柯收集了一系列17世紀和18世紀有關性行為的法規，以及爭論亂倫、

一夫多妻制、雞姦等等的文件（法國國家圖書館第 39-C2號箱匣）。在此，他似乎特別是指法爾朵（Nicolas Fardoil）的〈論亂倫〉（Discours ou traité de l'inceste，收錄在《演講、論述及文字》（*Harangues, discours et lettres*, Paris, S. Cramoisy, 1665, p. 119-195），以及瓦爾維勒（Jacques-Pierre Brissot de Warville）討論亂倫的《刑法理論》（*Théorie des lois criminelles*, Berlin, 1781），這兩者都贊同將亂倫禁令限制在第二等級的旁系親屬。關於瓦爾維勒，參見下文，注釋30。

29.　關於大革命時期，傅柯主要採用的是波納卡斯（Julien Bonnecase），《適用於家庭法的拿破崙法典哲學與其在當代法中的命運》（*La Philosophie du Code Napoléon appliquée au droit de famille. Ses destinées dans le droit civil contemporain*, 2e éd. rev. et augm., Paris, Boccard, 1928, 法國國家圖書館第39-C2號箱匣）。也參見蒂伯－羅倫（Gérard Thibault-Laurent），《法國大革命時期與帝國時期（1792-1816）的離婚首論》（*La Première Introduction du divorce en France sous la Révolution et l'Empire (1792 1816)*, Imp. Moderne, 1938），以及更為近期的洪桑（Francis Ronsin），《情感契約。舊制度時期至復辟時期有關婚姻、愛情、離婚的爭論》（*Le Contrat sentimental. Débats sur le mariage, l'amour, le divorce de l'Ancien Régime à la Restauration*, Paris, Aubier, 1990）。

30.　根據第二本學生筆記及法國國家圖書館的檔案，傅柯為了定義這些不同的主題，主要採用的是吉倫特黨（Gironde）未來的領袖瓦爾維勒在《刑法理論》（同前註）裡的主張。因此，單身是唯一被布里索同時當作是自然狀態與社會中的罪行：「單身是自然界裡的罪行，也是社會裡的罪行……。因此，保持單身是一種雙重罪行」（同上，卷一，頁250-251）。至於亂倫，他認為這完全與違反自然的罪行無關，而是一種依社會而異的罪行：「讓我們只傾聽消除了所有偏見的理由：它告訴我們，在自然界中被准許的亂倫只不過是一種社會罪行；禁止亂倫的國家是對

的；那些准許亂倫的也沒有錯」（同上，頁223）。布里索建議只將它限制在第二等級的旁系親屬內。至於相關的純粹民事立法規劃特別要擺脫宗教發明的「偏見」和「虛假犯罪」，這就是布里索的規劃方向。

31. 關於傅柯在此使用的部分（法國國家圖書館檔案「大革命時期下的女性主義」〔Le féminisme sous la Révolution〕），參閱波納卡斯，《適用於家庭法的拿破崙法典哲學與其在當代法中的命運》（同前註，頁97-101）。古傑創立了第一份女性主義刊物《迫不及待》（L'Impatient）；拉孔伯成立了「共和暨革命主義女性協會」（Société des femmes républicaines et révolutionnaires）。「事實上，國民公會（Convention）是有敵意的。它禁止女性出席國民公會的法庭（1793年5月20日），接著是所有的政治會議（1793年5月20日）。」

32. 「法律只將婚姻當作民事契約。立法權將不加區分地為所有的居民建立一套確認出生、結婚、死亡的模式，而且會指定受理這些行為的公職人員」。參見1791年9月3日憲法第7條第II編，由葛拉松（Ernest Glasson）引述於《古代暨歐洲現代重要法規中的民事婚姻與離婚》（Le Mariage civil et le Divorce dans l'Antiquité et dans les principales législations modernes de l'Europe, 2e éd. rev. et augm., Paris, G. Pedone-Lauriel, 1880, p. 253）。接下來請特別參見波納卡斯，《適用於家庭法的拿破崙法典哲學與其在當代法中的命運》，同前註，頁85與其後，它評述了大革命時期有關家庭權利的工作，並與民法進行比較。

33. 指的是1792年9月20日法案，該法案有效組織了三種不同的離婚：「一是出於確定的原因，二是雙方同意，三是出於配偶單方的意願，理由是個性不合」（葛拉松，《古代暨歐洲現代重要法規中的民事婚姻與離婚》，同前註，頁257。更多信息參見頁254-259關於該項法案的基礎和規定：波納卡斯，《適用於家庭法的拿破崙法典哲學與其在當代法中的命運》，同前註，頁86）。准許的直接原因是將婚姻視為民事契約，以及「不可解除的結合是違反人之自由」的原則。

34.　傅柯採用波納卡斯（同上，頁86-87），後者引述奧多（Charles-
François Oudot）對法國共和曆第二年花月第4日法令的理由陳述：「自
大革命以來，意見分歧導致了大量的離婚，這些離婚當然都是有根據
的；因為，如果從前我們說不幸的婚姻是對生者判了死刑，那麼當這個
關係將暴政下的奴隸和真正的共和黨人的命運連繫起來，這種比較是多
麼令人吃驚。國民公會必須加速方便解開繫住這些配偶的鍊子，他們除
了革命工作，還要在自己的家裡以最珍愛的名字不斷與共和國的敵人對
抗。」法國共和曆第二年花月第4日法令的規定能依此以意義來解釋，這
些規定涉及了即刻宣布離婚的可能性，只要人們能透過真實的行為或眾
所周知之事，證明配偶實際上已經分居超過六個月，或是其中一個在沒
有任何消息的情況下拋棄了另一個，這點主要是針對移民（最後這一點
將於法國共和曆第三年葡月〔譯註：共和曆葡月相當於西曆的9月22日至
10月21日〕第24日法案中恢復）。

35.　自19世紀以來，民事婚姻的契約性質問題一直是眾多辯論的對象，特別
是在20世紀初，在針對雙方協議離婚的充分辯論中，一邊反對以個體間
的一般契約模式來壓制婚姻，並由此推斷出離婚和自由結合的合法性；
另一邊則清楚區分民事婚姻和其他契約，甚至反對將婚姻視同契約，他
們經常強調其不可解除的特性、社會方面的約束力或是其生育價值。例
如參見列斐伏爾（Charles Lefebvre），〈民事婚姻只是一份契約嗎？〉
（Le mariage civil n'est-il qu'un contrat?，收錄在《法國與外國法律
的新歷史回顧》第26冊〔*Nouvelle Revue historique du droit français et
étranger*, t. XXVI, 1902, p. 300-334〕）；戴德雷（Alfred Détrez），《婚
姻與契約。法律之社會性質的歷史研究》（*Mariage et Contrat. Étude
historique sur la nature sociale du droit*, Paris, V. Giard et Brière, 1907）；
夸哈爾（Louis Coirard），《民法中的家庭，1804年至1904年》（*La
Famille dans le Code civil, 1804-1904*, thèse pour le doctorat, Aix, impr. de
Mahaire, 1907, 頁37及其後）。我們在涂爾幹的文本中找到這些爭論的

蹤跡，〈雙方協議的離婚〉（Le divorce par consentement mutuel，收錄在《藍色期刊》〔Revue bleue, vol. 44, no 5, 1906, p. 549-554〕）以及〈結婚與離婚之爭〉（Débat sur le mariage et le divorce, 1909），後者強調只有當社會僅限於觀察，婚姻才能被簡化為一種簡單的、「經雙方協議而形成的契約」。在此，我們加入了第三方──社會、公權力──「它宣告了結合的話語；……它創造了這個夫妻關係。此一關係因而（甚至在其形式上）取決於一種意志、一種權能，而非相互結合的個體」（《論文集第二冊，宗教、道德、脫序》〔Textes, t. II, Religion, morale, anomie, prés. de V. Karady, Paris, Minuit, 1975, p. 206-215〕）。從歷史上來看，此一對立出現在以下這兩種學說的差異裡：一方面是大革命時期的法規（1792年9月20日法案），強調民事婚姻的契約特徵，並據此來推斷離婚；另一方面是督政府（Consulat）和帝國時期的法規，強調婚姻與其他契約相較之下的特殊性，且不能從其契約性質來推斷離婚。我們已經見到，在克雷蒙－費洪大學的課程中，傅柯援引普拉尼歐，在很大程度上採納了一個想法，那就是在民法中，婚姻是一種將性事棄置在一旁的契約（參見上文，第一堂課，頁24-26以及註釋21，頁38）。與此同時，他蒐集了（主要取自波納卡斯）有關「大革命與婚姻」以及「婚姻與民法」的文獻資料（法國國家圖書館第39-C2/D10-11號箱匣）。這些文獻讓他將這個課綱變得更複雜，並強調大革命時期的法規和民法的差異。波納卡斯反對將婚姻詮釋成契約，還在其作品中透過民法與其詮釋（《適用於家庭法的拿破崙法典哲學與其在當代法中的命運》，同前註，頁83-218），專門討論「契約婚姻」和「婚姻作為超越契約的特定連繫」（所謂的制度婚姻〔mariage-institution〕）這兩種概念之間的緊張關係。

36.　　指的是第六章第212條條文定義配偶的責任：「配偶必須相互尊重、忠誠、扶持、協助。」不過，傅柯忽略了隨後詳述這些責任的條文，以及第五章描述婚姻帶來的有關孩子的義務。也請參閱波塔利斯的定義：

「婚姻是男性及女性結合而成的社會，目的是要使物種永存、相互扶持以協助彼此來承擔生命的重擔，並分享他們共同的命運」（收錄在費內，《民法籌備工作全集》卷九，同前註，頁140）。

37.　正如波塔利斯於1801年10月6日在國政院（Conseil d'État）裡發表的言論：「據說婚姻是一種契約；是的，就其外在形式而言，它的性質與其他契約是一樣的，但是當我們考慮到其本身的原則和效力，它就不再是一種普通契約。這份契約在本質上是永久性的，我們是否能自由規定其持續期限？畢竟它的目的是要讓人類永存。立法者如果明確准許做出這樣的規定，他會感到慚愧，如果向他提出這樣的規定，他會發抖」（同上，頁255）。

38.　指的是波塔利斯在《關於民法草案的初步論述》（*Discours préliminaire sur le projet de Code civil*）裡提出的口號，認為婚姻提供了「所謂的契約和以永久性為目標之契約的基本想法」（同上，卷一，頁485）。關於這一點，參見波葛（Sylvain Boquet），〈婚姻，以永久為目標的契約〉（Le mariage, un "contrat perpétuel par sa destination," *Napoleonica. La Revue*, vol. 2, no 14, 2012, p. 74-110）。

39.　指的是結婚的法定年齡，1792年的時候規定為21歲（與公民的法定年齡一樣），民法則將男孩的部分提高至25歲（民法〔1840〕第五編第一章第148條條文）。

40.　特別參見第六章第215及217條條文，還有克雷蒙－費洪大學的課程，見上文，第一堂課，頁16-18。

41.　參見夸哈爾，《民法中的家庭》，同前註，頁45-50。作者質疑婚姻的契約特性，最有力的論據之一就是，雖然在常規契約中，「〔個體〕意志的協議……會確實且直接產生義務」，但在婚姻中絕對不是如此，在婚姻裡，配偶雙方只有在條款和義務方面才接受由法律和公權力完整定義的狀態。也參見波納卡斯，《適用於家庭法的拿破崙法典哲學與其在當代法中的命運》，同前註，頁161-167，傅柯在此密切遵循之。

42. 此一論據主要由列斐伏爾在〈民事婚姻是一種契約嗎？〉（前揭文，頁326）中提出。也參見波納卡斯，《適用於家庭法的拿破崙法典哲學與其在當代法中的命運》，同前註，頁152-159。

43. 這些是特雷亞（Jean-Baptiste Treilhard）於法國共和曆第十一年風月（譯註：共和曆風月相當於西曆2月19日至3月20日）第30日向立法機關陳述理由時提出的論據。他認為離婚在道德純樸的初民中是無用的，但是當「內心的邪惡⋯⋯道德的敗壞」存在時，離婚在道德混亂的民族中是必要的。因此，離婚被視為「惡的藥方」，而且必須被維持。但是它必須被嚴格監控，以避免濫用。特雷亞，〈理由陳述〉（Exposé des motifs），收錄在羅克爾（Jean-Guillaume Locré），《法國的民事、商業和刑事法規，卷五，民法，第六編，離婚》（La Législation civile, commerciale et criminelle de la France, t. V, Code civil, Titre VI, Du divorce, Paris, Treuttel et Würtz, 1827, 頁289及其後）。要記得，離婚要到1816年才終於被廢除。

44. 參見波塔利斯（J.-É.-M. Portalis），他在開場論述中宣稱：「婚姻是一種社會，但是是最自然、最神聖、最不可侵犯的那種⋯⋯我們都相信婚姻在基督教建立之前就有了，而且先於所有的實證法，並源於我們本質的建構，它既非民事行為，也不是宗教行為，而是一種引起立法者注意的自然行為⋯⋯，在這份契約中，社會與自然有了銜接：婚姻不是一項公約，而是一個事實」（收錄在費內，《民法籌備工作全集》卷一，同前註，頁483）。

45. 第二本學生筆記提供了與此一結論稍微不同的版本：「一夫一妻且具生育性的婚姻是一項自然事實，賦予其聖潔和神聖的地位是合適的。重拾其本質中必要與美好的部分，這是社會的責任，而且它的責任是確保此一結合不會被解除。婚姻中所有具自然形式的性行為都是自然的。若離婚占有一席之地，那是因為自然並不完全符合婚姻模式：還存有另一種自然：性事。」因此我們見到，如果傅柯在克雷蒙－費洪大學的課程

中，見到民法中將性事被排除在司法形式之外、被摒棄於契約之外，那麼他現在在民法中見到性事被恢復與劃分成「自然形式」（一夫一妻和具生育性，是要受法律保護的自然）和「自然之外」（超越並逃脫了婚姻模式）。

第
五
堂
課

——LEÇON 5 Épistémologisation de la sexualité

性
事
的
知
識
論
化

研究性事如何成為論述實踐的對象。與瘋狂的關係為何？

1.共同特徵：介於有機體和社會之間；不同的論述對象；第一人稱但被排斥的論述；發展旨在使其擺脫意識型態的科學實踐。這些類比引發了有關瘋狂與性事之關係的最新主題。

2.但還有重大區別：(1)瘋狂總是被排斥的；被容許和被排斥的性事之間是有區分的；(2)各種瘋狂論述的共時同質性；性事論述形成規則的共時多樣性；(3)瘋狂論述的指稱對象在不同時代的改變；性事的指稱對象總體而言是相同的。因此，有兩種相關的考古學方法。精神分析在此架構下的位置：它宣稱賦予瘋狂一個獨特的指稱對象，並提供性事的論述同質性。性事的考古學應該是什麼樣子？

前一堂課：　　　　　　　　　　　　　　　　　　[未編碼/39]^b

在已確認之社會組成的經濟進程中設置性事。

〔……〕^a

但這還只是一個研究綱要，標定可能的問題。

⊙ 必須進一步研究真實的交換進程；以及與女
性流通有關的財產流通現象。可以肯定的
是：婚姻規則都是簡單的，但是利益很高。
在原始社會裡，規則與利益同樣都很複雜，
但是在此，利益是唯一複雜的：它們不需要
依據內婚制的規則。市場經濟支配著它們[1]。

⊙我們也必須研究婚姻內部和外部的性事形式。　　[未編碼/40]

現在，我們必須研究的是論述實踐中的性事。或
者更確切地說，是性事如何成為某些論述實踐的
對象[2]。

---

a　　　原註：被劃掉的段落：「但是，這畢竟僅涉及被婚姻制度化的性事形式。畢
　　　竟，我們應該可以提出其他性形式的問題。」

b　　　原註：在最初的手稿中，接下來幾張紙（正面和反面）都沒有編頁碼，之後
　　　我們找到傅柯編的第39頁。編號39的那一頁和未編頁碼且被劃掉的那一頁有
　　　相同的標題「性事的知識論化」。因此，傅柯在此加入了一張紙，我們將之
　　　編為39和40。

導論

與瘋狂的關係^a

1. 這也是一個複雜的現象，可在不同層次中辨識出來，存於不同且可能有各種分析的實踐之中。

(1) 這些現象至少部分與有機進程有關，屬於生理學或病理學。

(2) 但是，〔這些現象也〕和社會實踐有關：
〔**頁緣空白處**：「例如飲食和監管系統」³〕
⊙ 婚姻規則和禁令；
⊙ 行為規範和排斥。

(3) 這些現象同時出現在不同的論述層理中：
〔**頁緣空白處**：「例如疾病」〕
⊙ 日常論述；
⊙ 文學論述；
⊙ 道德、宗教、司法論述；
⊙ 科學論述⁴；

(4)這些現象造成了第一人稱的論述，同時也是　　[未編碼/42]
　　被排斥的論述[5]。

(5)最後，我們試著賦予這些現象一個科學地
　　位，這可能會讓這些現象擺脫包圍它們的意
　　識型態、甚至神話的形式，並引起理性的社
　　會實踐。

例如，不再將瘋狂視作過失或羞愧的結果，而是
一種疾病；不再將性事視為罪行。或仍要保護社
會對抗瘋狂（瘋狂現象與瘋子）和性特質（性倒
錯和存在的普遍性慾化）。
然而，這種瘋狂和性事的位置類比因如今以很
熟悉的主題出現而被記錄下來，而瘋狂透過因
果關係〔和〕相互表達的關係而與性事有關。
這個主題很新（18世紀），而且只在我們的文
化中出現[6]。

2.但是，有若干主要的差異之處：　　　　　　　[41/43]

a　　　　原註：取代被劃掉的「與瘋狂的不同之處」。
b　　　　原註：傅柯在此重拾其編碼。接著被刪除的標題如下：「性事的知識論化。
　　　　　1」。

(1)無論如何，瘋狂就是要被消除的；性事，則
　　是要容忍和整合的。

無疑地，必須使之有些許的差別：有一部分的瘋
狂是可以容忍、甚至是可以被指稱的（英雄的瘋
狂、藝術的瘋狂）。但有一部分的性事是不可容
忍的，而且永遠不可能被容忍。因此，瘋狂和性
事之間是有劃分的。但是：

⊙ 瘋狂的劃分始於普遍的排斥；容忍度無疑是
　純粹的意識型態形象[7]。

⊙ 性事的劃分始於性特質的實際功能和整合。
　因此性特質是基於實際地被劃分的[8]。

只有想像中的、被容忍的瘋狂形象；被實踐的性
確實存在裂痕。

(2)第二個相異之處：瘋狂在不同的論述（文　　[未編碼/44]
　　學、醫學、司法）中被借用，但依據的是我
　　們能為每一個時代重新建構的連續性。例如
　　在《李爾王》（*Le Roi Lear*）、17世紀初的
　　醫學（羅宏〔Du Laurens〕）、法學中所說
　　的[9]。〔論述〕對象的形成規則是相似的。唯
　　一讓瘋狂的建構有所不同的論述，就是瘋狂

本身持有的論述。這是唯一的異質性[10]。

對性特質來說，沒有這種相同的連續性，但是有完全不同的形成系統來談論性事：生物學方面；精神分析方面；道德與法律方面；文學方面[11]。瘋狂是論述的對象，論述可能不連貫，不過是統一的。性特質不是論述的某個對象；它在不同的論述中造就了不同的對象系統：內分泌學、精神分析[12]。

(3) 這將我們導向第三個差異之處。那就是，雖然在某一時代的論述實踐中，瘋狂是〔一個〕相對統一的對象，但相反地，指稱對象會依時代和文化而所有不同。

[43/45]

著魔和巫術[13]。

性特質造就了對象系統，儘管如此，它仍有一個指稱對象，或是一組獨特的指稱對象：生殖器官；個體間的器官差異；涉及這些器官的個體行為。無疑地，我們會說論述對象的場域並非總是以相同的方式涵蓋這個參考領域：例如幼兒期性狀態很遲才〔被〕發現[14]。但是參考的基準點是相同的。

因此：瘋狂沒有固定的參照領域，而是由論述間的同質性來定義。因此，進行瘋狂的考古學意味著：

⊙ 除去單一指稱對象的假設：瘋狂本身及就其 [未編碼/46]
本身而言，會通過時間和文化而類似於它自己，並且僅會（根據容忍或知識）引起各種反應或想法。

⊙ 而重建論述間的同質性讓我們能在法學、文學和醫學中談論相同的瘋狂。

相反地，性事是一個固定的參照領域，但是從中會爆發出一種論述異質性。對其進行考古學，意味著：

⊙ 辨識這些不同論述的特殊性、運作模式，以及性特質作為特徵鮮明的對象，在這每一論述中形成的方式；

⊙ 試著〔了解〕此一異質性的原則：這可解釋一個事實，那就是至少在我們的社會裡，應該是不存有性事的論述同質性。在單一參照和性事的多態性之間存有什麼樣的關係、障礙、空隙——什麼樣的衍射法則？

注意：這最後一項瘋狂與性事的不同之處，是能 [45/47]
將精神分析的功能理解為性事與精神疾病之關係
理論的因素之一。它試圖為瘋狂提供一個參照依
據：無論我們在何處談論瘋狂，它都與性事有
關。〔而且〕它試圖賦予性事一種論述同質性。
由此推論：

1. 因此，相較於瘋狂的論述，它相當於重大的
   知識論變動：它為之提供了一個指稱對象。
   因此，它能在瘋狂的論述裡（並且是以一種
   特定、與外界無關的模式）提出真理的問
   題。
(1) 在此之前，跟瘋狂有關的真理問題一直都是
   一種類比：
⊙ 此一個體所說的，類似於我所說的，以及所
   有正常人所說的[a]。
⊙ 精神病學是否也像病理解剖學一樣嚴謹[15]？

---

a　　原註：在手稿中，1和2的順序是顛倒的：傅柯從第2段開始（最初編號
　　為「1」，但是他修正了），接著才是第1段（取代了隨後將出現的「自
　　此」）。很顯然的是，從邏輯和他的角度來看，第1段要先於第2段，因此我
　　們予以更正。

(2) 自此，我們將為其本身提出真理的問題：

⊙ 說出真理的，是患者的論述（因此事實是，相對於一個〔正常人〕[a]，這不再是一個病人，而是某個受苦並對其痛苦提出問題的人）。

⊙ 精神分析論述的真理是特定的，不是專門針對另一個模型，而是為了治療過程與性事在其中的作用。　　　　　　　　　[未編碼/48]

2. 另一方面，它相當於重要的障礙解除，後者區分了指稱對象的統一性和論述的多態性。它造成了性事本身（就其參照統一性而言）在論述世界中的存在。這是性別在論述實踐中的存在。文化障礙的解除。

由此推論，事實是：

(1) 它對生物學來說並不陌生（儘管在某一程度上，它再也無法以生物學或醫學的知識論模型來建構）；

(2) 它可以作為理論，對文學、倫理、宗教等論述進行可能的分析；

(3) 它可以作為採納性事的社會與司法、制度、傳統等形式的修改原則[16]。

無論這是否為精神分析的運作模式，都不意味著　　　[47/49]
就是它影響了這兩種變動。

它只是存於這空間裡，在這空間中，這些變動都
是被認定且是必要的。

在這段導論中，我們看見性事的考古學──至少
是在調查的最初階段裡──無疑必須以分散的方
式展開。經歷彼此不同的論述層面（生物學、法
學、文學），且沒有試著以武力或是以「集體精
神」、「時代精神」將它們融合起來；也沒有將
它們匯集成陳述的同質體。

我們也不應該企圖研究每一種論述如何以自己
的方式（依據特定的編碼）來轉譯性事的統一
性[b]。

特別是：已經分析過的歷史進程表明了對性事理　　[未編碼/50]
論的需求是如何產生的。但是，這個性事理論
（它有自己的特定概念）讓許多其他層面的性事
知識得以繼續存在。

---

a　　　原註：傅柯寫的是「病人」，這看起來是矛盾的。我們予以修正。

b　　　原註：接下來被劃掉的片段：「而是去研究這些差異……此一不存在的統一
　　　　性如何以不同的論述來表達。」

註釋

1.　參見上文，上一堂課，頁251-253。

2.　在此，我們發現「論述實踐」的概念是傅柯《知識考古學》（同前註，頁153-154）裡的方法學反思核心，而且在此也與其他受規範的實踐保有連貫性。突尼斯大學的課程（同前註）將繼續研究性事成為論述實踐之對象的方法。傅柯在此強調，現代西方文化的特徵之一，就是「整個具體生活的網絡會因知識而加倍，與其交織在一起，可被滲透，並在某一程度上可被其轉變」。那裡曾存有「一組無聲的實踐，奠基於一定數量的認知、觀察、經驗技術，但是不會反映在知識上」，自18世紀末起，整個日常實踐（即使是最微不足道的）都位於傅柯所謂的「普及化的論述空間」裡。這尤其反映在以下事實，那就是「知識由對象領域〔構成〕，〔我們〕不認為這是值得一直深入了解的知識」，例如日常生活、作夢或更確切而言是性事。接下來的課程將討論某些讓性特質成為知識對象的「無聲的實踐」（參見下文，頁294及其後）。

3.　生物現象與社會文化實踐之間的飲食史是1960年代《年鑑》期刊裡各種研究的核心（參見上文，第二堂課，註釋2，頁223-224），尤其是傅柯

的老友阿宏（Jean-Paul Aron）的研究。特別參見阿宏，〈18世紀與19世紀初的生物學和飲食〉（Biologie et alimentation au XVIIIe et au début du XIXe siècle），收錄在《年鑑：經濟、社會與文明》期刊（vol. 16, no 5, 1961, p. 971-977），以及《關於巴黎19世紀的飲食敏銳度》（*Essai sur la sensibilité alimentaire à Paris au XIXe siècle*, Paris, Armand Colin, 1967）。

4. 　這些不同類型論述（特別是文學論述、科學論述和日常論述）的區分，其運作規則的分析，尤其是它們與哲學論述的差異，都是傅柯未出版的手稿《哲學論述》（*Le Discours philosophique*，法國國家圖書館第58號箱匣）的主題，這份手稿證明了在1967年至1970年之間，他關注研究的是論述實踐的特殊層面，我們可在《知識考古學》（同前註）、《論述的秩序》（*L'Ordre du discours*，收錄在《1970年12月2日法蘭西學院的第一堂課》〔*Leçon inaugurale au Collège de France, prononcée le 2 décembre 1970*, Paris, Gallimard, 1971〕）裡找到。

5. 　關於瘋狂，參閱《古典時代瘋狂史》（同前註）以及〈瘋狂，作品的缺席〉（1964），文中指出：「瘋狂，就是被排斥的語言」（前揭文，頁445），或者參閱傅柯在《論述的秩序》（同前註，頁12-15）中，專門討論瘋狂的「排斥原則」部分。關於性事，參見上文，克雷蒙－費洪大學的課程。

6. 　參見上文，克雷蒙－費洪大學的課程，第四堂課，頁118及其後。

7. 　《古典時代瘋狂史》將此一劃分與排斥的歷史置於17世紀以降的社會實踐與論述中，並予以明確描述。在題為「瘋狂、文學、社會」（1970）的訪談中，傅柯強調「排斥瘋狂的行為」和「18世紀末以瘋狂作為文學主題」這兩者之間的連繫，並藉由薩德指出這個與性事有關的同一關係：「有某種類型的排斥系統窮追猛打薩德所謂的人類實體，以及所有跟性有關的事物、性異常、性畸形，簡言之，就是所有被我們文化排斥的一切。這是因為此一排斥系統是存在的，所以其運作是有可能的」

（收錄在《言與文》第一冊，同前註，no 82，頁972-996，在此為頁977）。我們重新找到傅柯在1960年代經常提出的「社會實踐層面的排斥」與「瘋狂、死亡或性事的建構」這兩者之間的關聯，一方面作為知識的對象；另一方面，作為或多或少踰越的文學主題。儘管如此，我們看到傅柯在此清楚區分出瘋狂案例（大量被排斥且為純粹想像的容忍對象）和性事案例（其排斥乃是奠基於性特質本身內部的劃分，亦即真正被容忍的性特質和確實被排斥的性特質）。傅柯在同一訪談中強調，在藝術中被容忍的瘋狂形象是純粹想像的（還有其破壞力的脆弱），並將此一特徵擴展至被壓制的性事形式（同上，頁986-987）。

8. 參閱上一堂課，該堂課從法律觀點明確描述了此一融合與劃分，參見上文，頁259-261。

9. 羅宏（André Du Laurens, 1558-1609）醫師是〈憂鬱症暨其治療方法〉（Des maladies mélancoliques et du moyen de les guérir，收錄在《保護寡婦的論述。關於憂鬱症、重感冒與年老》〔 Discours de la conservation de la veue. Des maladies mélancoliques, des catarrhes et de la vieillesse, Tours, J. Mettayer, 1594〕）的作者，傅柯曾在《古典時代瘋狂史》（同前註，頁256-257）中簡短提及，用以闡明作夢與瘋狂之間的相似性關係，就像17世紀之前可能設想的那樣，還有在賓斯旺格（Ludwig Binswanger）《夢與存在》（Le Rêve et l'Existence，1954，收錄在《言與文》第一冊，同前註，no 1，頁93-147，在此為頁116-117）的「導論」中，傅柯對照了作夢、羅宏所謂的性格及其時代的文學論述這三者之間的關係。

10. 我們可以比較此段，這一段確認了在同一個發展時期中，「瘋狂」對象的形成規則在不同論述裡的同質性，這是傅柯在〈論科學考古學〉（1968，前揭文，頁738-740）裡的研究。在某一特定時期裡，瘋狂論述的統一性並非「單一且相同對象」的統一性，而是「整組規則」，這些規則闡明了在那個時代，各種瘋狂論述對象的形成和分散。儘管如此，

與之前的分析相較之下，傅柯在此強調了對象的同質性。

11. 傅柯將在《性事史第一冊：求知的意志》（同前註，頁46-47）中，再次討論此一觀點，但這次是將論述異質性建立在各種權力機構和制度之上，並強調在中世紀，此一「各種論述性的爆炸」如何使「肉體主題和告解實踐」提供的「極為統一之論述」突然出現並倍增。這種「受規範且多型態的性事論述煽動」與所謂對性事的審查和全面壓抑將是對立的。

12. 這兩個系統是傅柯在克雷蒙－費洪大學課程中分析得最詳盡的系統，參見上文，第二、四、五堂課。

13. 傅柯曾多次關注著魔和巫術的問題，通常是為了理解16至17世紀醫學融入巫術分析的方式，參見〈宗教偏差與醫學知識〉（Les déviations religieuses et le savoir médical，1962/1968，收錄在《言與文》第一冊，同前註，no 52，頁652-663），以及〈17世紀的醫生、法官和巫師〉（Médecins, juges et sorciers au XVIIe siècle，1969，收錄在前揭書，no 62，頁781-794），或是稍後為了彰顯巫術和著魔之間的張力（《不正常者》，同前註，頁189-199）。但是，我們尤其必須比較《知識考古學》的指涉（同前註，頁64-66），傅柯在此書中與「《古典時代瘋狂史》中明確且存於……序言的主題」保持距離，這個主題將研究最初的指稱對象，還有瘋狂的「原始、基本、無聲、幾乎沒有關聯的經驗」，因此，它將假設存有一個單一且連續的「瘋狂」指稱對象，會或多或少依時代和文化而被承認與壓制。在《知識考古學》中，這項研究與那些質問「巫師是被忽略或是被迫害的瘋子，或者在其他時候是一種未被不適當醫學化的……神祕經驗」的人有關（同前註，頁64）。而〈17世紀的醫生、法官和巫師〉這篇與凡仙大學課程同時期的文章所關注的，正是對這些問題的批判，這些問題假設歷經不同時代的「瘋狂」指稱對象有一個統一性與其醫學真理。傅柯將這些問題與另一個問題做對照，亦即有關醫學知識暨其社會功能的歷史條件問題，這些問題使得著魔和巫

術成為醫學知識的對象：「身為巫師或者被附身者，他們完美融入這些排斥並譴責他們的儀式之中，他們如何成為醫學實踐的對象？這個醫學實踐賦予他們另一種地位，並以另一種方式來排斥他們？」（前揭文，頁782）。傅柯將在本課程的第七堂課中再度討論巫師的問題，這一次則是從巫魔宴（sabbat）作為烏托邦（utopie）和異托邦（hétérotopie）交會之處的角度來看（參見下文，頁338-340）。

14. 參見上文，克雷蒙－費洪大學的課程，第五堂課，頁146及其後。

15. 傅柯在《精神病學的權力》（同前註，頁233-298）中，再度提出此一「對瘋狂提出的真理問題」，並質疑19世紀的精神病學權力為了提出真理和瘋狂的問題而使用的各種技術（詰問與招認、暗示和催眠等等）。在此一架構下，傅柯重提精神病學和解剖病理學之間的關係，並討論貝爾（Antoine-Laurent Bayle）在1820年代提出的麻痺性癡呆模型，目的是思索器官病變和精神障礙之間的關係，以及此一模型對19世紀精神病學的限制。如同傅柯指出的，精神病學的困難之處在於將其自身建構成「缺乏身體的醫學」。它區分出一邊是「觀察和示範形式之驗證程序」的解剖病理學；另一邊是「真實的試驗」，旨在透過一套技術來揭示瘋狂的事實。這兩個層次接著由1860年至1880年代精神病學對「解剖病理學的身體」和「神經學的身體」的區分來檢驗（同前註，頁299-325）。至於用來比較某一個體和「所有正常人」所言的程序，例如在法醫專業知識架構下通常用於辨識瘋狂的技術，將被傅柯在《不正常者》（同前註）中提出的一系列案例擊敗，在這部著作裡，一個有理性且像所有正常人一樣說話的人，做出了異常的行為。

16. 我們可以對照此一分析及突尼斯大學課程中類似的闡述（同前註）：根據傅柯的說法，自20世紀初以來，我們尤其透過精神分析，見證了「性事的再制度化」，這主要反映在其「進入論述的世界。性事，就是當下有一個明確的意義」。尤有甚者，它「同時就像是通用能指與通用所指（signifié）」。「所指」是「為了精神疾病和作夢；為了家庭和社會

關係……；也許甚至是為了政治」；而透過能指，我們掌握了我們與他
者、死亡和真實的關係。精神分析是此一轉變的重要媒介。

第六堂課

—— LEÇON 6　La biologie de la sexualité

性特質的生物學[1]

　　存在一種未知識論化的性特質知識，與多種實踐（人類的性事、農業、醫學、宗教）有關；以不同的形式被記錄下來（*ad hoc*證實、理論）[a]；不可能把真正的實踐和錯誤的意識型態對立起來；性事科學的出現並非是這些實踐的合理恢復，而是要與它們保持一定的關係。維持性事科學的自主，同時在既定的社會形成中給予地位。植物的性特質作為線索。

　　一、直到17世紀都不了解植物的性特質，雖然有相關的實踐，而且我們也承認植物有性別，諸如此類。這種無知與類比障礙或缺乏概念都沒有關係：這要用自然主義者的論述實踐規則來解釋。

　　二、此一論述實踐的特徵：1.個體成長和繁殖現象的連續性：沒有任何性功能的特性；2.賦予個體的地位：個體之間只有相似或相異：沒有將其法則強加於個體的次個體（méta-individuel）生物學實相；3.個體間的界線是不可踰越的：沒有次個體或個體－環境的連續體。結果：不可能設想一個特有的性功能。更廣泛而言：論述是一種受規範的實踐，其阻力與將其組織為實踐的規則有關（相對於作為表述的意識型態）。

　　三、轉變：1.男性／女性之特徵與個體的分

離；2.受胎不是一種刺激，而是要素的運送：環境的重要性；3.性特質與個體之間的關係顛倒：性特質是一種次個體的根源，將其法則賦予了個體。

　　結論：死亡、性特質和歷史作為生物學的一部分。不連續性和限制，生物學的基本概念，與自然史的連續性相對立。人文主義的哲學是對生物學知識論結構的反應，為的是要讓死亡、性事和歷史有意義。

a　　　　譯註：*ad hoc*，拉丁文，「特此、特定、特設、專門的」之意。

在植物學或動物學認知、生物學類型的科學中占 [未編碼/51]ᵃ
有一席之地之前，此一知識已經依特定的背景和模式
被投入其他層面及運作。

「之前」在此並沒有歷時性的含意。

關於此一未知識論化的知識[2]，我們可以注意
到：

1. 其實現的多樣性：

(1) 在人類的性事方面：

⊙ 控制生育；

⊙ 婚姻規章（按照親屬關係）[3]；

⊙ 壓抑某些性事形式（自慰）[4]；

⊙ 性事教育（禁止、學習）。

(2) 在農業實踐方面：

⊙ 動物的受胎（純種後代的研究）[5]；

⊙ 植物的受胎（椰棗）[6]。

(3) 在醫學實踐方面（性不滿足在各種疾病中的 [未編碼/52]
影響；或是「放蕩」在麻痺性癡呆病因學裡
的作用）[7]：

(4) 在宗教與道德實踐方面（禁慾的規則、征服
慾念的技巧）[8]：

2. 其言語表達形式的多樣性：

(1) 時而是幾乎無聲的實踐，並在沒有證實的情

況下被傳播；

(2) 時而是特定的「ad hoc」證實，且未被理論所
　　涵蓋（棕櫚樹〔的受〕胎）；

(3) 時而是理論內的「實踐」（禁慾主義，在所
　　有關於罪惡、身體、想像的理論之中）。

3. 事實是，許多這些實踐都是不恰當的（也就
　　是說，不適合其目的：例如教育實踐或性壓
　　抑的實踐）。因此，我們無法區分包含了內
　　在理性的實踐核心，以及錯誤且是意識型態
　　的理論證實。

4. 事實是，這些實踐非常穩定且沒有太多變　　[未編碼/53]
　　化，即使是19世紀和20世紀亦然，它們並不
　　構成性事科學起源、背景和形成的領域。性
　　事科學並不是這些實踐的合理恢復：這不是
　　將之轉錄至一個或多或少嚴格的概念系統
　　中。

a　　　原註：從這一頁起，除了少數明確的情況，傅柯不再標出接下來的頁碼。

但是，我們可以描述許多明確的、區域性的關係。例如：

(1) 雜交理論與實踐（18世紀）[9]：

(2) 性「能量」理論、醫學與教育實踐[10]。

因此，進行性事科學的歷史描述時，要考慮人類的性事在展開此一科學的社會形成中所扮演的角色、所占的位置和功能；〔也〕要考慮所有被賦予有效性事知識的實踐；但同時要讓科學實踐保有其自主權：根據科學模式，它塑造了其對象、分析模型、概念、理論選擇。

分析應論及性事的科學論述、性事在具社會形成 [未編碼/54]
特徵之進程中的位置，所有這些或多或少被理論化及合理化的性事實踐之間的關係。

一、植物的性特質 [1/55][a]

直到17世紀，我們都不了解植物的性特質此一事實；卡梅拉流士辨認出雄蕊和雌蕊的角色[11]。然而，這種無知有非常特別的結構。

（「心照不宣」並非是一種同質且單一的功能；在那種情況下，心照不宣與人類的性事、政治經

濟或哲學絕對不是同一種類型。心照不宣或是論
述中被壓制的作用，都不應該被視作普遍原因或
單一效應。它相當於特定論述實踐內的功能性原
則。）

1. 〔此一無知〕伴隨著一種經過完美建立、編
　　纂與傳遞的實踐：
(1) 針對雌雄異株的植物：椰棗[12]。
(2) 針對花朵分開的雌雄同株植物，不要過早除
　　去擁有雄蕊的圓錐花序，否則穗狀花序就不
　　會產生種子[13]。
(3) 針對雜交，我們實施人工受精。　　　　　　[未編碼/56]
(4) 最後（但這也許已經很晚期了），如果是
　　配種受胎，要去掉我們想要配種之植物的
　　雄蕊[14]。

2. 它伴隨著「雄性」和「雌性」字眼的語義學
　　分布；以及雄性和雌性個體的非隨機指稱。

a　　　　原註：左邊是傅柯編的頁碼。

因此，在技術上，我們已經知道使用性的不
對稱性，〔而且〕我們沒有拒絕植物有雄雌
之分的想法[15]。

3. 它伴隨著動植物之間（亞里斯多德－切薩爾
皮諾）[16]〔或是〕種子與胚胎〔之間〕（希波
克拉底〔Hippocrate〕）[17]的類比意識。

我們可以說：

(1) 有一個「不良」模型：就是無花果和無花果
人工授粉（caprification）的模型，但是在這
種情況下，我們可能也會相信簡單的受胎機
制，其現象要複雜得多了。問題正是在於了
解為何我們將所有簡單的有性受胎案例都帶
向這個如此特別的例子。

(2) 雄性和雌性概念的使用都是隱喻的（最強壯
的植物都被稱為雄性）[18]。

但是，問題在於了解為何會有隱喻；或是從使用
隱喻的角度來看，為何我們無法更精準地確定性
別；

(3) 因為類比（動植物顛倒，而且生殖器官在個
體的頂部）是一種不良類比，因而是一種知

[2/57]

識論障礙[19]；

⊙ 純粹空間暨非功能性的類比。

但是我們見到許多其他類比都消失了。類比本身並非是一種障礙。握有其維持原則並說明其障礙功能的，並非是它的力量或想像中的堅持[20]。

我們也可以說它缺少了一些概念：〔例如〕功能和生活（以及生活所需）的概念[21]。

我想要指出的是，構成障礙的是自然主義者的論述秉性[a]本身。秉性，也就是說，塑造其對象、陳述、概念的模式。而且，正是由此開始——由其特定規則性裡的這個論述實踐開始——可能就有了想像中的投入和意識型態主題的組織。

⊙ 特別是植物的純真和動物性有罪這個主題。　[未編碼/58]
植物反映了人類純真的這一部分；人類屬於動物的那一面是暴力的、肉食的、與性有關的。

⊙ 或是以下主題：自然就是次序、調整、相對

---

a　　　原註：取代被劃掉的「結構」、「配置」。

　　　靜止而且不會移動、成長、自發性、生存鬥
　　　爭。

自此，某些概念是不可能被組織與定義的。換句
話說，科學論述的心照不宣並非假想掩飾的結
果，也不是概念缺陷的結果，它是論述實踐特有
的規則效應，而且這些規則在此一實踐中是有作
用的[22]。

二、此一論述實踐的特徵 [3/59]

1. 建構一系列同質的現象，此一建構以同樣的
　 方式和名義包含了所有的成長進程，也就是
　 個體的成長現象（尺寸、體積和重量的增
　 加）和個體的繁殖現象[23]。

在一個數學上只知道離散量（quantité discrètes）
的時代裡，我們不會區分從小至大以及從1至2的
過程[24]。算術是用來計算不連續的數量；自然科
學要考慮到持續性的成長。生物學上的數量屬於
推力的次序。

⊙　自此出現以下想法：認為種子來自髓部。從

其最純粹的本質來講，食物會進入髓部。而髓部會隨著發育形成種子。「營養和受胎都是相同原則的成果，亦即生命力的原則。」[25]

⊙ 自此出現以下想法：認為無論是透過種子、萌蘗（surgeon）或插枝，都是同一類型的繁殖，因為無論如何，我們都能自某種過度發育中得到新的個體[26]。

推力和成長定義了屬於自然史（完全不是個體性）的一系列事實，這可透過以下事實獲得證實：　　　　　　　　　　　　　　　　　　　　[未編碼/60]

⊙ 就礦物增長而言，礦物被視作是生物[27]；

⊙ 動物－植物－礦物的區分是不固定的；

⊙ 動物的性特質也被視作一種成長現象（希波克拉底認為胚芽是有機體的普遍推力）。

〔參見檔案[a][28]〕

因此，性功能沒有任何特殊性。甚至沒有性功能。只有性器官才需要複雜的機制，以便將成長

---

a　　　　原註：傅柯標的。

轉換成繁殖。在自然史中，直到18世紀，性器官
都不是性功能的器官；而是將個體內部的成長轉
變成多重個體擴散的工具或器官。我們可以說，
性功能在知識中並沒〔有〕地位[29]。

2. 自然史的第二個特徵──不是作為表述或概 [4/61]
   念的系統，而是論述實踐──是賦予個體的
   地位。

〔(1)〕個體是特徵的攜帶者，這些特徵一方面使個
   體隸屬於某一親屬關係[30]，〔它們〕另一方面
   使個體得以實現某些目的。這些特徵都是器
   官，這些器官既是信號，也是工具。自此，
   自然史有兩個面向：
   ⊙ 分類學方面→物種、系統；
   ⊙ 目的論方面→生命、階級。

因此，自然史可說是次序的科學。

(2) 這個自然史的一般功能意味著個體之間只有
   相似之處。沒有任何次個體生物學的實相
   （除了被視為特徵形式或系統的本質），因
   此沒有相同的功能，但是透過類似的器官而
   有相似的結果。〔而且〕*a fortiori*[a]沒有一項

功能是需要兩個個體的參與。*A fortiori*，沒有要素可以讓個體出生並賦予法則，且以永遠保持與自己相同的方式來成為後代的基礎[31]。

(3) 因此有一系列的後果：　　　　　　　　　[未編碼/62]

⊙ 若兒童與父母相似且屬於同一物種，為什麼？（後成論〔或〕預成論）[32]。

⊙ 若兩個個體對生育而言是不可或缺的，為什麼？其中一個只能是另一個的催化劑：卵源論者〔或〕精子論者[33]。

⊙ 因此，性結合遠非生育的基本條件，只不過是額外的複雜問題。無需男性帶來的快感或女性的生物容器，我們就能好好設想一種自主的擴散。這甚至是最簡單、最立即的繁殖形式。在自然權利方面，這是原始的繁殖。

(4) 因此，最後一個想法是認為只有移動或快速的生物才擁有性器官（以及射出精子和產生卵子）。緩慢的或不動的都沒有這些[34]。

---

a　　　譯註：拉丁文，「更加」、「更何況」之意。

因此，性事是能移動的生物物種所採取的繁殖成 [5/63]
長形式，在這些物種中，我們可以發現兩種類型
的個體，每一種在此一成長中都有自己的作用。
但是基本上，繁殖都是單性生殖的[35]。雄雌結合
只不過是一種與自然不可觸犯的童貞重疊在一起
的附加形象。

〔性事與運動有關；然而，成長本身就是一種運
　動，諸如此類。〕[a]

3. 自然史的第三個特徵，就是將個體的極限
　 視作絕對的、不可踰越的。當自然史開始
　 成為成長的[b]科學（相對於數學）〔以及〕
　 相似的科學，這就是正常的。因此，它只
　 能認出個體內部的連續性；或是本質的連
　 續性。個體－環境的生物學連續性不能成
　 為它的對象[36]。

⊙ 因此事實是，在個體移動的地方可能就會有
　 性結合。但是，在個體不動的地方，環境就
　 無法成為性事的載體。

⊙ 因此事實是，如果相鄰性對於某些物種的結 [未編碼/64]
　 果是必要的，理由只是親合性或好感[37]。參見
　 檔案：萊克呂茲（De L'Écluse）[38]。

⊙ 因此事實是，每一個體都受其本質和作用所

束縛。他或許是雄性，或許是雌性。他不會
兩者兼具。因此，雌雄同體會被排除。雌雄
同體會被當作是怪物或是神聖的[39]。

自然史的這三個論述特徵有一般後果：
⊙ 性器官不是性功能的表達與工具；而是成長
　功能的特定模式。
⊙ 性器官的結合並非繁殖的條件，而是基本的
　單性生殖之複雜情況。
⊙ 性器官與個體的本質有關，同一個體不可能
　存有兩種性別。

〔……〕[c]

[6/65]

自此，我們可以知道：

---

[a]　　　原註：括號是傅柯加的。
[b]　　　原註：取代被劃掉的「連續的」。
[c]　　　原註：被刪除的段落重述前一頁提到的要素：「繁殖就像是一種類同。其本
　　　　質需要的，甚至不是它們的行動，而是它們的相鄰性。參見檔案：萊克呂
　　　　茲。將要素從這種植物轉到另一種植物（當我們進行人工受胎時）並不能取
　　　　得科學概念的地位。」

1. 比思想或信仰更深層的是科學論述的實踐本身，它阻止了我們去想像植物的性特質。此一實踐的考量發生在：

(1) 構成其對象的層次上；

(2) 在它定義其陳述模式之處；

(3) 在它建立其概念之處。

2. 論述經得起真實的實踐，使論述堅不可摧的並非是整個表述；在內心縈繞不去的，或許不是想法；而是它本身就是一種實踐與一種受規範的實踐。

（這造成的結果是：假使論述經得起某一實踐， [未編碼/66] 確實是和社會、階級地位、社會實踐有關，這不是因為它讓人類的腦袋產生了這些慢慢消逝或想要支持的想法，而是因為此一論述本身就是一種實踐以及一種社會實踐[40]。）

3. 最後我們可以知道自然主義者的論述必須做出什麼樣的改變，才能以科學方式讓植物的性特質完全概念化。

(1) 首先，性特質必須與個體性分開。而且也有必要在器官與其相互作用之功能的層次上，

為其進程進行科學分析。

(2) 性特質必須在環境中加以分析（而不是僅作為特定的進程）。

(3) 最後而且最重要的是，無論是否有區分成長－繁殖的類同，不同的生命進程都要依據其特殊性來分析。

三、轉變 [未編碼/67]

為了使植物的性特質成為特定知識的對象，必須：

⊙ 區分性器官和個體特徵。我們必須發覺個體不是只有雄性或雌性（就像只有大或小一樣），而是存有一個可能分布在一位或多位個體上的雄性－雌性性組織。

⊙ 區分繁殖和雄性與雌性在空間上的親近性，也就是說：
　· 確立物質要素的必要存在；
　· 確立環境中的傳遞模式或工具。

⊙ 個體－性特質之關係的顛倒：性特質並非是發育的終點，而是原則。性特質先於個體。而且能通向性特質並在其中充分發展的，不是達到某種成熟度的個體[41]。

1. <u>雄性與雌性的特徵並非是個體的特性。</u>　　[未編碼/68]

(1) 自然的連續性（不同於數學的不連續性）就
是：

⊙ 成長的連續性；

⊙ 相似的連續性；

⊙ 宇宙的連續性。

(2) 然而，17世紀的數學家提出了以下綱要：

⊙ 變化的連續性；

⊙ 差異的連續性；

⊙ 圖表的連續性[42]。

因此，分析最明顯的要素並發現：

⊙ 某些植物的所有個體和花朵都具有相似的子
實體；

⊙ 其他植物的子實體都在同一個體上，每一朵
花都不同；

⊙ 其他植物的子實體都有兩種類型，分別代表
兩種個體。

因此，卡梅拉流士的實驗：

⊙ 關於雌雄異株植物：桑樹；

⊙ 關於雌雄異花的植物：蓖麻、玉米；

⊙ 關於雌雄同體的開花植物[43]。

這些實驗都是重要的。　　　　　　　　　　　[未編碼/69]

(3) 科學史的典範價值：

⊙ 卡梅拉流士的實驗確實重複了一種已經建立
的農業實踐〔：〕它們講的是相同的東西，
〔而且〕使用相同的驗證方法。

⊙ 但是這些實驗將其帶入一種不同的論述體
制：

　　· 在此，這些特殊性的作用就像差異性；

　　· 在此，這些差異性的作用就像特徵；

　　· 在此，宇宙的作用就像圖表。

自此，這些事實可以獲得「解釋」。

(4) 知識論的後果：

⊙ 性器官的普遍化。隱花植物的問題[44]。

⊙ 雄性－雌性兩極位於個體層級之下。此一進
程可以是個體內的，也可以是個體外的[45]。

⊙ 雄雌同體變成是正常的。從某種意義來說，
這是最普遍的規則[46]。

2. 受胎不是刺激，而是物質要素的傳遞[47]。 [未編碼/70]

在此，轉變並不涉及兩個知識論場域（秩序科學），而是性事普及化造成動植物類比的可能性。

(1) 結構與功能的類比：
⊙ 雌蕊－卵巢囊：雌性組織。
⊙ 雄蕊－花粉：雄性組織。

植物的受胎與動物的受胎具有相同的要求。

(2) 差異之處在於，植物不會移動：
⊙ 史匹倫基爾（Sprengel）和奈特（Knight）的實驗[48]。
⊙ 環境的發現。

同樣地，知識論的重要性：
⊙ 布豐和拉馬克（Lamarck）認為的環境：額外變化的原則；
⊙ 19世紀時，認為環境對於功能的運作是不可或缺的。

此一原則在居維葉（Cuvier）那裡仍是一片空　　[未編碼/71]
白，但是在植物學方面則變得越來越充實與確
定。自此出現生態學方面的考量[49]。

3. 性事不是一項取決於他者的功能，甚至也不
   是個體的功能。

此一最重要的轉變歸因於重新定義生命。生命不
再是一項透過生物而持續發展的功能；而是一種
功能和結構的交織，這些功能和結構在個體層面
運作並定義了個體。個體並非是將各種變量拼湊
起來。這是一整組的功能、結構和存在條件。
性特質將作為一個結構性與功能性整體而出
現──不再取決於成長的重大特性，而是獨立
的，且能闡明其他功能。

(1) 此一獨立性的建立要透過受胎機制的分析，　　[未編碼/72]
    自此，此一機制不再是需要機械與化學進程
    的成長刺激。受胎，這是兩種性細胞的融
    合：普林斯罕（Pringsheim，1855年）、史特
    拉斯柏格（Strasburger，1884年[50]）。
(2) 它的建立〔也要〕透過組成有機體之細胞

〔和〕繁殖有機體之細胞間的基本區分：努斯
鮑姆（Nussbaum）與魏斯曼（Weissman）[51]。

因此，個體的建構始於性特質（性細胞與其在遺
傳保存和融合方面的特殊性質），然而，性別在
以前是由個體性的發育所產生的[52]。佛洛伊德發
現了此一性特質／個體之關係的顛倒[53]。

結論[54] [未編碼/73]

我們可以〔說〕，綜觀生物學的發展，有三種概
念在19世紀從自然史的連續性中脫離。

⊙ 死亡，只不過是個體發展中突如其來的意
　外。

⊙ 性特質，是次個體的一項成長功能。

⊙ 歷史，是複雜情況的更進一步。

這三項生物學的事實（曾是次要的）成為構成部
分。

⊙ 生物是會死亡的。死亡現象、會讓我們死亡
　與否的條件，都成為生命的構成部分。死
　亡，就是個體的極限。

⊙ 生物具有某項性特質，也就是說，它衍生自

某一根源，它是此一根源的衍生物，它保有
其主要特徵。性特質與遺傳，這就是個體的
法則。

⊙ 因此有了歷史：遺傳與適應。歷史不再是一
種發展，相較於遺傳法則，它同時是環境的
條件與其作用。

認為生物具有這些層面的特徵，意味著將不連續　[未編碼/74]
性當作生物學的基本類型：

⊙ 直到18〔世紀〕，相似性和宇宙一致性的連
續性；

⊙ 直到19〔世紀〕，差異和有序繼承的連續
性；

⊙ 自此，不連續性的原因如下：

· 將個體孤立起來的死亡極限，

· 區分個體與其繼承者的性特質（無論如
何，只透過根源的媒介將個體與這些繼承
者連繫起來）。

· 只透過存在與變數條件的差異來連繫物種
的歷史。

個體只透過生與死的隔閡來連繫其基本的構成部
分。他只透過根源的一致（就次個體的層面而

言）來與其後代連繫。他僅透過自然史、鬥爭、變異來與其他物種交流。

人類學思想的功能在於防止人類免於這些不連續性的影響，並觸及死亡、他人和歷史。

⊙ 死亡與生命透過意義來交流。 ［未編碼/75］

⊙ 透過家庭與死亡，性事就是與他者的關係。

⊙ 透過意識和實際運用，歷史就是與過去和未來的連續關係。

我們可以稱人文主義或人類學的哲學為任一「反動的」哲學，這種哲學對生物學的知識論結構做出反應，方法是試著補償之，將它與古典時代的知識論結構（連續性和表述）混合在一起並拒絕如下：

⊙ 在死亡之中看見絕對、不可踰越的個體極限；

⊙ 在性事之中看見愛情與繁殖之外的東西；

⊙ 在歷史之中看見意識連續性之外的東西。

註
釋

1.　1968年至1970年代是傅柯對性事與遺傳的生物學知識史和知識論進行
　　密集反思的時期。證據是他身為法蘭西學院候選人時，提出的研究暨
　　教學計畫是研究「遺傳知識」的歷史，參見〈主題與研究〉（Titres et
　　Travaux，1969，收錄在《言與文》第一冊，同前註，no 71，頁870-
　　874）；還有某些已經發表的文章也可證明，特別是他對賈克伯《生物的
　　邏輯》（*La Logique du vivant*）的評論，參見〈生長與繁殖〉（Croître et
　　multiplier，1970，收錄在前揭書，no 81，頁967-972），傅柯的筆記證
　　實了他的細心準備；還有他於1969年在科學史研究所（Institut d'histoire
　　des sciences）針對〈居維葉在生物學史上的地位〉（1970，前揭文）
　　所做的演講，我們可在本課程中找到許多其中提及的要素。法國國家圖
　　書館保存的檔案證實了傅柯針對這些主題已經累積了相當多的材料，
　　本堂課只不過是非常有限的一部分。因此，我們擁有的完整檔案（特別
　　是法國國家圖書館第45號與第39號箱匣）包括17至19世紀有關植物的
　　性特質此一問題（發現授粉和受胎模式、隱花植物的問題、雜交和農業
　　實踐……）；動物的性事和遺傳科學的誕生；以及孟德爾（Mendel）

遺傳學的出現。傅柯的《筆記》8號與9號（法國國家圖書館第91號箱
匣）涵蓋了1969年，反映出此一我們可在本堂課中發現的雙重關注。一
方面，性事與遺傳知識的「考古學」分析使其得以進行知識論反思，並
與阿圖塞對意識型態及科學之關係的分析呈現出緊張關係；分析許萊登
（Matthias Jakob Schleiden）提出的授粉理論，用以批判阿圖塞對「意
識型態主張」的定義；透過遺傳知識史，讓科學和非科學之間的劃分、
對「科學問題」的特徵描繪更為複雜；最後他分析了一門科學如何透過
遺傳史來塑造不同的對象。此一取向成為傅柯次年在凡仙大學的課程
「生命科學的知識論」，我們可在1969年10月14日《筆記》8號中找到課
綱草稿──「⊙什麼是知識論的障礙；⊙如何批判一個概念（物種）；
⊙知識論的轉變（孟德爾）；⊙模型和理論（遺傳）；科學和哲學（自
然哲學；計畫的統一性。布達赫〔Burdach〕─許萊登）；政策：李森
科（Lyssenko）；預測和再發現；實踐：農業學、植物生物學」──
似乎還有「科學上的錯誤」和「科學問題」這兩堂課（法國國家圖書館
第70-C5號箱匣）。另一方面，傅柯對這些問題更加感到興趣，因為他
有系統地將它們與對主權主體和人文主義的批判連繫起來，以便追隨巴
塔耶，將性經驗視為有限經驗之一。就像他在給基攸達的信中指出的，
這些有限經驗使個體主體成為「不確定、暫時、很快就消失的延伸部分
……一種蒼白的形式，在巨大、頑強且不斷重複的根源中短暫出現。
個體是在性事方面快速退縮的偽足」（〈將會有醜聞，但是……〉，
1970，前揭文，頁943）。性事的生物學知識史因而與一種對人類學主體
之主權的激進批判形式有關，為的是發展一般的繁殖進程（個體只是這
個進程的其中一個階段）。此一反思的蹤跡可在本課程中找到，是1969
年9月21日《筆記》8號中八張正反面詳述的主題，標題為〈性特質、繁
殖、個體性〉，我們會放在附件裡（參見下文，頁380-390）；參見授課
情境，頁419-453。

2.　　關於「非知識論化的知識」這個概念，參見上文，第五堂課，註釋2，頁

286。這是一套直接寫入實踐內的知識，這些知識並沒有被「反映」在已經取得自主形式和明確範圍的論述裡。

3.　　參見上文，第四堂課。

4.　　傅柯接著將討論手淫的社會改革行動，這場行動於18世紀下半葉開始發展，成為「性事領域」的新興要點。正是自這個領域起，透過一系列的脫離和移動，出現了*scientia sexualis*、19世紀下半葉有關性特質與性變態的精神病學及心理分析（參見《兒童的社會改革行動》，同前註）。我們在法蘭西學院的課程《不正常者》（1975年3月5日及12日的課程，同前註，頁217-275）以及《性史第一冊：求知的意志》（同前註，頁39-43、58-67、137-138）中再度找到這些研究的蹤跡。

5.　　傅柯指的是維護動物品種純度的努力，特別是產出馬匹「純種」品系的努力，這自18世紀起尤為明顯。關於法國的案例，參閱布洛馬克（Nicole de Blomac）的研究，特別是《榮耀與遊戲。人與馬，1766年至1866年》（*La Gloire et le Jeu. Des hommes et des chevaux, 1766-1866*, Paris, Fayard, 1991），關於分析現代與飼養馬匹有關的遺傳權力布置及知識，參見朵宏，《貪婪的人。種族與退化，17至19世紀》（*L'Homme altéré. Races et dégénérescence, XVIIe-XIXe siècles*, Ceyzérieu, Champ Vallon, 2016, p. 173-285）。

6.　　參見下文，註釋12，頁319-320。

7.　　節慾在許多疾病發展中的作用常見於18至19世紀的醫學，例如布豐描繪且反覆提及的拉雷奧爾（La Réole）教區的例子，參見范赫文（Tim Verhoeven），〈求雌癖診斷。法國19世紀的反教權醫師和獨身神父〉（The satyriasis diagnosis. Anti-clerical doctors and celibate priests in nineteenth-century France，收錄在《法國史》（*French History*, vol. 26, no 4, 2012, p. 504-523））。至於放蕩，在麻痺性癡呆尚未與梅毒及放蕩的性行為連繫起來之前，它就在早期描述精神錯亂者的麻痺性癡呆病因學中占了很重要的位置。因此，在它引起的眾多疾病之中，手淫經常被

闡述為造成麻痺性癡呆的原因。蒂索（Tissot）的案例，《手淫或有關自慰造成之疾病的物理學論述》（*L'Onanisme ou Dissertation physique sur les maladies produites par la masturbation*, 5e éd., Lausanne, Grasset, 1772, p. 48-52，引述於傅柯的《兒童的社會改革行動》，同前註，f. 26），或是蓋斯蘭（Joseph Guislain）指出的，「獨自撫摸的習慣會引發諸多疾病：……就像精神錯亂、憂鬱症、躁狂症；就像自殺，尤其是伴隨癱瘓的痴呆。」參見《關於精神病的口頭授課》第二冊（*Leçons orales sur les phrénopathies*, Gand, L. Hebbelynck, 1852, t. II, p. 61-62，引述自前揭書，f. 28）。

8.　　傅柯很早就在關注17世紀的決疑論和道德神學如何處理慾念，例如耶穌會神父布森鮑姆（Hermann Busenbaum）和拉克洛瓦（Claude Lacroix）合著的《道德神學》（*Theologia Moralis*, 1710）。這個問題在《不正常者》（同前註，頁156-215）和《性事史第一冊：求知的意志》（同前註，頁152-161）之後，將以完全不同的方式重新討論，並整合到供認和檢查程序的分析內，顯示愉悅和慾望的身體問題開始成為懺悔實踐的核心。傅柯接著分析肉體和自基督教早期就與之相關的禁慾實踐，以便努力研究此一問題的系譜。參見例如〈貞潔之戰〉（Le combat de la chasteté，收錄在《言與文》第二冊，同前註，no 312，頁1114-1127），以及《肉體的告白》（*Les Aveux de la chair*, éd. établie par F. Gros, Paris, Gallimard, 2018）。

9.　　研究18至19世紀有關植物雜交問題的歷史，主要是羅伯（Herbert Fuller Roberts）的《孟德爾以前的植物雜交》（*Plant Hybridization before Mendel*, Princeton, Princeton University Press, 1929），以及歐爾比（Robert C. Olby）的《孟德爾主義的起源》（*The Origins of Mendelism*, Londres, Constable, 1966）。它與孟德爾遺傳科學的諸種關係已由畢葛瑪爾以歷史知識論的工具研究過，參見〈孟德爾思想的觀點〉（Aspects de la pensée de Mendel，1965，收錄在《醫學史和生物學史的論文集

與教程》〔*Essais et Leçons d'histoire de la médecine et de la biologie*, préf. de G. Canguilhem, Paris, PUF, 1993, p. 93-112〕；法國國家圖書館檔案〕，相較於往昔從克爾路特（Joseph Gottlieb Kölreuter）到諾丁（Charles Naudin）對雜交的反思，他從研究和概念問題的角度來強調孟德爾的徹底突破。

10.　「性能量學」的理論主要是指性事的能量概念，這個概念出現在佛洛伊德、賴希和其他性學家的研究裡。

11.　1691年至1694年，杜賓根大學（Tübingen）的植物學教授卡梅拉流士（1665-1721）進行了一系列的實驗，相關成果被編入《論植物的性別》（1694），他將植物中的雄蕊視為雄性性器官，卵巢和花柱則視作雌性性器官。參見吉耶諾，《科學思想的演進。17與18世紀的生命科學：演化的概念》（*L'Évolution de la pensée scientifique. Les sciences de la vie aux XVIIe et XVIIIe siècles: l'idée d'évolution*, Paris, Albin Michel, 1957 [1941], p. 320-322）；薩克斯（Julius von Sachs），《16世紀至1860年的植物學史》（*Histoire de la botanique du XVIe siècle à 1860*, trad. par H. de Varigny, Paris, C. Reinwald et Cie, 1892, p. 398-404）；勒華，《植物的性別概念史》（*Histoire de la notion de sexe chez les plantes*, conférence du 5 décembre 1959, Paris, Éd. du Palais de la découverte, 1960, p. 10-11；法國國家圖書館檔案）。

12.　在有關植物性特質問題的植物史學識中，椰棗的例子是很常見的。椰棗是一種雌雄異株的植物，也就是説，其雄性和雌性花朵是不同株的，因此，兩性之間的區分很清楚。自古以來，在美索不達米亞，人們會將雄株的花粉撒在雌株的肉穗花序來為椰棗受胎。參見薩頓（George Sarton），〈亞述納西拔時期的椰棗人工受胎〉（The artificial fertilization of date-palms in the time of Ashur-Nasir-Pal. B.C. 885-860, *Isis*, vol. 21, no 1, 1934, p. 8-13；法國國家圖書館檔案）。希羅多德（Hérodote）已經描述過這種被稱為「無花果人工雜交法」的操作方

式，「類似於將家栽的無花果果實催熟的方式。人們在樹枝上懸掛野生的無花果或 *Caprificus*（譯註：「無花果」的拉丁文）。進行授粉的昆蟲就會出現」（吉耶諾，《科學思想的演進》，同前註，頁314）；也參見勒華，《植物的性別概念史》，同前註，頁8。我們在康多爾（Alphonse de Candolle）的《植物學研究導論》卷一（*Introduction à l'étude de la botanique*, Paris, Roret, 1835, t. I, p. 341-343）裡，找到許多關於這些實作的細節（法國國家圖書館檔案）。

13. 這項資訊來自康多爾（同上，卷一，頁345），他指出：「在雄蕊和雌蕊位於同株但分開（雌雄同株）的植物身上，例如玉米，我們很清楚地知道，實際上不應該過早除去有雄蕊的圓錐花序，否則穗狀花序就不會產生種子。」

14. 這些關於人工受胎和交叉受胎的細節皆由康多爾（同上，卷一，頁346）提供。因此，「今日，我們透過不同物種的交叉受胎，取得各式各樣的品種。我們僅是在打開它們的房室之前，小心地摘除要運作之花朵上的雄蕊。」

15. 薩克斯（《16世紀至1860年的植物學史》，同前註，頁392-393）與吉耶諾（《科學思想的演進》，同前註，頁316-317）都分析了泰奧弗拉斯托斯（Théophraste）以及其後16世紀的作者（切薩爾皮諾、萊克呂茲等等）如何使用雄／雌之別與其規則。如同吉耶諾指出的，「重要的是，想像一下在那個時代……雄性和雌性是用來形容兩種不同的個體性質，就像我們說的大與小、短與長、強與弱，這些字詞無須與繁殖有任何的必要關係」（同上，頁316）。例如，切薩爾皮諾首先就將這些字詞用於「體質」（tempérament）上的差異，雌性較溫冷，雄性較火熱。傅柯也採用恩斯汀（Arthur-Konrad Ernsting）的研究，《植物性別的歷史暨物理描述》卷一（*Historische und physikalische Beschreibung der Geschlechter der Pflanzen*, Lemgo, Meyer, 1762, t. I, p. 35-37），後者分析了古代用來指稱植物是雄性或雌性的模式。因此，當有兩株植物相

似，但是其中一株更大、更強，而另一株較弱、較嫩，那麼前者就是雄性，後者就是雌性。顏色也是如此（紅色＝雄性；藍色、黃色、白色＝雌性）（法國國家圖書館第45-C1號箱匣）。

16.　關於切薩爾皮諾，參見薩克斯（《16世紀至1860年的植物學史》，同前註），後者讓人想起切薩爾皮諾對植物子房和動物卵子的類比（頁393）。但是傅柯的類比無疑是參考**自**亞里斯多德和切薩爾皮諾，這是「一個植物和動物之間的古老類比（植物是一隻倒立的野獸，嘴部──或是根部──被插入地下）」，傅柯認為，切薩爾皮諾鞏固並強化了此一類比，「他發現植物是一種直立的動物，其營養成分是從底部沿著像身體一樣伸展的莖向上輸送，直至頭部」（《詞與物》，同前註，頁36-37）。此一分析靈感來自卡洛（Émile Callot），《生命科學於16世紀的復興》（*La Renaissance des sciences de la vie au XVIe siècle*, Paris, PUF, 1951, p. 136-138）。參見下文，註釋19。

17.　參見希波克拉底，《世代》（*De generatione*，收錄在《作品全集》卷七，trad. par É. Littré, Paris, J.-B. Baillière, 1851, t. VII, p. 514-549）。「在土壤中生長的種子，就如同在子宮裡發育的胚胎」，傅柯如此總結道（法國國家圖書館第45-C1號箱匣）。

18.　參見上文，註釋15：這就是吉耶諾和馮·薩克斯所持的立場。

19.　這正是卡洛所説的，對他來説，此一類比「成為……無數錯誤的根源，這些錯誤會相互產生」；他明確地以性特質問題為例，同時強調此一類比在亞里斯多德與切薩爾皮諾那裡，演變成對植物之性特質的否定（《生命科學於16世紀的復興》，同前註，頁138）。

20.　知識論障礙的概念指的是巴修拉以及他被阿圖塞採用的知識論。傅柯堅持障礙並不存於想像的力量或是某些概念的缺乏之中，而是在於自然主義知識的秉性本身、在於它運作與建構其對象的方法。傅柯延伸了巴修拉的原則，根據此一原則，「正是在認知行為本身之中，透過某種功能性需求，出現了我們稱為知識論障礙的緩慢和混亂」，參見巴修拉

（G. Bachelard），《科學精神的形成。對客觀認知的精神分析》（*La Formation de l'esprit scientifique. Contribution à une psychanalyse de la connaissance objective*, 13e éd., Paris, Vrin, 1986 [1938], p. 13）。知識論障礙在此被局部性地納入自然主義知識的運作裡。

21. 這是一個普遍的立場：因此，對吉耶諾和馮・薩克斯來說，雄／雌特徵並不是依特定功能（繁殖）來區分，而特定功能則與營養混淆了（也參見卡洛，《生命科學於16世紀的復興》，同前註，頁139-140）。在此，我們必須透過「必備條件」（réquisits），明白什麼是必須的或什麼是缺乏的，才能根據康居朗對概念史的典型分析，提出一種生命的概念。傅柯在他評論賈克伯的預備筆記中，闡明他自此要領會的是什麼：「附註……必備條件的所有詞彙。必須的是；我們需要的；這還不夠；必要的是」（1969年10月27日《筆記》9號）。

22. 在此，我們見到傅柯反覆出現的一個立場，意在將科學重新置於更廣泛的知識場域內，也就是遵循某些我們可以正面理解之規則的論述實踐場域內。「而不是在〔知識和科學〕之間定義排除或減免的關係（同時尋找還有什麼知識躲開了或依舊在抵抗科學〔……〕我們）必須積極指出科學如何被置入知識要素並在其中起作用」（《知識考古學》，同前註，頁241）。我們將一門科學插入規則遊戲之中（這些規則使之成為論述實踐），因而指出了某些錯誤、障礙或不可能性的「實證」（positive）特徵。傅柯在《論述的秩序》（*L'Ordre du discours*）中對植物學的評註如下：「植物學或醫學，就如同所有其他學科，都是由錯誤和真理構成的，那些錯誤都不是殘餘或異物，而是具有實證功能，具備一種通常和真理功效密不可分的歷史效力」（《論述的秩序》，同前註，頁35）。這一點成為傅柯次年在凡仙大學「生命科學的知識論」課程中描繪科學錯誤和科學問題的特徵時，深入探討的主題（法國國家圖書館第70-C5號箱匣）。正是在此架構之下，傅柯思索了意識型態和科學之間的關係（參見《知識考古學》，同前註，頁241-243），並批評阿圖

塞對「意識型態命題」的定義。他在筆記中以許萊登的理論（胚胎會透過花粉管被傳送至胚珠）為例，並在《論述的秩序》中將之形容為「盲從的錯誤」，因為該理論遵循的是「生物學論述的規則」（同前註，頁37），傅柯強調，事實上所有的科學命題就如同所有的意識型態命題一樣，都是「其所指涉之外的現實徵兆」，因為這一切都意味著要遵循某部分的論述規則、某種認知與技術狀態、各種社會政治和制度條件等等。如同傅柯所指，「與所有的科學命題不同的地方可能是，意識型態命題的第二特徵是『現實的徵兆』（symptôme d'une réalité）；科學命題和意識型態命題的唯一差異，就是真理（vérité）和錯誤（erreur）之間的區別。然而，只有科學能確定此一區別。因此，科學命題就是意識型態上真正的命題；意識型態命題就是錯誤的科學命題。只要我們將科學／意識型態問題和真理／錯誤問題加疊在一起，我們就無法從中脫身。我們必須驅逐斯賓諾莎」（1969年10月2日《筆記》8號）。從那裡我們了解到，「攻擊一門科學的意識型態運作……就是質疑它的論述形成；就是攻擊……其對象、陳述類型、概念的形成系統……就是將它當作像其他實踐一樣的實踐」（《知識考古學》，同前註，頁243）。也參見上文，第三堂課，頁240-241，確認了一種相似的立場。

23. 　傅柯發展了相似的分析，以便描繪〈居維葉在生物學史上的地位〉（1970，前揭文，頁931）一文對生物在自然史裡的特徵描述：「最終生物本身的特徵就是成長……1.尺寸的成長。生物，就是尺寸有可能增加者……；2.依數量變化的成長。這種隨數量變化的成長，就是繁殖。」更廣泛而言，這整個課程應該會與這堂研討會及隨後的討論有關，我們可以在手稿中找到完整的片段。

24. 　傅柯在此似乎是指17世紀之前沒有微分學。參見下文，註釋42，頁328。

25. 　指的是切薩爾皮諾（《植物學十六書》〔De plantis, libri XVI, 1583〕）重新採用的亞里斯多德立場（參見薩克斯，《16世紀至1860年的植物學史》，同前註，頁389；法國國家圖書館檔案；吉耶諾，《科學思想的

演進》，同前註，頁315；卡洛，《生命科學於16世紀的復興》，同前
註，頁147）。切薩爾皮諾認為：「在動物身上，精子是心臟部分（最完
美部分）的分泌物產物……這些精子因生命的原則和自然的熱量而具備
了繁殖力；同樣地，在植物身上，稍後能讓種子出現的物質必須與具備
自然熱量原則（也就是髓質）的植物部分分開。基於相同的理由，種子
的髓質是由營養成分中最溼潤、最純淨的物質所形成。」我們仍可在18
世紀找到此一立場，例如格雷帝希（Johann Gottlieb Gleditsch）的〈簡
述植物界和動物界之間幾項相符的跡象〉（Remarques abrégées sur
quelques traces de conformité entre les corps du règne végétal et ceux
du règne animal，收錄在《柏林皇家科學暨文學學院備忘錄》卷十四
〔*Mémoires de l'Académie royale des Sciences et Belles Lettres de Berlin*,
t. XIV, 1758; éd. fr. 1768, t. II, p. 374-375〕），他指出，種子的形成是「透
過髓質的延伸，髓質的微妙是難以理解的。這些都是年幼的植物，當它
們完全成熟，就會與母體分離，不再從後者取得任何養分。因此，種子
以不可見的形式包含了整株植物」（法國國家圖書館第45-C1號箱匣）。
格雷帝希的立場清楚闡明了傅柯提及的成長和繁殖的持續性。

26.　　「長久以來，我們一直認為無論是透過插枝或性事行為（sexualité），
繁殖都是一種成長的現象。我們並沒有在性特質的生理運作方面賦予它
一種真正的獨立性」（〈居維葉在生物學史上的地位〉，1970，前揭
文，頁931）。

27.　　同上。

28.　　傅柯似乎是指他所建立的「希波克拉底與人類的繁殖」（Hippocrate et
la reproduction humaine）檔案（法國國家圖書館第45-C3號箱匣），
精子的產生在此實際上被描述成一種來自整個有機體的普遍推力。「人
的子代是一種來自被包含在整個身體裡的體液（humeur）、非常強而
有力的排泄物……。血管和神經從這整個身體裡產生，並延伸至羞恥部
位，這些羞恥部位被擠壓、加溫、充盈，引起了一種搔癢的感覺，並在

全身產生一種快感和躁熱。摩擦時，這個部位會微微發癢，人移動時，溼氣也會在體內變熱與分解、翻攪與起泡泡，當我們刺激並猛烈攪動它們時，還會引起所有其他的體液。同樣地，在人類身上，它引起並分離出一種非常強大且非常多的泡沫體液。」參見希波克拉底，《論人的子代》（*De la géniture de l'homme*, trad. par G. Chrestian, Paris, G. Morel, 1558）。

29. 參見〈居維葉在生物學史上的地位〉（1970，前揭文，頁932）：「性特質……被視為某種額外的器官，幸虧有它，達到某種階段的個體就能進入另一種成長模式：不再是尺寸的增加，而是繁殖。性事，就是某種成長的交流器。」我們在手稿〈性特質、繁殖、個體性〉中找到相似的詳述論述，請見本課程附件，參見下文，頁380-390。

30. 這裡的「親屬關係」不含有系譜關係與共同血統的概念；而是指具「衛理公會主義者」（méthodiste）含義的「自然的親屬關係」，也就是「將植物視作母體，我們可以從理想的基本形式中推斷出，它們具有相同的類型、相同的對稱性」（吉耶諾，《科學思想的演進》，同前註，頁28）。自然史分類學中的個體－特徵之關係是傅柯在《詞與物》（同前註，頁150-158）裡的分析主題。

31. 我們將會見到（見下文，頁311及其後；〈性特質、繁殖、個體性〉，頁380-390；以及授課情境，頁440-444），對傅柯來說，將性事建構成知識對象，事實上意味著要思考這個根源，這個根源為個體帶來了誕生及法則，並與自我保持一致（魏斯曼〔Weismann〕所謂的**種質**〔germen〕）。因此，如同他在當時的一份草稿（法國國家圖書館第45-C1號箱匣）中指出的，它意味著「性事的完全去個體化」。傅柯認為，個體的這種衰退隨著DNA的發現，獲得充分的體現，那裡有一個「代碼」、一個「程序」在「命令著我們」，而「個體的出生和死亡只不過是遺傳傳遞的方式」（參見1969年10月29日《筆記》9號，以及〈生長與繁殖〉，1970，前揭文，頁968-969）。

32.　　參見上文，克雷蒙－費洪大學的課程，頁50-51。預成論及後成論是兩
　　　　種生殖理論，在17至19世紀初之間是相互對立的，特別是在理解世代
　　　　相傳的特定形式複製、孩童與父母相似處方面。預成論（特別是在胚芽
　　　　嵌合理論中）假設每一個體的胚芽（形式）都包含在精子（或是卵子，
　　　　或是精蟲）裡，而且會依據*evolutio*的進程，透過機械力（例如在繁殖
　　　　的時候由另一精子所提供的推力）來分階段展開或發展。此一立場可在
　　　　例如斯旺梅丹（Swammerdam）或萊布尼茲（Leibniz）那裡找到，而
　　　　哈勒（Haller）則於1750年代以更精細的方式重申之。此一理論與「後
　　　　成的」理論是相對立的，後者假設繁殖之際有特定的力量在作用，例如
　　　　布豐的「內部模型」、莫佩爾蒂（Maupertuis）的親合性和本能、沃爾
　　　　夫的「*vis essentialis*」（譯註：拉丁文，「本質動力」之意）、布盧門
　　　　巴赫（Blumenbach）的「*Bildungstrieb*」（譯註：德文，「形塑力」
　　　　之意），並在物質上強加了一種有機形式（特定形式與親代形式）。
　　　　關於此一主題，參見吉耶諾的《科學思想的演進》（同前註，頁296-
　　　　312），特別是羅傑（Jacques Roger）的《18世紀法國思想史中的生命
　　　　科學。從笛卡兒到百科全書的動物生殖》（*Les Sciences de la vie dans la
　　　　pensée française du XVIIIe siècle. La génération des animaux de Descartes
　　　　à l'Encyclopédie*, 2e éd., préf. de C. Salomon-Bayet, Paris, Albin Michel,
　　　　1993 [1963]），在傅柯課程之後出版的賈克伯，《生物的邏輯。一部遺
　　　　傳史》（*La Logique du vivant. Une histoire de l'hérédité*, Paris, Gallimard,
　　　　1970）。

33.　　「卵源論者」認為生殖要素只存於母體的卵子裡，男性的精液嚴格來説
　　　　只是作為使之發育的刺激物。相反地，「精子主義者」或「精源論者」
　　　　認為，只有精子才含有生殖要素，卵子僅在發育時扮演生物容器的角
　　　　色。參見吉耶諾的《科學思想的演進》（同前註，頁240-278），以及羅
　　　　傑的《18世紀法國思想史中的生命科學》（同前註，頁255-325）。

34.　　這已經是亞里斯多德的立場：「不走動的野獸及依附其出生地的動物，

其生存方式和植物相似；牠們既非雄性，也不是雌性」（引自薩克斯，《16世紀至1860年的植物學史》，同前註，頁390）。對亞里斯多德而言，只有能移動的動物才具備性器官。17世紀的馮‧雷文霍克重申了此一立場，並指出關於植物和動物在繁殖方面的關係，「我們僅發現以下差異：缺乏移動能力的植物無法像動物一樣交配。」參見〈馮‧雷文霍克先生有關植物種子的來信〉（A letter [⋯] concerning the seeds of plants，收錄在《哲學公報》〔*Philosophical Transactions*, vol. 17, no 199, 1693, p. 704）；參見法國國家圖書館第號 45-C1箱匣）。

35.　　這是雷奧姆（Réaumur）於1742年分析蚜蟲單性生殖時所持的立場：「我們很自然地會認為……蚜蟲一開始成長，胚胎就會在它的體內發育……，在我看來，我們應該很輕易就接受蚜蟲的生殖會以如此簡單的方式進行，讓我們感到困惑的只是對於其他動物的生殖，那位不知道如何選擇最完美、最合適之方法的人採取了一個更為複雜的看法」，參見雷奧姆（R.-A. F. de Réaumur），《昆蟲史備忘錄》卷六（*Mémoires pour servir à l'histoire des insectes*, t. VI, 1742, p. 548, 引述自羅傑，《18世紀法國思想史中的生命科學》，同前註，頁382）。

36.　　傅柯在此採用的「環境」概念史——也就是指明有機體與其存在範圍之間的密切連繫——是由康居朗提出，〈生物與其環境〉（Le vivant et son milieu），收錄在《認識生命》（*La Connaissance de la vie*, 2e éd., Paris, Vrin, 1965 [1952]）。也參見下文，頁311-312；以及註釋49，頁330-331。

37.　　「親合性」和「好感」是《詞與物》（同前註，頁38及其後）分析的兩個概念，在自然史出現之前是用來理解自然界生物間的相似關係。

38.　　這裡指的檔案取自薩克斯的《16世紀至1860年的植物學史》（同前註，頁392）。以下是其確切的內容：「**萊克呂茲**。他將具備雄蕊的植物稱為雄性；有子房的則為雌性。『我們假設，神祕的親合性讓提到的植物〔指的是番木瓜的「雄性」和「雌性」花朵〕相互結合，因此當雄性植

物與雌性植物相隔較遠，而非彼此相鄰時，雌性植物就無法結果』」（*Curae Posteriores*, 42）（法國國家圖書館第45-C1號箱匣）。

39. 傅柯將再度以怪物或神聖的角度來審視雌雄同體，但這一次是以司法畸形學的觀點來討論，收錄在《不正常者》（同前註，頁58-70）。關於此一主題，也參見馬爾凱蒂（Valerio Marchetti），《雙性的發明》（*L'Invenzione della bisessualità*, Milan, Mondadori, 2001）。

40. 此一闡述必須與作為實踐之意識型態的分析做一個比較，傅柯在第三堂課中闡述了此一分析：參見上文，頁240-241。

41. 我們可在法國國家圖書館第45-C1號箱匣的檔案中，找到一個不同的版本，它闡明了其中一些條件：「⊙區分從器官到要素的性特質／成長關係（特定要素的確定：花粉－種子與子房－胚珠）；⊙區分性特質－移動的關係，並過渡到次個體（環境）。簡而言之，這涉及性特質的普遍去個體化；或甚至是個體的相對化、其絕對極限的消除、其所屬系統與其本身被建構之系統的確定。」

42. 這些都是微分學與*mathesis universalis*（譯註：拉丁文，「普遍數理」之意）的基本要素（關於圖表，參見《詞與物》，同前註）。還有塞荷（Michel Serres）於1968年發表的論文《萊布尼茲系統與其數學模型》（*Le Système de Leibniz et ses modèles mathématiques*, Paris, PUF, 1968），其中第一章主要論及傅柯在此提到的這些主題。

43. 這些例子都出自薩克斯的《16世紀至1860年的植物學史》（同前註，頁399-401）。關於雌雄異株植物，卡梅拉流士首先在桑樹上觀察到雌性桑樹即使不在雄性桑樹附近，也能結出果實，但是這些果實僅含有空心的空粒種子，卡梅拉流士將其比擬成未受精的鳥蛋。對雌雄異株植物山靛屬（mercuriale）的實驗也證實了此一分析。在雌雄同株植物（玉米和蓖麻）方面，卡梅拉流士在花藥發育之前除去蓖麻的雄性花朵，且未動到已經成形的子房，他觀察到尚未完全發育且無法生育之種子的形成；同樣地，他切掉玉米的柱頭，就完全阻止了玉米種子的形成。至於雌雄同

體，卡梅拉流士從斯旺梅丹（Jan Swammerdam）對蛞蝓的雌雄同體研究中獲得啟發，認為這是植物的共同規則。

44. 我們區分出顯花植物和隱花植物。顯花植物的生殖器官是明顯可見且能作為分類的基礎，隱花植物的生殖器官則是隱藏起來的。1860年代之前，「隱花植物的性特質問題」（藻類、苔蘚、蕨類、真菌類）一直是個困擾（參見薩克斯，《16世紀至1860年的植物學史》，同前註，頁451及其後，尤其是勒華，《植物的性別概念史》，同前註，頁17-24），直到我們在它們身上發現了世代交替，這將導致受胎理論有更全面的修正。傅柯匯集了19世紀有關隱花植物的性特質問題、它在世代交替中的解決方案、它在當時生物學中的擴展，這是一份非常重要的文件（法國國家圖書館第45-C1-2-3號箱匣）。

45. 這一點在例如布達赫（Karl Friedrich Burdach）的《生物學專論》（*Traité de physiologie*, Paris, Baillière, 1837）裡有非常好的說明，傅柯仔細閱讀過並列出所有不同的性特質模式。

46. 這份論文曾出現在卡梅拉流士的研究裡。例如我們能在布達赫的《生物學專論》（同前註，第一冊，頁252-257）裡，發現梅耶（Meyer）很清楚地陳述出這一點。參見題為「植物正常的雌雄同體」（L'hermaphroditisme normal de la plante）檔案（法國國家圖書館第45-C1號箱匣）。梅耶認為，雌雄異株的植物並非是最完美、最接近動物的植物，相反地，「這是殘疾植物，是它們缺少之性別的退化器官」（頁252）。換句話說，「雌雄同體是植物能達到的最高等級」（頁256）。

47. 在此涉及了物質元素（花粉）的發現，還有其運輸方式（例如透過昆蟲或環境）與進行受胎的方法（特別是植物藉由辨識花粉管和珠孔，在種子植物中進行受胎）。雖然傅柯沒有在課堂上提出這點，但還是大量引證了這些不同的觀點，並列出以下研究：傑歐佛瓦（Stephano-Francisco Geoffroy）的《如果人始於一條蟲》（*An hominis primordia, vermis,*

1704）；維雍（Sébastien Vaillant）的《關於花的結構》（*Sermo de structura florum*, 1718）；布萊爾（Patrick Blair）的《植物學隨筆》（*Botanick Essays*, 1720）；布拉德利（Richard Bradley）的《園藝與種植藝術的物理暨實踐新觀察》（*Nouvelles Observations phisyques [sic] et pratiques sur le jardinage et l'art de planter*, 1756）；克爾路特的《關於植物性別的幾項實驗與觀察》（*Vorläufige Nachricht von einigen, das Geschlecht der Pflanzen betreffenden Versuchen un Beobachtungen*, 1761）；格萊興（Wilhelm Friedrich von Gleichen）的《植物界的新發現，或是對花朵中的植物生殖進行微觀觀察》（*Découvertes les plus nouvelles dans le règne végétal, ou Observations microscopiques sur les parties de la génération des plantes renfermées dans les fleurs*, 1770）；格雷帝希（同前註）；布隆尼亞爾（Adolphe Brongniart）的《論顯花植物受胎與胚胎發育》（*Mémoire sur la fécondation et le développement de l'embryon dans les végétaux phanérogames*, 1827），以及其他諸多有關發現花粉、花粉管、植物受胎方式的研究。

48.　　指的是史匹倫基爾（Christian Konrad Sprengel, 1750-1816）與奈特（Thomas Andrew Knight, 1759-1838）（參見如下：關於史匹倫基爾，請見薩克斯，《16世紀至1860年的植物學史》，同前註，頁430-435；關於奈特，請見頁435；勒華，《植物的性別概念史》，同前註，頁13）。史匹倫基爾（法國國家圖書館第45-C2號箱匣）特別強調植物之間交叉受胎（異花授粉）、環境機械因素（風力、河流……）的重要性，尤其是昆蟲對授粉的作用。此外，他還研究如何以花朵與授粉昆蟲的關係來解釋花朵的一般形狀及結構：「第一個嘗試是透過觀察這些形式與其周遭環境的關係來解釋器官形式的發展」，薩克斯如是指出（《16世紀至1860年的植物學史》，同前註，頁430）。奈特更深入分析他的交叉受胎必要性與昆蟲在花粉運輸中的作用。

49.　　傅柯在〈居維葉在生物學史上的地位〉（1970，前揭文，頁923-924）

中，重提這個18世紀關於影響或環境等概念之間的區分，例如「去分析多樣性的補充資料：這些概念涉及其他的多元化因素；它們用來分析某一類型能成為另一類型的事實」；而19世紀的「生存條件」概念「指的是如果有機體不是原本的樣子且不在其所在之地，這個有機體就有可能無法繼續生存：它指的是生與死之界線的建構」。此一區分應當與傅柯在《臨床的誕生》、特別是《詞與物》中的分析連繫起來：自然史與生物學決裂的特徵，就是觸及死亡與極限的問題，「生物學的對象是能夠活著並可能會死亡者」。對傅柯來說，這些生存條件既涉及有機體關聯性的內在系統——例如居維葉（Georges Cuvier）就以此為基礎，為生物進行分類；也涉及「被視作來自環境之威脅，或是如果環境改變就會對個體生存造成威脅的生存條件。我們將生物學與環境和生物之關係的分析連結起來，也就是連結了生態學」。傅柯認為，正是達爾文將後面這個關聯闡明得最清楚，但是我們知道，正確來說，是達爾文提出了前述史匹倫基爾的研究。

50. 傅柯在此主要採用勒華的《植物的性別概念史》（同前註，頁24-25，法國國家圖書館第45-C1號箱匣）。因此，普林斯罕（Nathanael Pringsheim）「於1855年指出，不僅〔游動精子會附在孢子上〕，還會進入孢子裡；並因而形成一個禁止其他精子進入卵子的膜。因此，受胎可以明確定義：**融合了兩種物質，也就是性細胞**」。普林斯罕「首先在隱花植物中確立了」此一受胎模式。接著由史特拉斯柏格（Eduard Adolf Strasburger）將其擴展至顯花植物：「1884年，〔他〕觀察到某一雄性細胞核和卵細胞核的融合（自1875年以降，我們就知道精子細胞核和卵子細胞核會在動物體內融合）。」此外，傅柯似乎在稍後將史特拉斯柏格的研究匯集成一個檔案（法國國家圖書館第45-C2號箱匣），這無疑是在為法蘭西學院的課程綱要做準備。

51. 這一次，傅柯主要是採用胡雍（Charles Houillon）的《生物學導論》（*Introduction à la biologie*, Paris, Hermann, 1967）第四冊《性特質。生

殖系統，精子產生》（*Sexualité. Lignée germinale, spermatogenèse*）頁
17-18，用以描繪「生殖系統的發現」。「有以下的基本區分：組成有
機體的細胞，以及讓有機體繁殖的細胞。前者用盡了其所有的可能性；
後者則保存了其原有的潛能，而且可以繁殖個體。此一區分帶來兩個問
題：(1)種質－體質差異的問題：出現在特定細胞物質自身演變的發展過
程裡。這就產生了生殖系統持續性和種質可能永存的想法。(2)種質獨立
於體質、所得之特徵的遺傳問題。首先進行觀察的是努斯鮑姆（約1880
年）。他在青蛙身上觀察到能長時間保存胚胎樣貌的大型細胞：它們能
長期保存卵黃，並將其安置在未來的性腺區內。對努斯鮑姆而言，這是
物種的持續根源。魏斯曼（約1885年）設想的不是根源，而是能代代相
傳的永生物質。這種『生殖漿』的一部分將存於生殖細胞內，以確保接
下來的世代」（法國國家圖書館第45-C1號箱匣）。也參閱德拉奇（Yves
Delage），《遺傳與一般生物學的重大問題》（*L'Hérédité et les grands
problèmes de la biologie générale*, 2e éd., Paris, Schleicher frères, 1903
[1895], p. 196-203；法國國家圖書館第45-C3號箱匣）。「生殖漿」的想
法將性特質定義成隱藏於個體之下的一般功能，並被簡化成「贅生物」
或「快速退縮的偽足」，傅柯當時不斷以明顯的「反人文主義」邏輯來
強調這個想法（參見上文，註釋31，頁325；〈居維葉在生物學史上的地
位〉，1970，前揭文；〈將會有醜聞，但是……〉，1970，前揭文，頁
943；〈生長與繁殖〉，1970，前揭文，頁968-970；也參見下文，〈性
特質、繁殖、個體性〉，頁380-390；授課情境，頁440-444）。

52.　　「個體本身只不過是一種生殖根源連續性的贅生物。性特質成為個體一
　　　　小部分的隱藏功能，而不是例如在個體開始迅速成長之際成為個體的先
　　　　鋒」（〈居維葉在生物學史上的地位〉，1970，前揭文，頁932）。

53.　　特別參閱《精神分析導論》第26章開頭的部分，佛洛伊德在自我傾向和
　　　　性傾向之間做出區分，指出「性事是……唯一能超越個體、確保其與物
　　　　種之連繫的功能。我們很容易就明白，執行這項功能對個體的用處遠不

如執行其他功能，它帶來了過度強烈的愉悅，引發的危險能威脅、甚至經常會消滅其生命。此外，也有可能透過不同於其他進程的特定新陳代謝進程，讓個體生命的一部分能以秉性（disposition）之名傳遞給後代。最後，個體視自己為至關重要且認為他的性只是各種滿足方式之一，但從生物學的角度來看，他僅是一系列世代中的一個片段，是幾乎可說是永生的原生質的衰老贅生物」（同前註，頁503；法國國家圖書館第39-C3號箱匣）。

54.　這整個結論必須與追隨〈居維葉在生物學史上的地位〉（1970，前揭文，頁932-933）的討論加以比較，這篇文章提出一種類似的發展，但是更清楚涉及他所謂的「『反應』──就詞彙的強烈意義而言，也就是從尼采的觀點來說」，這些反應因死亡、事事和歷史的湧現，而在哲學中被激發成生物事實，這讓我們看清楚了他的批評對象，也就是黑格爾主義、現象學、存在主義以及某種人文主義式的馬克思主義。一方面，它針對的是海德格（Heidegger）的追隨者們──尤其是沙特（Sartre）──而做出如下斷言：「死亡是生命的完成……正是在死亡裡，生命才有意義……死亡將生命轉變成命運」；另一方面則是那些追隨黑格爾、呂格爾以及聲稱一種「性事人類學」（參見上文，克雷蒙－費洪大學的課程，頁25-28）的人們則宣稱：「透過性事，個體可以……自我發展、超越自我，藉由愛、時間以及其後代與其他人溝通」；最後，針對的是從黑格爾到沙特的整個歷史哲學，這個歷史哲學的目的是透過「使用某種辯證形式」，賦予其「意義上的統一性，並在其中找回自由意識與其計畫的基本統一性」（前揭文，頁933）。我們可以比較這些分析和1966年至1967年的突尼斯大學課程（同前註），傅柯在此一課程中同樣提及了「所有這些對人類自戀的嚴重打擊，包括發現生物生理學上的確認、性特質的確定特徵」等等，以及這些打擊如何「透過人的狂熱，被當作所有意涵的起源與焦點來獲得彌補。自從他知道他會死，知道他不能任由自己最偉大的部分（譯注：即生命）逃離自己，他就想

著是他的實存賦予一切以意義，以此自我安慰。」。傅柯的計畫與巴塔耶一致，在當時似乎相反地使用性事「知識」（savoir）來破壞這些安慰：「知識不是用來安慰的：它會讓人失望、使人擔心、切割、傷人」（〈生長與繁殖〉，1970，前揭文，頁967）。參見授課情境，頁440-444。

第七堂課 **性的烏托邦**
── LEÇON 7　*L'utopie sexuelle*

一、區分烏托邦和異托邦。性的異托邦：在一個社會裡，不同地方會有不同的性規範。以原始社會和我們的社會為例：某些制度是性事的交流者。有時和烏托邦主題有關：巫魔宴就像是烏托邦和異托邦的混合物。

二、重提導論：烏托邦和異托邦之間的關係。同位和異位的烏托邦。性的烏托邦：性主題在烏托邦裡的重要性（薩德、康帕內拉〔Campanella〕）；或是整合型烏托邦：回歸受社會阻止的正常性事；或是踰越型烏托邦：一種徹底去正常化的性事（薩德、《O孃的故事》〔*Histoire d'O*〕）。呈現馬庫色和賴希研究的這些烏托邦元素。

三、比較踰越型和整合型烏托邦的分析：1.慾望－差異－主體：建立絕對差異的慾望主權（薩德、《O孃的故事》），相比於消除慾望差異的協調分配（孔德、傅立葉、布列東）；2.法律和放縱：踰越型烏托邦裡的反社會、非自然、不對等且放縱的法則，相比於整合型烏托邦恢復性事的自然法則（舉止要符合規則）。

四、性革命的問題：馬庫色或雙重烏托邦。解放被社會異化的正常性事。批判馬庫色的不同假設：它們如何背離佛洛伊德的分析。

一、區分烏托邦和異托邦[1]

1. 烏托邦：無處之地（lieux sans lieux）；論述的事實；批判、改革與幻想之間的中介舉止。

2. 異托邦：空間裡的各區域，包含一定數量之特定舉止的制度，這些特定舉止不同於日常舉止。羅馬浴場、月亮公園（Luna Park）、監獄[2]。（相同的還有異時性，例如節慶[3]。）

應該要進行性的異托邦研究。
幾點注意事項：

3. 性行為無疑是對地點（與時間）變化最敏感的行為之一，也是與發生行為的時空條件最相關者之一：
⊙ 或許有某種性行為的生理或心理常態：
⊙ 事實上，〔並沒〕有一個而是有多個相當不
　　同的社會學常態[b]。在家裡和在外面的性行為
　　（廣義而言：靠近與引誘的舉止；性交；隨
　　後的關係）是不同的：服兵役時和身為平民
　　時；度假時和平日……

4. 此一性行為的時空異質性也許有非常普遍的價值，以致於我們能在大多數的文化中找到[4]：

⊙ 接待青春期男孩的青少年之家；

⊙ 給未婚青年做愛的地方；

⊙ 針對無法做愛之女性（月經期間、懷孕時）實施的隔離與避居系統；

⊙ 逝世後的禁忌期[5]；

⊙ 節慶。

5. 在我們的系統裡，我們發現某些要素與原始社會中的其他要素是同構的： [3/78]

⊙ 「相互取樂」的年輕人：外婚制。氏族之外的性事，規範明確，口頭上明目張膽，行動上卻不怎麼活躍（我們無疑無法在內婚制很盛行的國家中找到這種性事，例如阿拉伯國家）；

⊙ 服兵役時：性和公民啟蒙的時期（布爾喬亞

---

a　　　原註：左邊的數字是傅柯編的頁碼。

b　　　原註：傅柯似乎遺漏了部分的句子：我們重建了手稿中強調的「並沒」一詞。

階級設置了三大培育機構：小學、軍營、妓
院）⁶。

6. 但是，無論如何相似，我們都有一個非常複
雜、與時空有關的性事系統：

⊙ 它修改了主要禁令：同性戀（監獄、學校、
某些但非全部的軍事團體）；亂倫（鄉村的
父女）⁷；

⊙ 它定義了性標準化的特定場域或空間。

7. 總而言之，在此一異態性（hétéromorphisme） [4/79]
裡，我們必須區分專門用來調整性行為的區
域：軍中或醫院都不是用來進行此一調整的
（儘管有一種非常特殊的性特質，與醫療有
關）。這種調整只有在性事與軍人身分或患
者有關時才會進行。相反地，有些制度確
實是用來引入此一調整的：愛情宮廷（cour
d'amour）⁸、青樓。這些制度的作用就像是性
事的交流者。這些都是性的異托邦。

⊙ 有時候會發現它們與其他制度混在一起；或
者我們可以找到具有多種功能的制度：羅馬
浴場、度假村⁹。

⊙ 有時候會發現它們與虛構的形式相混或一起
成為論據基礎，起著程序或者具有特權表述

的功能：

· 愛情文學、愛情宮廷裡的騎士小說：就某　　　　[5/80]
　個意義下，它們可以說是性異托邦的產物
　或表達，也是它們的程序。這是為了讓此
　一虛構的人物有生命；

· 16與17世紀同性戀社會中的騎士主題[10]。

此一制度與想像、儀式和幻想的混合，連同巫魔
宴一起達到它最神祕的形式：被敘述得如夢如
幻、但實際上被譴責的實踐[a]。巫魔宴就介於烏
托邦與異托邦之間[11]。

8. 烏托邦的特徵確定如下：
⊙ 將真正的彌撒制度有系統地顛倒；
⊙ 事件的幻想特徵：動物變形、空間轉移；
⊙ 論述的作用：「文學傳統」。

9. 異托邦的特徵如下：
⊙ 可能是巫師採取的半制度化團體（協會、傳
　統、招募、祕方）；

a　　　原註：隨後被刪掉的詞彙：「作夢般的、被憎恨的、被譴責而且可能被執行
　　　　的。」

⊙ 形式和地點的規律性；　　　　　　　　　　[6/81]

⊙ 環境的反應（不包括巫術）。

烏托邦與異托邦的錯綜複雜因以下事實而更讓人
印象深刻：

⊙ 巫魔宴的「他處」是透過陰狠手段轉移的
「烏托邦」方式而達成；

⊙ 透過排斥程序、控訴行為、逼供和定罪來強
化或建構烏托邦。

二、導論　　　　　　　　　　　　　　　[7/82][a]

1. 異托邦與烏托邦

(1) 異托邦都是真實存在的地方，但是它們經常
被意識型態的結構作為論據基礎。烏托邦就
像中介要素，在制度上作為意識型態的連接
器[12]。

⊙ 情況並非總是如此：作為異托邦的兵營，有
它自己的階級功能〔與〕理性主義和平等主
義（相對於武裝國家的革命思想）的意識型
態。實際上並沒有烏托邦要素。但是外國軍
團隨著烏托邦的中繼站一起運作：賤民之

城；沒有記憶的集體；公民式的博愛。

⊙ 有些異托邦具有明顯的烏托邦內容：

· 18世紀末療養院中的家庭式烏托邦[13]；

· 度假村；

· 花園和動物園[14]。

意識型態主要透過烏托邦的媒介而存在。　　　　　[8/83]

⊙ 有些異托邦是烏托邦的確切實現：

· 卡貝[15]；

· 加州的烏托邦[16]；

· 預言或千禧年團體[17]。

(2) 相反地，存有相對於同位烏托邦的異位烏托
邦。

⊙ 同位烏托邦：視自己如同社會的同相等物、
替代品或轉型：這是另一個社會，與我們的
社會類似，所有的要素都可在此找到，但是
都被挪動並處於另一個關係系統內（斯威夫
特〔Swift〕[18]、奧〔古斯特·〕孔德[19]）。

a　　　　原註：第6頁末尾是空白的，我們進入新的一頁，就是第7頁，這一頁重提並
進一步詳述之前的論述。由於這並不是嚴格意義上的修改稿，所以我們在文
本之後插入這隨後幾頁。

⊙ 異位烏托邦：代表某個異位之處，也就是在我們的社會之外，但是卻存於其中，或無論如何就是與之並列（薩德、《O孃的故事》[20]）。

⊙ 想像從這一個過渡到另一個的烏托邦。傅立葉：法倫斯泰爾（Phalanstère）是過渡至社會狀態的第一個階段，該狀態本身會產生和〔諧〕[21]。

因此，烏托邦和異托邦之間是錯綜複雜的。空間上的差異作為想像力的沉澱之處。而時間上的差異（過去的逝去）則在長時間之內確保了此一沉澱（注意：18世紀和19世紀作為異位想像力和異時想像力的衝突時刻：19世紀初，恐怖小說和歷史小說。《庇里牛斯山的城堡》〔*Le Château des Pyrénées*〕[22]）。今日，想像力的異位系統似乎在科幻小說和偵探小說或間諜小說中占了上風（在同一地點裡的另一個世界；在明顯的社會關係之下、他者）。

[9/84]

2. 性烏托邦[23]

[10/85]ᵃ

[11/86]

(1) 大多數的異托邦包含性行為的調整：從消滅（女修院）到狂熱（妓院），中間還經過自

然的性（參見度假村的「照料」）[24]。這些異
托邦通常具有烏托邦的要素：完美的社會運
作模型：

⊙ 女修院的純粹精神之城；

⊙ 自然狀態下的人、度假村（「亞當的循
環」）。

(2) 大部分的烏托邦都含有性要素：

⊙ 或者作為主要要素：薩德[25]；

⊙ 或者作為組成成分。康帕內拉：

· 監督品種之美的愛神法官（magistrat
Amour）[26]；

· 性關係的解放，但生殖除外[27]；

· 將生育者與其他偉人的雕像一起放在房
內。星象學上的交媾時刻[28]。

這些性烏托邦的要素有兩種運作方式。　　　　[12/87]

(1) 作為對真實社會的批判，因為它不允許正常
性事。也就是說，對個體而言是愉悅〔且〕

a　　　原註：第10頁包含第11頁詳細論述的不同版本，但是已全部被刪除。我們將
之收錄在本堂課的附件中（參見下文，頁356）。

符合社會要求和功用的性事。（真實的）性
事在此會被批評為讓社會和個體成為自己的
敵人與彼此的敵人。

因此，在這些烏托邦要素中，有以下進程：調整
性事的社會改革；因此，性事讓個體－社會的關
係變得透明與容易；因此，最後有一個良好的社
會功用。性事，就是有著個體之軀的社會；或
者是立即且深具社會化的個體。例如布干維爾
（Bougainville）之旅就是整合型烏托邦[29]。

(2) 但是這些要素也能質疑所謂正常的性，因為　　　[13/88]
    此一正常狀態是由社會任意決定的（其規
    章、偏見、宗教與道德法律）。這些烏托邦
    因而揭示了一種去正常化、去社會化的性
    事；而且它（只有它自己）變成人際關係的
    重建法則。

⊙ 薩德：放縱成為規則：
    ‧個體行為的規則（所有拒絕放縱或甚至對
      此猶豫的人都會受到譴責）；
    ‧人際關係行為的規則（我們必須能履行並
      承受所有其他人的欲求）[30]；
    ‧協約的規則：透過此一協約，支配者在彼

此之間制訂了放縱規則[31]。

⊙ 《O孃的故事》

‧ 在此，屈從、贈與、參與、建立或接受規章等條件，都是情色的要素；

‧ 從這裡就建構了一個幻想且祕密的社會，具備其認可的標記、階級和地點[32]。

這就是踰越型烏托邦[33]。　　　　　　　　[14/89]

這些都只是「純粹的」要素。事實上，在大多數的烏托邦裡，這些要素都是混雜在一起的。還有正好介於中間、一個「正常的」社會該有的社會形象，因為性事在此應該是被去正常化的。非一夫一妻、非生殖的、非異性戀的性事→而社會變得完美。

案例。賈〔克‧〕薩德爾（Jacques Sadeur）與雌雄同體的社會[34]。

明確指出這些烏托邦要素的功能是很重要的，因為我們可在馬庫色和賴希的研究中找到這些要素：

⊙ 採用馬克思主義：以便表明是社會阻止了正常性事的運作；

⊙ 採用佛洛伊德：以便表明我們所謂的正常性
事，事實上是由社會決定的，而不是由性事
固有的法則來決定的。

馬庫色和賴希沒有透過烏托邦主題來建構性事的
理論；他們使用知識論場域來建構烏托邦[35]。

三、比較踰越型和整合型烏托邦的分析

[15/90]

1. 慾望、差異和主題

(1) 踰越型烏托邦包含：

⊙ 烏托邦裡發生的一切都與支配主體有關。
烏托邦被安排圍繞著他，而且正是他的慾
望——以其特異性（singularité）與無限性的
方式——建構了烏托邦的法則[36]：
· 《索多瑪120天》裡的四位主人[37]；
· 《色情》（*Pornographe*）裡的「匿名」主
體[38]；
· 《O孃的故事》裡的雙重系統：圍繞著不
同主人〔與〕圍繞著O孃[39]。

⊙ 這意味著一種關係上的不可逆轉性，既不平
等，也沒有互補。引起慾望的不是差異，而

是慾望造就了差異。在我渴望你的那一刻，
你就是此一慾望的他律（hétéronome）相關
者。因此，最終不是支配者渴求死亡，就是
慾望消失了，其相關事物也只能消失。

〔**頁緣空白處**：「參見《O孃的故事》第二種可
能的結局。」[40]〕

(2) 相反地，整合型烏托邦：　　　　　　　　　[16/91]
⊙ 沒有最高權力，但是有互補與選擇的橫向分
　布。
　　· 自由選擇：雷帝夫。《發現南方大陸》
　　　（*La Découverte australe*）裡的巴塔哥尼亞
　　　巨人（Mégapatagon）[41]。雄／雌劃分，在
　　　屏障的每一側；節慶之日：排成兩行，相
　　　互選擇[42]。
　　· 互補性：傅立葉、孔德。

女性　　　　**男性**
家庭的存在　　理論
{　宗教　　　　　實踐
家庭內部　　　家庭外部

$$\left\{ \begin{array}{ll} 感性 & 理性 \\ 同感 & 綜合 \\ 歸納 & 演繹^{43} \end{array} \right.$$

兩大原理的相互性：不存在無政府的社會→男性；不存在無宗教的政府→女性[44]。

⊙ 由此，慾望並不是區分的要素，而是差異造就了慾望，也就是對立、互補性的〔運作〕[a]。因此慾望只會在差異之中發生。而差異的安排——它們在圖表或固定圖像中的準確分布——則消除了慾望。

參見和諧部落之旅、巴塔哥尼亞巨人的節慶[45]。   [17/92]

⊙ 最後是慾望的消除：孔德[46]；富瓦尼（Foigny）與雌雄同體的神話[47]。

整合型烏托邦：差異系統是慾望消除之處；
〔踰越型烏托邦〕[b]：慾望的支配權是不可逆之差異性的建構時刻。

2. 法則與放縱

性烏托邦從來都不是無政府狀態的（甚至不是像
狄德羅描述的最快樂、直接與自然的形式，還具
有榮譽、好客之道及生育的義務）[48]。但是，這
種非無政府狀態的運作在踰越型烏托邦與整合型
烏托邦裡是不同的。

(1) 踰越型烏托邦：　　　　　　　　　　　　[18/93]

⊙ 它始於對自然的一系列刪減，也依此持續下
　去：

　· 空間的刪減：《色情》、《索多瑪120
　　天》。

　· 《O孃的故事》裡的贈與（為了徹底根除
　　愛情）[49]。

　· 有系統地偏離其自然形式的性實踐。而且
　　這被強加成為某種律法。因此這種性事並
　　非動物天性的回歸，而是經過系統性規劃
　　的非動物性。

　· 某種被建構的畸形（《O孃的故事》結尾

a　　原註：傅柯的字跡在此無法辨讀。我們加入了「運作」一詞，便於理解。
b　　原註：有鑑於要與前一個句子對稱，我們加了這個詞。

裡的小鴉）[50]。

⊙ 因此，我們面對的是一種既非自然、也不是動物性的規章。這種規章不是為社會而考量的，它同時被支配者和臣民所強加與接受。

在薩德的作品裡，惡棍[51]就是為自己和他人制訂規則的人，此一規則抓住他、滲透他、命令他、決定他的一切，這就是他放縱的規則。受害者就是那個接受「規則之破壞對他來說即為規章」的人：我將會是你想要我成為的那個人。

由此，出現了奇怪的性事法則：　　　　　　　[19/94]

　・既嚴格又放縱；

　・對自身和對他人不同調。沒有可轉移性；

　・不符合自然與社會；

　・更接近死亡而非生命，更接近畸形而非自然；更接近迷亂而非理智。

〔關注它們形成的心理分析（作為預防）。〕[52]

(2) 整合型烏托邦

⊙ 它讓性事恢復自然：植物與動物的本性（參見《布干維爾之旅》）；或是人的本性，出

自其特徵組成來考量（傅立葉）。總而言之，就是以繁殖為目的：優生學或社會的保存（孔德）[53]。

⊙ 因此，恢復其自然法則，性事就像是清除規則的規則。性的規章都是被內化的，沒有壓抑性的價值。參見傅立葉的組合[54]。所以，社會規則都被整合成一種愉悅。

對整合型烏托邦裡的人來說，規則不再作為規則本身運作，而是作為其個體性的決定因素，因此使個體性得以作為個體性的功能是早就設定好的。

在整合型烏托邦裡，欲求時刻與規則層級的設置都從性事裡抹去——還好自然與社會可以在個體中進行交流。踰越型烏托邦則會導致慾望出現，成為絕對的區分原則，而規則既不是內在的、也不屬於自然，更不是社會及主體的要素。

換句話說，整合型烏托邦建構了一個綜合性的主體，這個主體在一個沒有慾望的個體形式中，加入了自然和社會。踰越型烏托邦在一個既非自然、也不屬於社會的規則系統中，建立了慾求主體的不可化約性。

[20/95]

〔我們看見性事－革命這個問題是怎麼造成其中 [9/96]ᵃ
一個重大的困難。

⊙ 被異化、變態的性事主題，未來的社會將恢
復其正常功能。

⊙ 布爾喬亞社會的主題，這個社會透過其制度
（婚姻、家庭），定義了性事的規範，這些
規範傾向於忽略其自然的真理。

這就是模稜兩可之處：以當前「正常」形式存在
的性事，是一種經過編碼的制度、一種意識型態
的操作嗎？或者它的變態、精神官能症、不正常
的形式，是社會關係（個體在此一關係中被異
化）的結果？
我們發現這兩個主題在許多文本中交錯在一起，
這些文本更為烏托邦，或至少更為意識型態，而
非政治性的。例子。馬庫色：

⊙ 當前被認可的性事極限（婚姻、生育）都是
由剝削人類勞動的社會來定義的。因此，我
們將一大部分的性行為譴責為變態，這些性
行為只不過對此一規定範圍來說是不正常
的。這是過度壓抑[55]。

⊙ 不過，一旦這些限制被解除（而且它們只會 [10/97]

在新型態的社會中被解除），我們會發現什麼？一個容忍例如虐待狂或戀屍癖等等所有性變態的社會？不，而是一個免於所有這些性變態的性事，一個非虐待狂的性事等等。總之就是正常的。

我們可以說：從其自身的規範開始擴展。

馬庫色，同一個論述裡有雙重烏托邦：

⊙ 社會應該如何轉型，才不會將已經強加於性事的專斷規範再強加於之？

⊙ 在一個如此轉型的社會裡，〔性事〕^b如何從自身之中並透過某種自然權利，找回一種不再排除而是真正消除性變態的規範性？

因此，馬庫色可說是很明確地讓性變態加倍。

a　　　原註：我們發現頁碼在此突然改變。傅柯原本寫「9」，然後又劃掉。下一頁則是未被劃掉的「10」，接著是被劃掉的「11」。無論如何，我們可以確定這幾頁是在一起的。而且傅柯還以括號框出（這似乎是之後發生的）此一詳細論述的範圍。

b　　　原註：傅柯寫成「社會」。

⊙ 「好的」性變態因布爾喬亞社會之故，而不 [11/98]
在正常性事的範圍內實際地出現。這些「好的」
性變態必須與這些界線重新整合；它們作為性變
態的身分消失了，但是會在正常性事裡以真實的
實踐之姿出現。同性戀。

⊙ 「壞的」性變態之所以被布爾喬亞的正常性
事排斥，只因為這是由性事與其非法範圍（虐待
狂）所產生的。這些「壞的」性變態會像實踐一
樣確實消失，如果它們偶然產生了，總是會被當
作性變態。〕

四、馬庫色的假設 　　　　　　　　　[未編碼/99]ᵃ

1. 工作及享樂原則之間沒有悖論（但是，享樂
   原則和現實原則之間是有的，後者的形式和
   內容本質上皆由利益原則來決定）[56]。

社會倫理ᵇ的假設。

〔頁緣空白處：「這與佛洛伊德的主題：「不幸
與工作」相反」〕

2. 多型態的性事與生殖力之間沒有悖論（但是
   排他的生殖力和局部形成之間是有的）[57]。

心理生理學常態的假設。

〔**頁緣空白處**〕：「這與佛洛伊德的本能排斥主題相反〕

3. 多個差異系統之間的關聯：壓抑／過度壓抑；修正／排斥；愉悅／受苦。

人類學的假設：存有一種人的社會自然真理〔……〕^c。

〔**頁緣空白處**〕：「這與佛洛伊德的潛抑主題相反〕⁵⁸

4. 破壞性本能的消失與愛慾（Éros）增強之間的關聯。

經濟上的假設。

〔**頁緣空白處**〕：「相對於將愛慾和攻擊混雜在一

---

a　　原註：這是最後單獨一張正反兩面都有的紙，標題是：「馬庫色的假設」。
b　　原註：取代被劃掉的「享樂主義」。
c　　原註：被劃掉的片段：「4.普遍化的性與性變態（例如虐待狂，這對社會來說代價高昂）之間的區別。」

起的主題」[59]〕

然而，在每一個這些論題裡，我們都能見到：　　[未編碼/100]

⊙ 批判一個不能確保性事之愉悅功能的社會
　　（不過這假設有一個未被明確定義的常態核
　　心）。

⊙ 反向批判一個正常的性（這種性只是社會壓
　　力的結果）。

＊

〔第七堂課〕附件

〔我們在此插入第10/85頁，這是第11/86頁
的修改稿（參見上文，頁342-343）。在手
稿裡，這一頁完全被劃掉。〕

1. 性的異托邦和烏托邦：
(1) 所有的異托邦都會對性行為有或多或少的調　　[10/85]
　　整：

⊙ 消失：女修院；

⊙ 狂熱：妓院。

（因此，女修院－妓院的價值被誇大了。）[60]

(2) 異托邦通常包括性的烏托邦：

⊙ 女修院裡，去性化的博愛：與上帝、基督和
　院長的關係。

⊙ 妓院裡的性烏托邦：奴隸制社會。

⊙ 度假村裡，自然之性事的烏托邦。

(3) 大部分的烏托邦都含有某種性成分：

⊙ 或是作為主要要素：《索多瑪120天》。

⊙ 或是作為特定要素：傅立葉、康帕內拉。

註
釋

1.　這堂關於烏托邦和異托邦的課程延續了傅柯自1966年至1967年以來，
　　以區分烏托邦的方式思索異托邦概念。在《詞與物》（1966）的序
　　言中，傅柯介紹了波赫士（Jorge Luis Borges）有關中國百科全書史
　　（encyclopédie chinoise）裡的異托邦概念，並導入各種徹底的差異、毀
　　壞作為語言論據的共通性，來與那些「令人不安……因為它們悄悄破壞
　　了語言」的異托邦相互對照；而令人感到安慰的烏托邦則「讓寓言及論
　　述……都能和語言一致」（同前註，頁9）。在1966年12月由法國文化廣
　　播電臺舉辦的兩場廣播會議中，此一異托邦的概念獲得闡述，而且始終
　　與烏托邦的概念呈現緊張關係：「烏托邦體」和「異托邦」，參見《烏
　　托邦與異托邦。1966年12月7至21日法國文化廣播電臺播送的兩場廣播會
　　議》（*Utopies et hétérotopies. Deux conférences radiophoniques diffusées
　　sur France Culture les 7 et 21 décembre 1966*, CD, Bry-sur-Marne, INA,
　　2006）；參見〈真實的烏托邦體或處所與他處〉（Les utopies réelles ou
　　lieux et autres lieux）及〈烏托邦體〉（Le corps utopique），收錄在傅

柯，《作品集》（*Œuvres*, Paris, Gallimard, 2015, p. 1238-1257）；接著是1967年3月14日在建築研究中心舉辦的一場名為「其他空間」（*Des espaces autres*, 1984）的會議（收錄在《言與文》第二冊，同前註，no 360，頁1571-1581）。這一次，烏托邦和異托邦是相互對立的，因為前者是「無真實之處的場所」（〈其他空間〉，前揭文，頁1574），一個「所有處所之外的處所」（〈烏托邦體〉，前揭文，頁1249），而異托邦則是「真實的處所⋯⋯被描繪於社會制度本身之中⋯⋯因此是在所有處所之外，儘管它們實際上是可以在地化的」（〈其他空間〉，前揭文，頁1574），「烏托邦有一個明確且真實的處所」，在所有的社會裡都具有「反空間」（contre-espaces）、「絕對他處」的作用（〈真實的烏托邦體或處所與他處〉，前揭文，頁1238-1239）。接下來所有的論述都受到這些會議的啟發，並將重點放在性事問題之上，就1968年5月學運之後的凡仙大學來看，這一點也不單純（參見授課情境，頁444-448）。關於傅柯的異托邦概念，參見例如德菲爾（Daniel Defert）的〈傅柯、空間與建築師〉（Foucault, space, and the architects），收錄在《政治／詩學。文獻X。書籍》（*Politics/Poetics. Documenta X. The Book*, Ostfildern-Ruit, Cantz Verlag, 1997, p. 274-283）；強森（Peter Johnson）的〈闡明傅柯的「不同空間」〉（Unravelling Foucault's "different spaces"），收錄在《人文科學史》（*History of the Human Sciences*, vol. 19, no 4, 2006, p. 75-90）；帕拉丁諾（Mariangela Palladino）與米勒（John Miller）主編，《空間的整體化。傅柯與異托邦》（*The Globalization of Space. Foucault and Heterotopia*, Londres, Pickering and Chatto, 2015）。

2. 監獄的例子顯然有非常不同的處理方式，並被納入有關規訓權力和刑罰制度的分析，參見《監視與懲罰：監獄的誕生》（*Surveiller et Punir. Naissance de la prison*, Paris, Gallimard, 1975）和《懲罰的社會。法蘭西學院1972年至1973年課程》（*La Société punitive. Cours au Collège de*

France, 1972-1973, éd. établie sous la dir. de F. Ewald et A. Fontana, par B. E. Harcourt, Paris, Gallimard-Seuil-Éd. de l'EHESS, 2013）。傅柯在〈其他空間〉（1967/1984）提出的類型學中，將它們放在「偏差的」異托邦旁邊。他提到了土耳其浴、桑拿和市集日等案例（前揭文，頁1579）。

3. 論異時性，參見同上，頁1578。

4. 傅柯將這個觀察放在「異質拓樸學」裡一項最普遍的計畫中，這將異質拓樸學置於結構主義者的視角：所有的社會都含有異托邦（「世界上很可能沒有一個文化不是由異托邦構成的」）；我們可以根據某些異托邦類型來分類各種社會（同上，頁1575）。

5. 所有這些異托邦都符合傅柯形容的「危機的異托邦」（同上）。青春期的青少年與其同伴會被送到「青年之家」（美拉尼西亞稱為 bukumatula），這個例子出現在馬凌諾斯基的《原始社會的性事與壓制》（La Sexualité et sa répression dans les sociétés primitives, trad. par S. Jankélévitch, Paris, Payot, 2001 [1932], p. 82-83）與《西北美拉尼西亞野蠻人的性生活》（La Vie sexuelle des sauvages du nord-ouest de la Mélanésie, trad. par S. Jankélévitch, préf. de H. Ellis, Paris, Payot, 1970 [1930], 頁64及其後）。

6. 參見〈其他空間〉（1967/1984），前揭文，頁1576。

7. 例如我們在馬凌諾斯基的研究裡發現（《原始社會的性事與壓制》，同前註，頁81，注釋1），根據此一想法，農家的父女亂倫在西方國家裡是很常見的。

8. 關於愛情宮廷，參見拉菲特－烏薩，《吟遊詩人與愛情課程》（同前註）。

9. 〈其他空間〉（1967/1984，前揭文，頁1579）或〈真實的烏托邦體或處所與他處〉（1966，前揭文，頁1243-1244）曾多次提及度假村（「地中海俱樂部度假村」），這些度假村被視作「長期性的異托邦」，混合了「兩種異托邦形式，亦即節慶和時間永恆性」。要提醒的是，地中海俱

樂部創於1950年代初期。

10. 傅柯無疑是指17世紀形成的各種同性戀社團，例如由洛林騎士（Chevalier de Lorraine）、畢宏（Biran）、達拉爾（Tallard）與其他人約於1681年創立的社團，這個社團被艾赫維茲（Jean Hervez，又稱拉烏爾·維茲〔Raoul Vèze〕）載入《關於愛布格人祕密史的軼事。17世紀雞姦者的地位》（*Anecdotes pour servir à l'histoire secrète des Ebugors. Statut des sodomites au XVIIe siècle*, Paris, Bibliothèque des curieux, 1912, p. 3-32；法國國家圖書館檔案），以及那些實際上採取騎士團形式的同性戀會社，他們頒布章程、要求發誓、要有加入儀式、騎士團團長等等。在這個以騎士團為模型的組織中，有時還可加上增進情人間的忠誠關係。針對18世紀也參閱艾赫維茲，《18世紀的愛情會社。談情說愛的社會、風流學院……》（*Les Sociétés d'amour au XVIIIe siècle. Les sociétés où l'on cause d'amour, académies galantes...*, Paris, H. Daragon, 1906）。傅柯似乎很早就對16至18世紀之間的同性戀文化感興趣，他為此建立了一份標題為「雞姦」（sodomie）的檔案（法國國家圖書館第42a-C1號箱匣），包括亨利三（Henri III）宮廷裡的同性戀文獻、18世紀的小冊子和諷刺短詩、同性戀祕密結社的資訊，還有描繪與壓抑「雞姦者」的文獻。

11. 多次引起傅柯興趣的是巫術和巫魔宴的問題（參見上文，第五堂課，註釋13，頁289-290）。關於此一問題，參見曼德魯（Robert Mandrou）剛出版的研究，《法國17世紀的法官與巫師。一份歷史心理學的分析》（*Magistrats et Sorciers de France au XVIIe siècle. Une analyse de psychologie historique*, Paris, Plon, 1968），特別是金茲伯格（Carlo Ginzburg），《女巫與巫魔宴》（*Le Sabbat des sorcières* [1989], trad. par M. Aymard, Paris, Gallimard, 1992）。

12. 意識型態和烏托邦是凡仙大學課程的兩個核心主題，這兩者之間的關係構成曼海姆（Karl Mannheim）《意識型態與烏托邦》（*Idéologie et*

Utopie, trad. par J.-L. Evard, préf. de W. Lepenies, Paris, Éd. de la Maison des sciences de l'homme, 2006 [1929]）的根本問題。即使傅柯完全沒有直接提及此一著作，但我們還是必須牢記在心，它在有關烏托邦和革命的政治辯論中，是一個必要的參考指標，特別是與馬庫色反思的關係，參見例如《烏托邦末日》（*La fin de l'utopie*, éd. par P.-H. Gonthier, trad. par L. Roskopf et L. Weibel, Neuchâtel-Paris, Delachaux et Niestlé-Seuil, 1968）。我們也可以比較傅柯在此對烏托邦、意識型態和異托邦之關係的分析，以及曼海姆在《意識型態與烏托邦》（同前註）「烏托邦、意識型態與現實問題」這部分裡的論述。

13.　　參閱傅柯如何描述18世紀末期英國貴格會教徒（quaker）建立的**隱退所**（Retraite）：作為一個契約同盟，它同時「在父權家庭的神話中，維持了……一個公正、嚴謹、沒有弱點或自滿的家庭，就像聖經裡偉大的家庭形象」（《古典時代瘋狂史》，同前註，頁494）。傅柯與「這個有些簡單的假設保持距離，而〔他本身〕則支持如下：19世紀療養院的建立是家庭模型的延伸」（《精神病學的權力》，同前註，頁123；更廣泛而言是頁95-141），為的是以更為複雜的方式重新處理家庭與療養院——亦即「家庭主權」和「療養院紀律」——之間的關係。

14.　　關於花園，參見〈其他空間〉（1967/1984，前揭文，頁1577-1578）：花園在此被描述成「一種幸福且普世的異托邦」，旨在以其象徵性的完美來代表整個世界。也參閱〈真實的烏托邦體或處所與他處〉（1966]，前揭文，頁1242）。

15.　　傅柯指的是卡貝（Etienne Cabet, 1788-1856），他是燒炭黨（Charbonnerie）成員、科多爾省（Côte-d'Or）的省議員、帶有工運主義色彩的《人民報》（*Le Populaire*）創始者，他於1840年以「法蘭西斯·亞當」（Francis Adams）之名，發表了一本描繪共產主義烏托邦的作品《卡里斯多爾勳爵的伊卡里島冒險之旅》（*Voyage et Aventures de Lord William Carisdall en Icarie*, 2 vol., Paris, Hippolyte Souverain,

1840），之後他試著自1947年至1948年起，在美國實現他的烏托邦。關於此一主題，更廣泛來說，19世紀由卡貝、傅立葉或其他人啟發的各種烏托邦社群，參見佩蒂菲斯（Jean-Christian Petitfils），《19世紀的烏托邦社群》（Les Communautés utopistes au XIXe siècle, Paris, Pluriel, 2011）。傅柯也利用卡貝的《卡里斯多爾勳爵的伊卡里島之旅與冒險》（同前註）及《美國的伊卡里島公社，其建構、法律、物質與精神狀況等等》（Colonie icarienne aux États-Unis d'Amérique. Sa constitution, ses lois, sa situation matérielle et morale..., Paris, l'auteur, 1856），為伊卡里島的性事與婚姻問題整理出一份檔案（法國國家圖書館第39-C4號箱匣）。

16.　主要是指1960年代在加州興起的各種「嬉皮」社群，例如柯達山（Gorda Mountain）、養豬場（Hog Farm）或伊薩蘭（Esalen），但是它們本身就是19世紀以來美國西部烏托邦社群悠久歷史的一部分。關於此一主題，參見海因（Robert V. Hine），《加州的烏托邦公社》（California's Utopian Colonies, San Marino, Huntington Library, 1953），關於1960年代的社群，參見米勒（Timothy Miller），《1960年代的嬉皮與其他》（The 60s Communes. Hippies and Beyond, Syracuse, Syracuse University Press, 1999）。傅柯參考了海因的著作，特別從性問題的角度分析哈里斯（T. Harris）於1875年創立的「格羅夫噴泉」公社（Fountain Grove）（法國國家圖書館第 39-C4號箱匣）。哈里斯認為，曾經有過一個建立在男女結合之上的黃金時代，我們可以透過「樞紐人物」（homme-pivot）（也就是他自己，上帝藉此來彰顯自己）找回這個失落的黃金時代。對哈里斯來說，上帝是雙性的，而人可以透過性事，在他最有靈性的那一面裡再度與上帝重聚。這就是「格羅夫噴泉」的創立原則，這個社群組織了純粹靈性的結合，禁止夫妻之間有任何的肉體關係（海因，《加州的烏托邦公社》，同前註，頁12-32）。

17.　曼海姆將這些千禧年團體──特別是胡斯派（hussite）、穆采爾

（Thomas Münzer）或再洗禮教派——視作「烏托邦思想的最初形式」，明確地使它們成為其著作《意識型態與烏托邦》裡的重要轉折點。至於傅柯，他發展出與牧師權力對立的「反引導」（contre-conduites）概念，在《安全、領土、人口》（同前註，頁195-232）裡再度提及這些中世紀末期與現代初期的預言團體和千禧年團體。關於這些團體，主要參見科恩（Norman Cohn），《啟示錄的狂熱份子。中世紀的革命千禧世代與神祕的無政府主義者》（*Les Fanatiques de l'Apocalypse. Millénaristes révolutionnaires et anarchistes mystiques au Moyen Âge*, trad. de la 3e éd. par S. Clémendot, Paris, Payot, 1983 [1957]）。

18. 參見斯威夫特，《格列佛遊記》（*Gulliver's Travels*, Londres, Benjamin Motte, 1726）。事實上，《格列佛遊記》同時是在批判當時的英國社會，也是可能的烏托邦保留地。傅柯特別感興趣的是慧駰人（Houyhnhnm）的婚姻，這個制度首先被視作保存種族膚色和美貌的指令；在此，誘惑和財力問題都不會介入婚姻，婚姻純粹取決於這對未來夫妻之父母和朋友的意願（法國國家圖書館第39-C4號箱匣）。

19. 關於孔德，參見下文，頁346及其後，在性方面（la dimension sexuelle），參見布朗霍爾（R. de Planhol），《愛情烏托邦份子。柏拉圖主義者與附庸風雅者的感性情愛……》（*Les Utopistes de l'amour. L'amour sentimental des platonisants et des précieuses...*, Paris, Garnier frères, 1921, 頁238及其後）。傅柯自克雷蒙－費洪大學的課程以來，就在研究孔德烏托邦裡的女性地位、性事與家庭的角色等問題（參見上文，第一堂課，頁22，以及註釋15，頁36-37）。此外，他也建立了一份相關主題的檔案，題為「孔德。女性」（Comte. La femme）（法國國家圖書館第45-C2號箱匣），特別是來自《實證政治體系》（同前註）第二冊和第四冊的資料。

20. 關於薩德和《O孃的故事》（éd. rev. et corr., préf. de J. Paulhan, Paris,

Pauvert, 1972 [1954]），參見下文。《O孃的故事》是雷阿傑（Pauline Réage）於1954年發表的小説。雷阿傑是德斯洛（Anne Desclos）——人稱多明妮克・奧瑞（Dominique Aury）——的筆名。故事圍繞著O孃、其主人赫內（René）和史蒂芬爵士（Sir Stephen）這三個主要角色，描繪出在瓦西（Roissy）城堡和巴黎的施虐受虐者世界。《O孃的故事》由波維爾（Pauvert）出版（這名出版商同時也出版了薩德的《作品全集》），《新法蘭西評論》（Nouvelle Revue française，簡稱NRF）的負責人暨奧瑞的情人波隆（Jean Paulhan）特別為這部作品撰寫了一篇序言，巴塔耶也寫了一篇分析文章〈情色悖論〉（Le paradoxe de l'érotisme，收錄在《新法蘭西評論》，vol. 3，no 29，1955，頁834-839），並將這本小説與薩德的作品、克羅索夫斯基的小説《羅伯特，今夜》（Roberte ce soir, Paris, Minuit, 1953）相提並論。巴塔耶在分析中描述《O孃的故事》是傅柯開始理解「異托邦」的例子：一種極端的相異性（altérité）形式（情色和踰越的形式）毀壞了語言，並以重複或沉默來替代之——最終的、欺騙的沉默在《O孃的故事》中體現為小説相對殘酷的中止，或是作者提出的另一種結局，那就是O孃的死亡。

21.　關於傅立葉（Charles Fourier），參見下文，頁346及其後，關於性的問題（les questions sexuelles），參見布朗霍爾的《愛的烏托邦》（同前註，頁208及其後）。事實上，對傅立葉而言，其社會組織原則（特別是法倫斯泰爾）的應用應該能從社會混亂過渡至「普遍和諧」。傅柯針對傅立葉對性和激情層面（les dimensions sexuelle et passionnelle）的反思，整理了一個完整的檔案（法國國家圖書館第39-C4號箱匣），其中特別包括了《普遍和諧與法倫斯泰爾》（L'Harmonie universelle et le phalanstère, 1849）、《四項運動與普遍遭遇的理論》（Théorie des quatre mouvements et des destinées générales, 1808）與《普遍統一性的理論》（Théorie de l'unité universelle, 1841-1843）。當傅柯從性烏托邦的角度開始對傅立葉產生興趣，並使之與薩德保持緊張關係，

多位與傅柯關係密切的作者也再次對傅立葉產生了興趣。羅蘭‧巴特（Roland Barthes）於1967年至1970年發表以下研究：針對薩德，〈罪行之樹〉（L'arbre du crime），收錄在《如是》雜誌（Tel Quel, no 28, 1967）；針對羅耀拉（Loyola），〈如何與上帝對話？〉（Comment parler à Dieu ?），收錄在《如是》雜誌（no 38, 1969）；針對傅立葉，〈與傅立葉共存〉（Vivre avec Fourier），收錄在《批判》期刊（no 281, 1970），並將這些研究收入《薩德、傅立葉、羅耀拉》（Sade, Fourier, Loyola, Paris, Seuil, 1971）。自1967年起，傅柯在凡仙大學的同事謝黑（René Schérer）也對傅立葉的性烏托邦有了興趣，還出版了傅立葉的文選《熱情的吸引力》（L'Attraction passionnée, Paris, Pauvert, 1967），且自此不斷思索將性解放視作實現烏托邦的要素，參見《傅立葉或全面爭論》（Charles Fourier ou la Contestation globale, Paris, Seghers, 1970）。1970年《論題》期刊（Topique）為傅立葉出版了特別號，還附上布朗修的序言，以及克羅索夫斯基的〈薩德與傅立葉〉（Sade et Fourier）一文。這股熱潮的復甦要大大歸功於德布（Simone Debout）自1966年起所進行的研究，她編輯了由安托波出版社（Anthropos, 1966-1968）出版的傅立葉《作品全集》，其中收錄一份確實在專門論述性關係與情愛關係的重要文本，那就是1967年出版的《情愛新世界》（Le Nouveau Monde amoureux），還附上一篇德布的長篇序言。1968年後傅立葉被放入性解放和女性主義的論戰中，這份文本就扮演著關鍵的角色。參閱例如德布，〈慾望和羅盤。傅立葉的社會系統〉（Le désir et la boussole. Le système sociétaire chez Charles Fourier，收錄在《國際社會學筆記》〔Cahiers internationaux de sociologie, no 43, 1967, p. 159-168〕），關於該作品發表的背景及其於1968年被接受的情況，參見博宗（Michel Bozon），〈傅立葉的情愛新世界與1968年5月學運。激情政治學、兩性平等與社會科學〉（Fourier, le Nouveau Monde amoureux et mai 1968. Politique des passions, égalité des sexes et science sociale, *Clio. Histoire, femmes et sociétés*, no 22, 2005, p. 123-149）。

22. 在此指的不是蘇利埃（Frédéric Soulié）的小説《庇里牛斯山的城堡》（1843），而是古特貝爾森（Catherine Cuthbertston）的《庇里牛斯山城堡的狂想》（*Visions du Château des Pyrénées*），這部小説於1803年以英文出版（Paris, Renard, 1809；法國國家圖書館第39-C4號箱匣），長期以來一直都被認為是拉德克利夫（Ann Radcliffe）的作品，也是馬舍雷《文學生產理論》（*Pour une théorie de la production littéraire*, Paris, Maspero, 1966）第六章〈反面與正面〉（Envers et endroit）的分析對象。亞里奧斯托伯爵（comte Ariosto）留下的孤女維多莉亞（Victoria）被歹徒擄走，他們穿越了一片荒原，那裡的陡峭岩石和陰暗森林阻絕了與世界其他地方的連繫，然後又在湍流中穿越洞穴，最後抵達一座非常古老的城堡，是多位加泰隆尼亞親王在阿拉伯人占領時期建造的。傅柯建立了一份題為「處所」（Lieux）的檔案，收集了18世紀末至19世紀中所有以想像力創造的空間差異案例（客棧、城堡、女修院與監獄、冰川及山岳等等）（法國國家圖書館第39-C4號箱匣）。

23. 傅柯彙整了一份有關這些性烏托邦的重要檔案，包括17至19世紀的文學作品、19世紀的社會理論（傅立葉、卡貝、孔德、特里斯東），還有馬庫色的研究（法國國家圖書館第39-C4號箱匣）。針對此一主題，他無疑也參考了布朗霍爾的《愛情烏托邦份子》（同前註），這本書列舉了法國文藝復興時期至19世紀末的各種性烏托邦。或許他也知道〈烏托邦主義者與性問題〉（Les utopistes et la question sexuelle）這篇文章，這是阿爾蒙（Émile Armand）和特雷尼（Hugo Treni）為《無政府主義的百科全書》（*Encyclopédie anarchiste*, 1934）編纂的，並重新收錄在《烏托邦主義者與性問題。薩德的性象徵主義：不循規蹈矩且思想自由的人》（*Les Utopistes et la Question sexuelle. Le symbolisme sexuel de Sade: non conformiste et libre-penseur*, Orléans, L'en-dehors, 1935）一

書，這本書做了類似的回顧。1968年後不久，人們開始激烈辯論一般的烏托邦主題，特別是性的烏托邦，馬庫色的研究尤其是參考重點，他提出重新評估烏托邦的政治力量，以便思考與當前系統在質量方面的徹底決裂（從不自由的社會過渡到自由的社會），並堅持必須考慮一種新的人類學，讓根本需求（尤其是性需求）完全擺脫壓抑，建立一個解放了這些需求的社會。傅柯的課程在於批判這些立場。參見下文，註釋35，頁370-371；以及授課情境，頁444-448。

24.　　參見〈其他空間〉（1967/1984，前揭文，頁1579）。「最近，我們構思了一個新的長期異托邦，那就是度假村：這些波里尼西亞式的度假村為城市居民提供了短短三週原始且從頭至尾的赤身裸體模式。」

25.　　傅柯隨後會詳述薩德的例子。關於傅柯對薩德和1960年代性事問題的分析，參見上文，克雷蒙－費洪大學的課程，頁26-31。凡仙大學課程結束後不久，傅柯於1970年3月在水牛城大學開設了兩堂有關薩德的討論會（收錄於《偉大的陌生人》，同前註，頁146-218），並依據他當時的命題，再度對薩德的作品進行分析，包括慾望、性事和論述之間的問題（參見第二場討論會；以及參見上文，第一堂課，註釋10，頁35），以及薩德論述中的真理問題。他在與佩雷帝（Giulio Preti）的訪談中，也以非常近似於本課程詳細論述的方式，再次提到薩德這個例子，並表示薩德「試著將慾望的無限力量納入表象的組合之中」（在此銜接了整合型烏托邦和踰越型烏托邦之間的對立，參見下文，頁343及其後），因而也「被迫將主體從其特權位置中撤下」，且需描繪出「某種超越主體、在自我背後並超越了自我的性事類型」，參見〈文化問題。傅柯與佩雷帝的辯論〉（Les problèmes de la culture. Un débat Foucault-Preti，1972，收錄在《言與文》第一冊，同前註，no 109，頁1237-1248，在此為頁1244）。我們知道傅柯在幾年後修改了他對薩德的看法，將他視為一名制訂「規訓社會專屬情色」的「性事執達員」，參見〈薩德，性事執達員〉（Sade, sergent du sexe，1975，收錄在前揭書，no 164，頁

1686-1690）。

26. 　在康帕內拉（Tommaso Campanella）於《太陽城》（*La Cité du soleil*）中描述的烏托邦裡，「**愛神**法官專門負責照料生殖，也就是說，要讓性結合能盡可能產生最好的子嗣」（《太陽城》〔circ. 1613〕，收錄在《康帕內拉作品選集》〔*Œuvres choisies de Campanella*, Paris, Lavigne, 1844, p. 168-169〕）。目的是透過不同性格的最佳安排，「產生體質良好的種族」（同上，頁183）。

27. 　這種自由是相對的。為了避免他們透過非自然的方式獲得滿足，我們允許一定年齡的男女可從不孕或懷孕的女性、「已婚情婦和年長情人」那裡獲得滿足，以避開所有可能的受孕（同上，頁182）。

28. 　「我們在睡房中擺放了傑出男性的漂亮雕像供女性瞻仰，並祈求上主賜予她們美麗的子嗣。男性及女性在結合時間來臨前，要分別睡在兩間不同的房間裡；一名已婚婦女在指定時刻前來開啟兩扇門。占星家和醫生決定最有利的時刻；他們的工作就是找出位於太陽東邊的金星和火星出現在適當位置（相對於木星、土星和火星）的正確時刻。或是完全不在其影響範圍內的時刻」（同上，頁183）。

29. 　難以確認傅柯在此指的是否為《布干維爾之旅》（*Voyage de Bougainville*），這是布干維爾於1766年至1769年進行的環球之旅，相關敘述於1771年出版；或者是指狄德羅於1772年至1778年間編纂的《布干維爾之旅補遺》（*Supplément au Voyage de Bougainville*）。這兩本著作實際上都將新希提爾島（Nouvelle Cythère，也就是大溪地〔Tahiti〕）視為某種整合型烏托邦。關於以性烏托邦的角度來看這兩部著作，參見布朗霍爾，《愛情烏托邦份子》（同前註，頁151-157）。傅柯將《布干維爾之旅補遺》當作是性烏托邦來分析（法國國家圖書館第45-C4號箱匣），這是他最有可能參考的作品。

30. 　參見例如《茱斯蒂娜或美德的不幸》（*Justine ou les Malheurs de la vertu*, 1791）第三章，清楚闡明了這前面兩點。

31. 參見例如《索多瑪120天》（1785/1904）的導言。「六年多來，這四名在財富和品味方面一致的放蕩者，一直想過要透過結盟的方式來強化他們的關係，放蕩在此比任何其他通常用來建立這些連繫的動機更為重要。」

32. 傅柯提及的屈從、贈與、承諾和規章等條件，成為《O孃的故事》裡的情色部署核心。因此，O孃先後屈從於赫內和瓦西城堡裡的多位主人，然後被赫內贈給史蒂芬爵士；每一次，他的承諾都是充分且完整的，例如赫內對史蒂芬爵士的承諾。最具特色的辨識信號仍是O孃初至瓦西時被迫配戴的三重螺旋鐵環，用以證明她的屈從。小說中描述的施虐受虐世界充滿了緊密交錯的階級制度：因此，城堡裡有主人和僕從，每一個人都穿著特定的衣服；同樣地，赫內和史蒂芬爵士之間也有一種近乎封建制度的階級形式。至於地點，最具象徵性的仍是瓦西城堡，城堡本身則分解成多個地方——扶手、圖書館、小房間、公園等等。

33. 關於踰越的問題，參閱克雷蒙－費洪大學的課程，見上文，第一堂課與註釋31及35，頁40-41與42-44。

34. 指的是富瓦尼（Gabriel de Foigny）的《已知的南方大陸，亦即薩爾德先生對這個至今未知其道德風俗之國度的描述》（ *La Terre australe connue, c'est-à-dire la description de ce pays inconnu jusqu'ici, de ses mœurs et de ses coutumes par Mr Sadeur*, Vannes, Verneuil, 1676）。敘述者薩德爾本身是雌雄同體，海難之後他就在南方大陸逗留，這裡的人都是雌雄同體，而且具有一個井然有序、統一之社會的所有特徵，一切都是平等且均衡的。擁有兩種性別此一事實甚至在此被描繪成「完美的必要條件」，能徹底區分人和野獸，使愛得以純粹是精神性的。此外，南方大陸的居民從不生病、不畏懼死亡、擁有完美的語言等等（法國國家圖書館第39-C4號箱匣）。

35. 關於馬庫色，參見下文，頁353及其後。傅柯在此似乎直接參考馬庫色的原則，那就是「必須考慮從科學到烏托邦的社會主義路線，而不只是

像恩格斯想的，只有從烏托邦到科學」（《烏托邦末日》，同前註，頁
8），其邏輯是將烏托邦調整成徹底的政治變革原則（參見上文，註釋
23，頁366-367）。傅柯在此並沒有重提賴希的研究。因此，對各種性
烏托邦和性異托邦的反思都是最初的批判，這是傅柯不斷從佛洛伊德－
馬克思主義那裡汲取而得的，此一主義在此被指控是透過人「自然的」
性事這樣的概念來產生烏托邦，這種概念受到社會關係的束縛和壓制，
我們應當單純發展與此一自然保持一致的社會來解放之。將佛洛伊德－
馬克思主義重新帶入有悠久傳統的性烏托邦，也是一種用來表明為何他
不提出一種全新人類學（與馬庫色設想的相反）的方式，這將與歷史產
生決裂（《烏托邦末日》，同前註）。如同傅柯於1972年接受佩雷帝的
訪談時指出的：「我認為馬庫色試著使用承襲自19世紀的古老主題來保
全這個課題，但是以傳統的意義來理解」（〈文化問題〉，1972，前揭
文，頁1245）。這個批判觀點將以另一種形式重現於《性史第一冊：
求知的意志》（1976），並激進挑戰所謂的「壓抑假設」。此觀點也加
入了傅柯對所有人文主義分析的更廣泛批判，這些分析期望社會轉型能
建立在「人性」或更深層的「原始性」之上，此一批判在他與喬姆斯基
（Noam Chomsky）的爭論中非常明顯，參見〈論人性：正義與權力的
對抗〉（De la nature humaine : justice contre pouvoir，1971/1974，
收錄在《言與文》第一冊，同前註，no 132，頁1339-1381），或是當
他語帶諷刺地提及「反醫學的田園主義」（bucolisme antimédical，這
是反醫學提出的一種「自然衛生」的夢想）時（〈醫學危機或反醫學危
機？〉，1976，前揭文，頁57）。

36.　這個對薩德主體的分析也出現在布朗修的研究中，他強調薩德每一主
　　　體的「絕對孤獨」和激進的特異性（《羅特亞蒙與薩德》，同前註，
　　　頁221-222），巴塔耶也如此分析，他對照了「薩德的至高無上者」
　　　（homme souverain，以至高無上的方式確認其無限慾望的人）和「正
　　　常人」（《情色論》，同前註，頁186-189）。正是這同一原則引導拉岡

將康德和薩德拿來做比較,並在薩德身上看到對無上命令及無條件命令的肯定,那就是享樂的命令:「我們可以說,準則提出的事實陳述要素是將享樂規則(不合乎康德的模式)設成普遍規則。讓我們敘述一項準則:『任何人都能告訴我,我有權利享受你的身體,而這項權利,我會行使之,沒有任何限制能阻止我一時興起想要滿足的勒索。』」(〈康德與薩德〉,前揭文,頁768-769)。不過,拉岡也強調,事實上,薩德的主體本身也要服從法則,而他看似絕對的踰越就是最佳證明。同樣地,對巴塔耶來說,絕對的支配權最後會導致在無止盡的踰越運動中對自我的否定。傅柯於1970年在水牛城舉行的第一場有關薩德的講座中,質疑薩德作品裡的真理、論述和慾望之關係,並再度提到薩德的書寫能「〔讓〕慾望本身變成他自己的法則;它將成為絕對的支配者,本身就擁有自己的真理、反覆請求、無限、查驗的堅決要求」(收錄在《偉大的陌生人》,同前註,頁171)。同樣地,傅柯在第二場講座中以「非常規個體」(individu irrégulier)的概念(呼應了巴塔耶的主權者〔l'homme souverain〕)來描繪薩德的主角,並指出非常規個體是「不承認任何在他之上的絕對支配權的人:無論是上帝、靈魂、法律或自然的絕對支配權皆然。這種人不受任何時間、義務、持續性的束縛,他不僅超越了他的生命瞬間,也超越了其慾望的瞬間」(同上,頁181)。

37. 指的是布朗吉公爵(duc de Blangis)與其兄弟某某主教、金融家杜爾塞(Durcet)和庫爾瓦勒(Curval)主席,薩德認為他們「構想出讓我們創下歷史的放蕩⋯⋯是這些著名狂歡的演員」(《索多瑪120天》,導言)。

38. 傅柯指的是布列東的《色情,或是正直者對草擬規範妓女之法規的看法》(*Pornographe ou Idées d'un honnête homme sur un projet de règlement pour les prostituées*, Londres, Nourse, 1769),也參見布朗霍爾,《愛情烏托邦份子》(同前註,頁182及其後)。「匿名主體」可能暗示一個事實,那就是女性必須屈從男性的慾望,這些男性隱匿在幕

後觀察她們，然後加以選擇，而且出現的時候可以戴面罩（不過女性也能觀察他們並加以拒絕）。但是，他也可能只是單純提到創造烏托邦和「帕德紐」（Parthenion）規則的行政主體，這個行政主體非常籠統。「帕德紐」是這名正直作者在小說中提議設置的公共女修院－妓院。

39. 「以主人為中心」的系統指的是O孃接續遇到的不同「主人」，或是她首先在瓦西城堡屈從的「主人」：「您在此是為了服務您的主人……您的雙手不屬於您，您的雙乳亦然，尤其是您身體的任何洞孔都不屬於您，我們可以探索這些地方而且可以隨意插入……可以隨意、直接、任意地使用您」（《O孃的故事》，頁37）；特別是赫內。接著，自從赫內將O孃贈與史蒂芬爵士：「赫內捨棄她並將她轉贈給他的朋友是絕對的……史蒂芬爵士任何對她最微弱的慾望都先於赫內的決定」（同上，頁143）。「以O孃為中心」的系統無疑是指小說最後一個部分，被標上史蒂芬爵士所屬記號的O孃對自己的奴隸身分感到莫大的驕傲，史蒂芬爵士將她借給另一個舉行晚宴的人（「指揮官」），O孃戴上小鴞的面具，赤裸裸地被展示出來，並由另一位對她忠心耿耿的年輕女性用皮帶牽綁著。她成為所有夫婦關注的焦點，而且是令人尊敬與畏懼的沉思對象。

40. 在1954年的原始版本中，有一個章節提到這個替代性的結局，但後來被刪掉了。「O孃的故事有第二個結局，那就是與其看到史蒂芬爵士離她而去，她寧可死掉。他同意了」（《O孃的故事》，頁173）。巴塔耶也強調，在《O孃的故事》裡，死亡或沉默的必要性意味著論述掌握的情欲已臻於完美：「這本書超越了在它內部的話語，因為只有它把自己撕裂了，因為它將對情色的迷戀化為對不可能之事物的更大迷戀。不可能的不僅是死亡，還有絕對自我封閉的孤獨」（〈情色悖論〉，前揭文，頁839）。

41. 布列東，《飛行人發現南方大陸，或是法國的戴達洛斯》（*La Découverte australe par un homme-volant, ou Le Dédale français*, Leipzig, s n., 1781, vol. 3, 特別是頁525及其後）。關於雷帝夫和性烏托邦，參見

布朗霍爾，《愛情烏托邦份子》（同前註，頁176及其後）。

42.　　對維克多亨（Victorin）與其子（這兩位飛行員是布列東小說裡的主角）
　　　遇到的巴塔哥尼亞巨人來說，婚姻的期限為一年。每一年，家庭都會分
　　　開（「因此，兩種性別會分為兩個不再有任何貿易往來的族群」），而
　　　且會「被屏障隔開」整整三十天，因此他們努力透過視覺來相互引誘，
　　　但無法彼此接觸。接著是舉行一場大型的集體慶典，讓男性可以選擇適
　　　合自己的女性。

43.　　孔德對此一互補的對立特別敏銳，參見《實證主義總論》（Discours sur
　　　l'ensemble du positivisme, Paris, L. Mathias-Carilian-Goeury, 1848）第四
　　　部分〈實證主義對女性的影響〉（Influence féminine du positivisme）第
　　　198頁及其後，以及《實證政治體系》第二冊、第四冊（同前註）。以下
　　　是布朗霍爾的概述（《愛情烏托邦份子》，同前註，頁244-245）：「兩
　　　性的角色顯然不同……男性執行的是智力和意志、聖職和治理。相反
　　　地，女性擁有內在的特質。因此，『她們的責任首先是母親，接著是妻
　　　子、人類的道德教育。』她們主要是在婚姻之中完成這項任務，她們在
　　　婚姻裡發展出對丈夫與孩子的情感與道德感。」

44.　　這是實證政治的兩個公理：不存在無政府的社會、不存在無宗教的社
　　　會。參見法國國家圖書館第39-C2號箱匣（「孔德－女性」的檔案），特
　　　別是「婚姻的政治理論」（La théorie politique du mariage）檔案：「婚
　　　姻驗證了所有健全政治的基本公理：不存在沒有政府的社會，也不存在
　　　沒有社會的政府。」在這種情況下，男性必須支配，女性必須服從。但
　　　是除此之外，婚姻也「驗證了互補公理：所有的政府都假設宗教是用來
　　　奉獻和規範命令及服從的」。從此一觀點來看，女性的角色是必不可少
　　　的（參見孔德，《實證政治體系》第二冊，同前註，頁193-194）。

45.　　關於巴塔哥尼亞巨人的節慶，參見上文，註釋42。傅立葉的「和諧部
　　　落之旅」則更為晦澀：可能指的是《情愛新世界》（Paris, Anthropos,
　　　1967, 頁156及其後）裡，題為「一群流浪的騎士來到古匿都（Gnide）。

擄獲了一個前哨兵並贖回俘虜」的段落，「黃水仙部落成群結隊地聚集在印度斯坦（Indostan）」並踏上漫長的旅途，某些人來到古匿都，其中一組人員在那裡被俘虜。傅立葉描繪了贖回俘虜的場景，遵守的是嚴格的分配和合併體系。我們在「註釋C.性通吃者好感的前提」裡，發現旅隊和古匿都人之間有類似愛情課程的描述（《普遍統一性的理論》第三冊，收錄在《作品全集》卷四，Paris，À la librairie sociétaire，1841，頁380-385）。另一個可能性是指傅立葉描述的「漸進式共同生活或是有九個聚落的部落」此一段落，我們知道傅柯曾讀過這一段（法國國家圖書館第 39-C4號箱匣）。這個系統裡有多個部落，每一個都由約一百個人組成並分為九個聚落，某些部落全都是男性，其他則全是女性。這些部落分為散落在不同建物裡的不同單位，成員在這些建物裡致力於自己的職務。不同的建物之間設有一個加蓋的走廊網絡，讓部落成員得以旅行及交流，特別是為了享受性歡愉。這就建立了一個穩定的圖像（不同的部落分布在不同的建物裡），還有一個以部落成員旅行至其他部落為基礎的交流及動態平衡系統，參見《四項運動與普遍遭遇的理論》第一冊，收錄在《作品全集》卷一，Paris，1841，頁172-184）。

46.　　如同孔德所寫，「實證主義……使得婚姻理論獨立於所有的物質目的，同時將此一基本連繫視為道德改善的主要來源，接著是人類真正幸福的重要基礎，於公於私皆然……因此，這種結合可實現所有個人和社會的婚姻效力，儘管此一結合更為溫柔，但是永遠都像兄弟關係一樣保有貞潔......只要雙方都明確放棄〔性事〕，就更能刺激對彼此的依戀」（《實證主義總論》，同前註，頁234-235）。關於此一主題，參閱布朗霍爾，《愛情烏托邦份子》（同前註，頁248-249）。

47.　　因此，一位南方大陸人解釋我們是真正的人，我們「不會彼此感受到任何強烈的動物性慾望，我們甚至聽到這些就會感到恐懼……我們完全是自給自足的；我們不需要任何東西來感受幸福」（富瓦尼，《已知的南方大陸》，同前註，頁69）。

48. 關於此一主題，參閱大溪地人歐魯（Orou）對布干維爾神父的答覆，後者拒絕以招待之名與他其中一位女兒睡覺：他因而拒絕了贈與〔他的〕其中一位同胞生命……；拒絕履行對東道主為他提供的熱情招待」（狄德羅，《布干維爾之旅補遺》，Paris，Flammarion，1972，頁153-154）。再者，他羞辱了歐魯的家人和他的女兒。至於懷孕的要求，這在大溪地人的社會組織中的確是至關重要的，他們會盡一切努力來鼓勵已達生育年齡的男性和女性生孩子。

49. 傅柯指的無疑是在《O孃的故事》第二部分裡，赫內將O孃當作絕對贈禮送給其同父異母的兄弟史蒂芬爵士。在整個第一部分裡，即使赫內將O孃交付給瓦西城堡內不同的主人，O孃與赫內也沒有停止相互表達愛意。但在第二部分裡，赫內完完全全將O孃讓給了史蒂芬爵士：「這一次，很明顯地，她永遠被贈送出去了」（《O孃的故事》，同前註，頁124）；「赫內對他朋友的贈與是絕對的」（同上，頁143），最後完全杜絕了O孃對赫內的愛意：「所以就這樣了，O孃告訴自己，我萬分懼怕的這一天終於來了，對赫內來說，我將只是過往生命中的一道陰影。而我甚至不會感到難過，只有憐憫……因此，只需要將我交給史蒂芬爵士，就能讓我離開他」（同上，頁232）。

50. 參見上文，註釋39，頁373。在《O孃的故事》結尾，O孃戴上小鴞的面罩，然後在一場盛宴上被赤裸裸地展示出來。

51. 薩德經常使用「惡棍」這個概念來描述他筆下的人物：因此，在《茱斯蒂娜或美德的不幸》裡，聖佛羅倫（Saint-Florent）通常被定義成「惡棍」。克羅索夫斯基採用此一表達來描述薩德本人是「惡棍哲學家」（參見克羅索夫斯基，《薩德是我的同類》，同前註）。

52. 特別是拉岡，他在〈康德與薩德〉一文裡指出，薩德在「清理」中扮演了開山始祖的角色，讓我們得以思索在整個19世紀裡，愉悅和邪惡之間的關係，長遠來看，這讓佛洛伊德能聲明「他的享樂原則，而甚至無須擔心要指明是什麼將它從傳統倫理的功能中區別出來」（〈康德與薩

德〉，前揭文，頁765）。關於傅柯與拉岡對薩德的解讀，參見上文，克雷蒙－費洪大學的課程，頁67。我們已經見到，傅柯本人讓薩德成為性事考古學的起始點。

53. 對孔德來說，家庭是社會的第一個構成單位，是「最自發的」聯合形式，也最能抵抗社會解體──對孔德而言，社會分解成個體就是無政府主義（《實證政治體系》第二冊，同前註，頁180-182）。但家庭尤其是將利己本能轉變成社會本能的條件，「這是唯一的自然過渡狀態，通常能讓我們擺脫純粹的個人性格，將我們逐步提升至真正的社會性」；因此，家庭對於社會的保存和繁殖是至關重要的（同上，頁183-184）。

54. 傅柯在此指的是傅立葉在〈團體或激情系列的摘要〉（《普遍統一性的理論》第三冊，收錄於《作品全集》卷四，同前註，頁337及其後；參見法國國家圖書館第39-C4號箱匣）裡發展出來的組合系統。傅立葉在此描繪了一個「團體或社會關係基本模式」之間的組合系統，還有主要的激情（友情、野心）或次要的激情（愛情、家庭），這些激情可以是主導的或使人振奮的。和諧來自這些團體之間的巧妙聯合。除了此一系統，還可加入激情平衡理論，這些平衡奠基於不同激情類型（情感的、敏感的、個別的）之間的組合，才能保持完美的平衡。此一平衡主要來自傅立葉所謂的「重整協議」，能結合厭惡和分歧的類型（參見〈激情平衡〉，《普遍統一性的理論》第四冊，收錄在《作品全集》卷五，同前註，頁378及其後）。「愛情重整」主要詳述於第461頁至470頁。如同傅立葉所指，透過他的組合系統，我們不受拘束地達到「道德主義者提出的目標……就是讓精神原則在情愛中占主導地位，這種原則稱為感性的情感，亦即「塞拉多尼」（céladonie，譯註：傅立葉在《情愛新世界》中描述的一種情愛智慧哲學，一種純潔之愛，是最高等級的愛情美德）……；能預防物質原則或淫亂造成的過度影響──當這成為情愛中的唯一主導者時，會使人類物種退化」（同上，頁461-462）。事實上，正是這些文明化社會的反自然法規（尤其是婚姻）導致了這些惡習。

55. 關於馬庫色的「過度壓抑」概念，參見下文，註釋58，頁378-379。

56. 參見馬庫色的《愛欲與文明。探索佛洛伊德》（*Éros et Civilisation. Contribution à Freud*, trad. par J.-G. Nény et B. Fraenkel, Paris, Minuit, 1963 [1955]）：「不可調解的衝突並不會讓工作（現實原則）及愛欲（享樂原則）相互對立，對立的是被異化的工作（績效原則）及愛欲」（頁54）。馬庫色因而如此描述佛洛伊德的「享樂原則與工作對立」：現實原則應該是指匱乏的基本事實，亦即現實與滿足人類需求之間是不相符的；這種滿足感意味著工作和犧牲，「愉悅是『被擱置的』，而痛苦則居主導地位」（頁44）。馬庫色採用馬克思對馬爾薩斯人口論的批判，指責佛洛伊德「將實際上是此一匱乏之特定組織的結果，應用到『匱乏』這個赤裸裸的事實」（同上），這個匱乏描繪出現代社會的社會組成特徵，首先就是由「績效原則」來確認。每一個社會組織（以及描繪其特徵的主導模式）在現實原則的形式和內容方面都有差異，而馬庫色認為「績效原則……是現實原則在現代社會中的特定形式」（同上）。這個原則認為「社會依據其成員的競爭性經濟績效來分層」（頁52），關於此一原則的定義，參見馬庫色，《愛欲與文明。探索佛洛伊德》（同前註，頁52及其後或頁83）。

57. 根據馬庫色的說法，「性的組織反映了績效原則和由此衍生之組織的主要特徵」（同上，頁55）。生殖力至上與對部分本能的壓抑都是「力比多」集中與集結「在身體某一部分」的現象，「並讓幾乎所有其他可使用的部分成為勞動工具」（同上）。在這種情況下，性變態看似表達了「對性事屈從於生育指令的反抗、對捍衛此一指令之制度的抵抗」。尤有甚者，「不同於一個將性事當作實現社會目標之工具的社會，性變態將性事當作自身的目標；它們因而不受績效原則的支配，並質疑其基本原則」（同上，頁56-57）。

58. 因此，馬庫色（同上，頁43-44）區分出「基本壓抑」和「過度壓抑」：「基本壓抑」亦即本能的「修正」（modification），這些修正是所有

人類文明的建構成分與必要部分；「過度壓抑」就是「社會統治的必要限制」，這些限制具備確定的社會歷史價值（對佛洛伊德來說，普遍的潛抑原則是非歷史性的）。因此，他區分了「基本限制」（區分人與動物）和「過度壓抑」（修正既定社會組成特有的本能）（同上，頁46）。他還補充道：「部分性驅力的『遏制』、朝向生殖力發展，這些都屬於壓抑的基本部分，有可能會讓增加的愉悅……成為正常且自然的成熟愉悅」；相反地，過度壓抑與部分驅力去性化的特定組織（涉及社會統治的特定模式）有關，能「抗拒滿足」並引起痛苦。

59. 馬庫色在《愛欲與文明》（同前註）頁34-39及頁49-51討論了佛洛伊德的愛欲糾葛及毀滅或死亡。如同傅柯在筆記中指出的（法國國家圖書館第39-C4號箱匣），馬庫色發現佛洛伊德有兩個矛盾的立場：一是認為性事似乎無法與社會相容，並強調愛欲和毀滅性之間的緊密關係；二是認為愛欲似乎是社會關係的重要因子。馬庫色調和這些立場的解決之道如下：「自由的愛欲不排除持久的文明社會關係，而是僅拒絕社會關係中過度壓抑的組織，此一組織受原則的支配，是對享樂原則的否定」（同上，頁50）。在馬庫色眼裡，遠不同於它們錯綜複雜的關係，只有愛欲能戰勝攻擊性和毀滅性：「加強對抗攻擊性是必要的，但若要有效，這些防禦……應該要強化性本能（les instincts sexuels），只有強大的愛欲才能有效『壓制』毀滅的本能。而這正是發達文明無法做到的，因為其存在本身取決於規章，以及廣泛且高度的控制」（同上，頁82）。

60. 傅柯在一份檔案（法國國家圖書館第39-C4號箱匣）中蒐集了18世紀末至19世紀初英國小說對男女修院的想像，例如拉德克利夫的作品、路易斯（Matthew Gregory Lewis）的《僧侶》（Le Moine）、馬特林（Charles Robert Maturin）的《流浪者梅莫思》（Melmoth ou l'Homme errant）。修院－妓院的形象也可在例如布列東的《色情》（同前註）以及佩拉神父（Abbé Du Prat）的《隱修院裡的樂趣或見識多廣的修女》（Les Délices du cloître ou la None éclairée, attribué à Jean Barrin, Cologne, Sincère, 1748）中見到。

附件

綠色《筆記》8號的摘要

—— Annexe. Extrait du *Cahier* no 8, vert septembre 1969

〔保存在法國國家圖書館的檔案文件，見證了傅柯曾蒐集了大量有關性特質生物學史與其當前狀態的材料。閱讀這些材料的同時，對生命科學的知識論、遺傳知識的誕生、18世紀末自然主義知識的轉變也有諸多反思。此外，傅柯還描繪了以下問題，那就是如何透過性特質生物學，重新配置個體性、繁殖和性事之間的關係。這份概述——就是我們開頭稱的「筆記8號」（第91號箱匣），日期為1969年9月21日——共八頁，正反兩面皆有論述：我們選擇收錄在此，因為它們顯然延續了傅柯在凡仙大學課程第六堂課中的反思[a]。〕

1969年9月

1969年9月21日 [1]

性特質、繁殖、個體性

一、假設之一（考古學的、知識論的？——稍後要研討），就是這三件事有某種從屬關係：

1. 活著的個體具有複製的屬性，而這在至少好
   幾種個體類型中是透過性事作為媒介。

此一假設與其他兩個論點是有關係的：

2. 當同一週期再次開始，個體就開始了。

或是讓第一個個體消失，以便讓另一個相同的個
體出現。或是個體無須消失，就能產生（在其外
部或其中一端，透過發芽或分枝）另一個與之相
似的個體性。
個體，就是會自我複製者。

a　　　原註：參見上文，頁307及其後，以及授課情境頁440-444。

3. 性特質是一種繁殖模式：比其他模式更為複　[2]
雜，可以替代其他模式（動物）或是與之並
存（植物）。

19世紀的性特質理論（特別是植物的性特質理
論）顯示，此一從屬關係必須從不同角度來看
待。

1. 個體並非能自我複製者，而是在繁殖週期內
所呈現的。換句話說，我們不僅不能說（相
同事物的）繁殖是生物學個體性的功能之
一，甚至也不能說個體能適應一個繁殖週
期。我們必須承認，在一個既定的繁殖週期
內，可能會有好幾種個體性，而且是完全不
同的。

我們已知，單一個體可以自我複製多次。
從前我們不知道單一的繁殖進程（從相同事物到
相同事物）可能會產生多種個體性。

2. 因此，性特質不僅僅是可能的繁殖模式之　[3]
一。它可以是繁殖的階段之一。往昔，我們
認為繁殖是（或者不是）跟性有關的。現在

我們知道，單一且相同的繁殖週期可以是
（或不是）跟性有關的。性特質因而是一種
繁殖時間，是某些個體的特徵。

3. 由於有性生殖的定義是兩個細胞核相融合，
   而無性生殖則是一個細胞核分裂，因此，我
   們見到兩種不同類型的個體性形成：一種個
   體性具備配子，另一種具備孢子。

我們必須以如下方式來遵從這三個概念：　　　　　[4]
(1) 繁殖週期 ── 跟性有關或無關的繁殖機
   制──由此定義的個體性。

當然，我們已知可透過一個或兩個同物種的其他
個體繁殖來獲得生命的個體。但是，這種繁殖是
出生的特徵。它並非是一種可將個體置於其中的
進程。現在我們知道，我們可以在大型進程內分
配所有的個體：

(2) 孢子階段→配子階段（減數分裂）。

而且，根據不同的情況，其中一個階段是可以
縮減的（完全削減或縮小）；這些階段可以導

〔致〕合併成單一個體，或是以近乎均等或完全不平等的方式分配成兩個個體。

我們熟悉的個體（有性別的個體，此個體因為有 [5]
這種性徵，才能繁殖）只不過是一個特例：處於
孢子階段時，配子階段會萎縮——孢子階段包
含並遮蓋了配子階段（有點像是在高等脊椎動物
中，端腦遮住並包含了中腦：但這只是一種比
較，並不是生物學上的類比）。這種遮蓋性讓我
們相信，性特質是某些在生物學方面完善之個體
的特徵，這種特徵授與（或迫使）它們具備某種
繁殖模式。但事實上，某些繁殖週期會以下列方
式進行繁殖：配子結合形成孢子（帶有2n條染色
體），而配子階段（擁有n條染色體）在此會被
完全縮減。

因此，這正是繁殖類型的一般結構，減數分裂在 [6]
此占有一個位置，它定義了我們所謂的「典型」
個體性。

在其最普遍的生物學表現中，個體由繁殖週期和
有性生殖的配子階段來定義。

附帶一提，我們見到一個至19〔世紀〕為止（或
甚至在這之後）都很流行的重要主題有了必要的
逆轉：那就是出現在生物演化後期且越來越重要
的性特質主題。最簡單的生命體都是沒有性別

的；接著變成雙性；最後是單性。性特質的重要
不斷提高，因為僅就動物的週期性或階段性來
看，性特質在人類之中是很普遍的。

事實上，相反地，我們可以指出，就更廣的生物　　　　[7]
學規模（真核生物或甚至僅是有胚生物）來看，
性階段（配子體）會不斷縮小，而孢子體階段則
會擴大。我們與蕈類完全相反。我們是誇大版的
蕨類。不斷減少性特質。然有些個體已經產生了
減數分裂：因此，他們都是由具有n條染色體的
要素組成。因此，他們完全致力於配子的生產。
他們是巨大的性細胞機器。是的，對他們來說，
性特質是重要的。我們是性特質發展消極的生
物。

並非是社會簡化了我們演化至極限的性特質。

正是我們這種有胚生物身上的生物學結構作用縮　　　[8]
減了有性階段的時間。只需要一點點——幾組封
閉在我們組織內的細胞——就足以讓有性階段
的其餘部分完全消失。我們只不過是巨大的孢子
體；而且我們只保留了一些配子細胞。生物學上
來說，我們都是成功的孢子體，並帶有發育不全
的配子體。

〔特徵是人為了自己的物種，會要求性特質的最
終充分發展，這種性特質在他看來，應該是粗糙

與不完整的，但實際上，他只具有發育不良的性
特質；或者更確切地說，這是繁殖進程的結果，
在此一進程裡，配子體階段會完全被縮減。

佛洛伊德以及普遍來說是今日的人類將自戀與道　　　　　　[9]
德主義混淆在一起。他們說，我們內在的一切都
跟性事有關：在其他活著的個體裡，性事是局部
的、有限的（如果性事沒有完全消失），我們是
唯一性事無所不在的生命體：在我們的整個身體
裡、語言之中、想像裡。這或許是正確的，但是
僅限於**心理**（pscyhé）在身體裡再次注入生物學
上被驅逐的性事。這不是因為我們整個身體都與
性事有關，所以**心理**也是如此；這是因為我們的
身體在生理上是去性化的，所以**心理**或許也是如
此，而且只能透過龐大的歇斯底里進程來讓身體
再次性事化（resexualiser）。歇斯底里就像幻想
中的身體再性事化，這是當代性事課題的起源。

而這正是佛洛伊德的道德主義發揮作用之處。說　　　　　　[10]
到底，憤怒就只是由性事而來。拒絕這種性事。
試圖掌控、限制或至少轉變之。

我們都是ª微不足道的，而且說真的，面對蕨
類原葉體享有的性幸福，我們顯得一點也不重
要。〕ᵇ

總而言之，當必須顛倒繁殖與個體性之間的關係

時，我們衡量的是性特質生物學的知識論任務。
換句話說，採用的基點不再是個體的，而是週期
的，這個週期可以是次個體的，其決定性的時刻
就是細胞核的進程。這是比例尺的雙重改變：既
然必須忽視個體，看住循環的整體；又必須達到
一個以此個體而言，極其講究的程度。個體不再
應該是絕對的基點。細胞內部的進程決定了次個
體的節律。

為此，我們必須：　　　　　　　　　　　　　[11]

⊙ 盡可能讓性特質普及化。在它不會出現的地
　方找到它（隱花植物）；

⊙ 定義無性生殖（透過孢子繁殖）[c]的位置和特
　殊性；

⊙ 確認什麼是雄性對雌性的授精（也就是精子
　細胞核與卵球細胞核的融合）；

⊙ 確認由此[d]組合之要素的特性（染色體減
　少）。

---

a　　　　原註：「在性方面」幾個字被劃掉。

b　　　　原註：括號是傅柯加的。

c　　　　原註：這一行原本出現在列表最後，但是傅柯添加的箭頭顯示必須將這一行
　　　　　移至此。

d　　　　原註：傅柯最初有寫「性細胞的」。

最後這兩點讓我們再度質疑19世紀之前有關生命科學的第二大假設。

二、第二個假設 [12]

有性生殖的進程與成長進程是有持續性的。有性生殖是某種成長形式,其特徵如下:

⊙ 它會形成與第一個個體分開的個體;

⊙ 兩個個體的結合是必要的。

主題就是活著的個體基本上可能是會成長的。而且這個成長會有兩個極限:死亡和繁殖。

死亡,是成長到達終點而且耗盡時的極限。這是它自身的止動器、後果、一種突然或緩慢的衰減。

相反地,繁殖就是成長,成長達到某一個極限後 [13] 會超越繁殖,並導致一個新的個體性,這個個體性輪到他具有成長的能力。此一過度成長能以最簡單的形式產生類似於第一個個體的個體,但是仍與第一個有相連(因此,在他第一次成長的分支上,可以長出另一個分支——新的個體性依舊與第一個有關聯);在另一種形式裡,成長會

產生一個可分離的個體（壓條繁殖）。在第三種
形式中，成長會產生一個要素，這個要素與第一
個不相似（至少在外觀上），它會脫離第一個個
體並重建第一個個體的形象（胚芽）。最後是第
四種形式，成長會產生一些要素，這些要素若無
特定的刺激或受精機制，本身就會受阻且無法成
長。

有性生殖是一種複雜的成長。性特質扮演了成長 [14]
進程的替代者：此一機制將成長集中於特定的產
品，這些產品若缺少某種混合物，就無法自行發
展。

⊙ 此一論點假設，性產品與組成個體的有機要
  素絕對是同質的。沒有任何性的特性是像這
  樣的。性特質，就是個體本身的表達。

⊙ 它假設與死亡是很接近的：性特質准許個體
  能在不死的狀況下，成長到超越自己的限
  制。因而能自我重建另一個死亡以外的身
  分。性特質避免並繞過了死亡。

19世紀的知識論任務，就是分離出有性生殖的特 [15]
殊性。它與成長有基本差異。以前的概念認為，
這是一種物質對物質的作用，接著是將產品從其
母體中分離出來。一方面，我們會發現這是一種

融合；但是此一融合出現在每一產品內部的生理
分裂之後。這是一種會被傳遞的分裂產品。
融合之前一定會有減少。這是性特質的特性。這
使得這些進程與成長的進程是無法類同的。

克勞德－奧利維耶・朵宏
授課情境

CLAUDE-OLIVIER DORON
Situation des cours

性

克雷蒙－費洪大學的課程
（1964年）

蒙面的哲學家？

1964年，傅柯在克雷蒙－費洪大學哲學系授課時，開設了專門研究性事主題的課程。事實上，自1960年秋天以來，傅柯就在此教授心理學，他首先擔任講師，隨後他的論文《古典時代瘋狂史》（*Folie et Déraison*）於1961年5月通過答辯，並於1962年取得正式教授的身分。「他的專長是心理病理學」，在他申請正式任職的院長報告中如此詳述[1]。實際上，傅柯自1962年起就招聘了兩位助理，亦即維亞拉尼（Nelly Viallaneix）和帕里翁德（Francine Pariente），這讓他得以專注於唯一的普通心理學課程。這就是我們在本書中向讀者提供的課程。

課程首先著重在闡明傅柯如何構思其心理學教學。對課程的概述可能會讓人以為這是一個按常規的研討活動，就是在性

與文化的導論之後，會依序介紹生物學、動物行為學、精神分析的資料論據。這種授課是很典型的，只需參考例如梅洛龐蒂在1949年至1952年有關兒童心理學暨教育學的課程[2]，我們就足以指出無論是從主題還是從參考的角度來看，傅柯的課程一開始並不創新。作為一門大學課程，其功能首先是將一定數量的資料論據傳遞給學生，並介紹跟性事有關的時代知識。若我們比較耶穌會哲學家尚尼耶爾（Abel Jeannière）不久之前在巴黎天主教學院開設的「性的人類學」（anthropologie sexuelle）課程[3]，就會更為清楚。這門課是傅柯課程真正的「人文主義」複製品：它從相同的角度出發，亦即性問題（la question sexuelle）的時事性、婚姻和女性地位的演變；它透過生物學來質疑性別的相對性；它研究了動物的性特質，然後是精神分析；而且它以和他者的關係及夫妻倫理為基礎，對真實的人類性事進行反思。但是確切而言，這兩門課在形式上的相似得以突顯出傅柯課程中的所有原創性，並讓我們明白這不只是一項學術性的研

1　艾希邦，《傅柯》，同前註，頁227；關於傅柯在克雷蒙－費洪大學授課時的背景，主要參閱頁224-247。〔編註：本節依原文格式，所有注釋皆為隨頁註，譯註則在原註之後以中括號呈現，字體為楷體。〕

2　梅洛龐蒂，《兒童心理學暨教育學。索邦大學課程，1949年至1952年》（*Psychologie et Pédagogie de l'enfant. Cours de Sorbonne, 1949-1952*, Lagrasse, Verdier, 2001）。

3　尚尼耶爾，《性的人類學》，同前註。諷刺的是。這本書的第二版於1969年凡仙大學課程開設之際出版。

討活動，而是完全符合傅柯當時的一項整體計畫：將哲學和人文科學從其「人類學的沉睡」[4]之中喚醒；透過作為文化形成的性事歷史，質疑它如何透過瘋狂和死亡的歷史[5]，使之成為我們文化中進行劃分的歷史條件——這些劃分一方面排除了某種性事經驗，例如踰越，另一方面將性簡化為某些知識的可能對象。簡而言之，就是進行性事的考古學。

1965年，巴迪歐（Alain Badiou）質疑如何在哲學課上教授心理學，傅柯提出先戴上面罩並改變自己的聲音以展現心理學的成果，之後再拿掉面罩並恢復其哲學家的聲音，以便指出陷入人類學圈子內的心理學所碰到的僵局[6]。閱讀克雷蒙－費洪大學的課程，我們察覺到代替這個面罩和演員二元遊戲的，必須是更難以辨明的聲音交織。傅柯後期研究的某些基本主題與汲取自例如精神分析的命題，這兩者之間有時會出現令人驚訝的關聯。因此，從知識、暴力和殘酷之間的錯綜糾葛之中，出現了這個「認知的根本惡意」[7]，這是傅柯在《求知的意志課程講稿》中堅持的，不過自1960年代初期起，這就已經是他的反思核心：在此，它交會了佛洛伊德對求知之驅力的分析，以及巴塔耶對交流的必要斷裂與暴力（它們會將經驗化為認知對象）的論點[8]。因此，同樣地，從《不正常者》中引導傅柯的主要論點裡（根據此一論點，性事首先只能以性變態和負面的形式成為知識的對象），我們發現在此它與傅柯對心理學作為否定性科學（science des négativité）的反覆立場，以及佛洛伊德的性事理論皆具有持續性[9]。因此，最後，傅柯在論述性事的知識時，

將重點放在幼兒期性狀態的問題上，我們在本課程中注意到他很早就對此感興趣，他首先提到精神分析以無知和抑制的方式在文化的諸種原因之間建立了平行關係，直到19世紀末，這些文化的原因都讓孩童純潔的神話以及抑制幼兒期性狀態的心理學原因占了上風[10]。因此，我們見到傅柯在《不正常者》及未出版的《兒童的社會改革行動》手稿中，如何與此一論點保持距離——否認以下如傳奇般的想法，那就是，孩童的性慾一直被忽略，直到19世紀末才被佛洛伊德發現，並相反地使之成為主要的原則之一，自此出現了某種像*scientia sexualis*的東西——這個距離是他對自己的批判，也是一個必要的先決條件，以便擴大否定有關性事史的壓抑假設[11]。

　　哲學家的聲音和心理學老師的聲音交錯，出現在課程的每一層面上。因此，雖然某些段落（有時很長）讓人覺得傅柯

4　　　　〈哲學與心理學〉，1965，前揭文，頁476。

5　　　　1963年6月4日，傅柯在《筆記》中建立了這份特別有先見之明的「文化形成清單」：「死亡、沒落、招認、性事、瘋狂」（法國國家圖書館第91號箱匣，黃色《筆記》3號，1963年）。

6　　　　〈哲學與心理學〉，1965，前揭文，頁476。

7　　　　這是〈真相與司法形式〉（1974，前揭文，頁1416）裡的表達語詞。

8　　　　參見上文，克雷蒙－費洪大學的課程，第五堂課，頁165-168，以及註釋46，頁187-188。

9　　　　同上，第四堂課，頁116及其後，以及註釋1，頁134-135。

10　　　同上，第五堂課，頁146及其後，以及註釋1與9，頁176-177與頁178-179。

11　　　同上。

在向其聽眾傳達「非個人的教學內容」，但事實上，我們觀察到這些內容都屬於一項學術計畫，我們理應辨識出其中幾條主線，將之置於其陳述的背景下。

性事考古學與人文科學的考古學計畫

1964年，傅柯剛完成《古典時代瘋狂史》的後續之作《臨床的誕生》。此外，他也在準備一本關於人文科學考古學的書，就是後來的《詞與物》。這些研究之所以具備統一性，是因為傅柯在同樣這些年裡，於其《筆記》[12]中致力於定義同一考古學計畫的不變性。考古學在此有多種面貌：它首先是一種特殊方式，用來「分析文化形成」。這種文化形成的概念反覆出現在載於1963年《筆記》[13]裡的方法學反思，以及1963年至1965年間發表的各種文章中。它提醒我們，傅柯當時將這些研究置於「〔我們的〕文化歷史」[14]之中。克雷蒙－費洪大學的課程和1966年的突尼斯大學課程一樣，無疑是他唯一試圖以歷時且共時的方式，明確指出在性事被視作特殊文化形成的狀況下，什麼是「西方文化」的課程。《筆記》指出多個應用在課程中的分析原則，尤其是文化形成不屬於「想法、概念或制度之歷史」的原則：它有一個「不可觸知的形體」，而且是「多線性的」。「它就是概念、神話、制度、無聲的實踐、個體與現象之間的分類原則」。這涉及了恢復讓此一異質性保持一致的東西。因此，文化的形成包括：「(1)〔一種〕個體的分類原則；

(2)〔一種〕行為的儀式化（無聲的沉澱）；(3)〔一個〕可變化的言語表達範圍與〔一個〕極限的設置。」[15]本課程就是如此看待性事的。

但是，考古學並不僅是研究文化形成的方式。而傅柯指出考古學是一門「本原科學」（science des archée），也就是這門學科「由其開始與支配。它的開啟使得可能性的場域成為可能並維持開放狀態」；他補充道，簡而言之就是一種「歷史的先天」（*a priori* historique）[16]。考古學能同時結合一種「歷時性的本質」（une eidétique chronologique），建立在這種文化形成之可能性條件的歷史審查之上；一種能「破譯其同構性」的型態學分析；以及──這當然是最重要的──一種「起源之結構的發現」，亦即發掘這些晦澀的姿勢，這些姿勢建立了可能性

12　　　保留在法國國家圖書館的傅柯《筆記》證實了他自1963年以來所做的大量研究，皆以考古學概念本身以及更詳細的人文科學考古學計畫為中心，並首先將重點放在語言（我們不考慮有關符號問題的筆記）和死亡（與《臨床的誕生》有關）的問題。特別參見《筆記》3號、4號與5號。

13　　　特別參閱黃色《筆記》3號，自1963年5月28日起。

14　　　〈瘋子的沉默〉，1963，前揭文，頁36。參見上文，克雷蒙－費洪大學的課程，第一堂課，註釋3，頁33-34，關於傅柯當時的分析中，文化形式（或形成）與文化概念的重要性。

15　　　《筆記》3號，1963年5月28日至5月30日。也參見前揭書，日期為7月14日，有關傅柯分析「就本原科學而言，什麼是文化形成的分析」。

16　　　同上，3號，1963年7月13日。

的場域，同時也勾勒出一個極限。換句話說，考古學結合了歷史分析、挖掘特定文化形成的基本結構與劃分[17]。它是「劃分的科學」、這些「開啟差異之姿勢」的科學，這些姿勢不斷地在某一文化中被重複並造成迴響[18]。在此，我們認出對1961年《古典時代瘋狂史》之序言的呼應：「我們應該可以研究各種**極限**的歷史 —— 就是這些晦澀姿勢的歷史，這些姿勢一旦實現，就必須被遺忘，透過這些姿勢，文化會拒絕對它而言將是外來者（Extérieur）的東西……在這個我們想要談論的區域裡，它行使的是它的基本選擇，它進行能讓它有實證性面貌的劃分。」[19]因為（我們將看到這一點對性事的重要性），與現象學相反（現象學在盡可能批判人類學後，最終因對「起源」的反思而回到人類學的停頓狀態），傅柯在帶有巴塔耶色彩的解讀中，不斷地「重返尼采，也就是嚴肅地將起源視作踰越」[20]：起源的結構，就是傅柯在其他地方所稱的實證性，這些實證性建立了認知的未思（impensé de la connaissance），並以極限的建構為基礎，指的就是對這些極限的踰越[21]。因此，「本原科學也是經驗－極限的發現」[22]。

　　克雷蒙－費洪大學的課程正好在此一計畫的持續性之中。重點是要提出一個假設，拒絕將性事視為是自然的、是我們的「生物學命運」，而讓我們將性事當作文化外緣的「斷裂系統」事實上只不過是「西方文明的特徵」之一[23]。這個傅柯致力研究其歷史條件和影響的特徵，無論是從被如此建構的性事悲劇經驗來看（因為建構現代性事行為的就是它「在我們內部勾

勒〔出〕的極限，並將我們本身描繪〔成〕極限」[24]），還是從新的性事語言形式的興起來看：這都是一種關於性事的論述知識。在《古典時代瘋狂史》中，傅柯指出17世紀的「大禁閉」如何以暴力和排斥來斷絕存於瘋狂經驗和共同經驗之間的交流，使得瘋狂有可能被建構成知識的對象，同時又在踰越論述中，將其經驗推向語言的極限[25]。在《臨床的誕生》中，傅柯描

17　同上，5號，1963年9月10日。他於1963年12月22日補充：「只有實證考古學能成為一門同時是歷史也是知識條件的學科」（同上）。

18　同上，1963年8月27日。

19　《古典時代瘋狂史》的序言，1961，前揭書，頁189。此外，傅柯也「在我們文化本身之中」，將「性事禁令的歷史」以及「變動與固定的壓抑形式」歷史描繪成一種要書寫的劃分歷史，「為的是揭露慾望之幸福世界的悲慘劃分，這是西方世界的極限與其道德的起源」（同上，頁190）。

20　《筆記》5號，1963年8月17日。

21　回到極限和制度劃分，就是重拾對實證性的建構性肯定，正如同傅柯在《筆記》3號（1963年7月16日）中明確指出的：不是要「透過逐步質疑……每一個實證內容……來批判知識的實證性；而是〔要〕讓這樣的實證性恢復其肯定的能力。在實證性之中，實證的不是賦予意義的先驗行為，而是事物本身裡的肯定。肯定並非是什麼都不否認，而是要分割與劃分。這就是（從實證性回到其肯定的核心）考古學。此一考古學的概念是要在一種文化、一種實踐或一個知識場域裡，理解一系列的肯定（這些肯定使考古學成為可能並組織了考古學）與建構考古學的假設，這個概念將遠遠超出傅柯對極限主題的發展：它貫穿了其反思，直到1970年代初期。

22　《筆記》3號，1963年7月16日。

23　參見上文，克雷蒙－費洪大學的課程，第一堂課，頁13-14。

24　〈為踰越作序〉，1963，前揭文，頁262。

25　《古典時代瘋狂史》，同前註。

述解剖－臨床如何藉由將死亡和疾病建構成對象，並「不斷向
人類宣〔稱〕他自身具備的極限」，進而允許一種關於個體的
「理性語言」、一種「不僅是按著歷史或美學次序的知識」，
同時開啟通向「尋求從賀德林到里爾克的語言的抒情經驗」之
路，這是一種「被置於有限符號」之世界的經驗，位於「由
法則、極限的嚴峻法則所支配的、毫無妥協的中間地帶」[26]。
同樣地，在本課程中，他研究了各種條件，讓性事能「從制度
中解脫」、從社會被推至自然之中，或是被視為一個浮動的主
題、一個「問題意識」，這個意識同時成為「所有道德崩潰的
中心，是現代人唯一能承受的悲劇形式」，是絕佳的褻瀆空
間；他也研究「新的性事語言」的可能對象，這個新語言既不
抒情，也不踰越：這是一種跟性事有關的論述知識。而且，如
同我們即將見到的，與康德、畢夏、民法及其他類似制度身處
同一時代的薩德，正是其形象成為這些不同部分的共同標記。

　　平行閱讀本課程和其他同時代的文本，證明了當傅柯在反
思極限問題和人類學問題的反思時，性事問題，連同死亡、語言
和瘋狂等問題占據了核心地位。我們在此見到傅柯對巴塔耶的
分析有強烈的共鳴，尤其是他才剛為其編輯作品並致上敬意[27]。
在此，性事是絕佳的極限之所。傅柯強調，人們通常會認為在
「當代經驗中，性事已經找回自然的真理」，它「終將充分使
用語言」，因為它將「被解放」，但我們更應該這麼說：

　　現代的性事，其特徵並不是從薩德到佛洛伊德找到其

理性或本質的語言，而是……「被去自然化」──被
扔入一個空無的空間裡，它在那裡只有微不足道的極
限形式……。我們沒有解放性事，而是完完全全將它
帶向極限：我們意識的極限……法律的極限……我們
語言的極限[28]。

　　我們注意到此一對立，因為我們會在凡仙大學的課程中
找到它的另一種形式：不同於那些相信性事本質的真理（人類
的或心理生理學的）必須獲得解放的人，以及那些有時在精神
分析中找到信仰支柱的人，傅柯運作的是另一個性事（與精神
分析）的版本，就像將極限徹底銘刻在人類內心，「發現其自
身的有限和極限的無限支配是它的祕密和揭祕」，並將之帶向
對此一極限的必要踰越[29]。關於這一點，克雷蒙－費洪大學的
課程以及〈為踰越作序〉完美地相互呼應：在這個沒有上帝的
世界裡，性事是人類唯一能承受的悲劇，因為它讓他成為無對
象的褻瀆。「正是從性事開始，我們得以說出一種語言……這
不是人類本性的祕密、不是沉著的人類學真理，而是因為沒有

26　　　《臨床的誕生》，同前註，頁x與頁202。
27　　　他是《批判》期刊的編輯顧問，1963年出版了有關巴塔耶的特刊。
28　　　〈為踰越作序〉，頁261。
29　　　同上，頁263。

上帝。」[30]但是，在上帝之死底下，隱藏了更深層的事件，一個「更具威脅性的差距」，面對此一差距，出於反應，我們建構了19世紀的人類學思想：傅柯早在1963年就將其描述為人類的死亡。「這已經是因為人想到上帝之死時，他就已不復存在。」[31]

因此，透過性事的案例，我們發現了傅柯在1963年8月28日《筆記》中闡明的極限概念之雙重意義，亦即悲劇性和批判性。一方面是：

> 作為經驗的極限（在瘋狂、死亡、夢、性事之中）：正是經驗建立在劃分之上，也是經驗將之建構成劃分。我們可以說，劃分是在一項經驗內部進行的……，另一方面，它僅描繪了所有積極性的反面：所謂非經驗，就是經驗之外所剩下的。是來自外部的必要徑流。

這正是傅柯在課程中提及性事悲劇時所指涉的經驗，他隨後將於〈外部的思想〉（La pensée du dehors）[32]一文中詳細論述。

> 然後是另一種意義：每一個實證性都勾畫出它自己的輪廓、極限和界線。我們正是要從內部來闡明……。在它本身之外，它什麼都不是。而即使它在本身之外自我投射成可詳述的認知、可維持的制度形式等等，

此一投射當然是它自己的一部分，且被包含在此一實
證性的邊緣之間……。在考古學中，我們發現了這些
屬於每一實證性之極限的關聯，或是建構整個文化實
證性的這些極限之間的關聯……。第一種意義的極限
經驗必然包括了踰越，也就是瘋狂……、疾病（生命
中的死亡）、性狂喜……等這些事物。就第二種意
義來說，極限的角色和實證性是不同的。實證性與踰
越是對立的：實證性再度占有且能防衛踰越，也就是
說，實證性本身就是踰越，但其處於未思的形式之
下。而思想則讓這些被遺忘的踰越再現，重溯至文化
（及其沉重思想）不斷重新開始的這些基本劃分[33]。

30　　　同上，頁262。

31　　　《筆記》5號，1963年7月16日。正如他明確指出的，19世紀「人類學思想
　　　　的建構」是一種對「使之成為不可能且微不足道者」的反應形式；「必須要
　　　　有尼采的所有勇氣，才能在上帝之死的辯證事件下，發現超人的非辯證湧現
　　　　（這使得所有的人類學都變成不可能）。」我們再度發現此一原則，據此，
　　　　在凡仙大學的課程中，人類學思想成為面對極端的經驗－極限（死亡、性
　　　　事、歷史）時的一種反應哲學。參見上文，凡仙大學的課程，第六堂課，頁
　　　　312-314，以及下文，頁440-444。

32　　　〈外部的思想〉，1966，收錄在《言與文》第一冊，同前註，no 38，頁546-
　　　　568。

33　　　《筆記》3號，1963年8月28日。

考古學的所有技巧都在此一研究裡：指出作為知識（在此為人文科學）基礎的實證性如何能既是建構性，又是反應性的。這些實證性制訂了極限，這些極限使得一定的知識成為可能，但同時又抑制了一種極限之外的經驗。性事——連同死亡和瘋狂——為此提供了一個完美的例子。這就是它在傅柯的人文科學考古學計畫中的重要性。

此一重要性可見於本課程中，因為傅柯在人文科學的配置裡，將性事及精神分析置於核心。「在現代文化中，人變成科學對象，因為他表現出是以性事為目的的主體，也是其性事的主體。這就是為何精神分析……是所有人文科學的關鍵。」[34]精神分析作為與性事有關的知識，就位於人文科學的核心，需要在明確的背景下對其位置進行反思。一方面，法國精神分析學會（Société française de psychanalyse）近來發生分裂，拉岡於1963年至1964年創立了佛洛伊德學派的法國精神分析學院（École française de psychanalyse）。此一分裂的部分原因是精神分析與其他人文科學之間的關係問題，尤其是心理學。拉加舍（Daniel Lagache）的立場是將精神分析納入心理學之中；而拉岡則相反地主張徹底的區分。拉岡想要透過語言學和人類學，將精神分析納入重建主體與結構之關係的研究裡[35]。另一方面是因為哲學對精神分析重新燃起了興趣（特別是阿圖塞），此一精神分析明確提供了一種主體理論，這個理論超越了心理學主體或主體間性（intersubjectivité）的主權（souveraineté）[36]。傅柯的立場將朝此一方向發展。雖然精神分析占據了核心地位，但這絕對

不是因為它發現了必須被揭露與解放的人類主體之深層本質。它當然會將性事置入語言裡，但是這個語言會使其去自然化，並將之從說話主體的主權中除去。透過它，人「發現他旁邊還有一種用來說話的語言，但他不是這個語言的主人；……哲學的說話主體位置已經空出來了，眾多說話主體在此相互連繫與分離、結合與排斥」[37]。它當然也會將性事置入規則、禁令和踰越的遊戲之中，但方法是使之成為一個缺少所有積極內容且注定要無限踰越的法則。

　　無論是以精神分析或某些情慾文學讓性事說話的方式，或是有關性事的生物學與人類學知識，傅柯的閱讀似乎都對立於某種「性事的人類學」，後者試圖讓性事具備人的意義，將之銘刻在一種主體間性的辯證法與倫理之中，或是建立成一種本質。對他來說，重點在於「性事的去自然化」，這與自然主義者的所有縮減作為相對立，後者會在生物學中尋求確認正常性

34　　參見上文，克雷蒙－費洪大學的課程，第二堂課，頁46-48。

35　　關於此一背景，參閱歐哈雍（Annick Ohayon），《法國的心理學與精神分析。不可能的相會，1919年至1969年》（*Psychologie et Psychanalyse en France. L'impossible rencontre, 1919-1969*, nouv. éd., postf. de l'auteur, Paris, La Découverte, 2006 [1999], p. 387-391）。

36　　參閱阿圖塞於1963年至1964年在巴黎高等師範學院兩堂討論拉岡與精神分析的講座，收錄在《精神分析與人文科學》，同前註。

37　　〈為踰越作序〉，頁270。

事的狹隘概念（最終會「過於人性」）；這也與人文主義的作為相對立，後者堅持人類的性事是不可化約的，並試圖賦予其一個人類學的價值和令人心安的哲學意義。

對抗性事人類學的性事知識

在回顧這個性人類學（anthropologie sexuelle）採取的各種形式之前，我們必須回溯幾項能讓我們更理解本課程之重要性的背景。如同傅柯於1963年指出的，只有當文化形成陷入危機並停止時，我們才能分析之：「我們的感知之所以可能並可以理解，是擷取開啟與終結的運動而來的。」此一「終結及反覆」的原則（principe de «clôture et [de] récurrence»）（在某種意義下，它後天限制了一個文化形式的重新取得）假設在現實中，「有可能發現對反覆的批判」。因此，對臨床醫學來說，讓談論其誕生變成可能的，是「我們當下正在談論之」這個事實。傅柯還補充道：「讓談論性事變得困難的，無疑是因為沒有終結，或者至少是我們不知道它在哪裡。」[38]儘管如此，在本課程開設之前的幾年裡，有一系列的細微動向證明性事已經在討論之列：雖然性問題（question sexuelle）的政治化似乎可作為1960年代末期的特徵，但是它實際上自1950年起就已經出現在多個層面了[39]。傅柯的課程呼應了多個層面。首先是女性地位的問題：除了西蒙・波娃於1949年出版的《第二性》所帶來的影響，1960年代初期的特色是對以下問題有非常激烈的討論：女

性工作的問題（職業婦女的模型開始獲得承認）；她們對墮胎
和意外懷孕等方面的性事控制（1950年代中葉起，有多個關於
此一主題的運動出現），例如避孕（1956年，避孕藥在美國出
現，但是禁止在法國銷售）[40]。接著自1960年代初期起，年輕人
更明確地促進自由戀愛或婚姻外的性關係。最後，尤其是在金
賽出版了第二份性行為報告後（第一份報告在法國造成的迴響
有限），對於性行為的規範、同性戀和女性愉悅，有時會也出
現激烈的討論[41]。此外還要記住，馬庫色的第一批作品也在此時
出現法文版[42]。我們還可補充繼波維爾（Jean-Jacques Pauvert）

38　　《筆記》3號，1963年5月28日。這一段清楚表明了對現實進行必要診斷的原
　　　則，以作為確認既定文化形式的條件，我們知道，自1966年起，這就成為傅
　　　柯哲學活動的核心。

39　　為了有效簡述1950年代至1960年代初期這個有關性問題的背景，參閱札
　　　納里尼－富爾奈（Michelle Zancarini-Fournel）與德拉克洛瓦（Christian
　　　Delacroix）合著的《今日法國，1945-2005》（*La France du temps présent.*
　　　1945-2005, sous la dir. d'H. Rousso, Paris, Belin, 2010, p. 149-154）。

40　　傅柯對此更為關注，因為他的助手帕里翁德負責在克雷蒙－費洪推行家庭計
　　　畫運動（我很感謝德菲爾〔Daniel Defert〕提供這項資訊）。

41　　參見上文，克雷蒙－費洪大學的課程，第三堂課，註釋2，頁103-104；以及
　　　夏佩宏，〈金賽在法國：受到爭論的兩性情慾〉，前揭文。

42　　但是發行仍十分有限：關於這個接受馬庫色的第一時刻，參見基諾（Manuel
　　　Quinon），《法國對馬庫色的接受（1956-1968）。批判意識的現象學》
　　　（*La Réception en France d'Herbert Marcuse (1956-1968). Phénoménologie*
　　　d'une conscience critique, mémoire de DEA, sous la dir. de J.-M. Berthelot,
　　　université Paris IV-Sorbonne, 2003 (dactyl.)）。

出版薩德《作品全集》（以及1956年的訴訟案）之後[43]，包括巴
塔耶和惹內在內的整個踰越的情色文學之發展。

　　所有這些現象都證明了傅柯在本課程中描繪的「性事的
問題意識」出現之特徵，其中我們至少可以說，這個意識是從
1966年開始變得明顯的，並為做出的診斷提供了依據。我們發
現很多證據。其中一個是由呂格爾主編與導論的《精神》期刊
專號《性事》（*La Sexualité*），1960年出版。此一特刊的風格
和呂格爾的導論一方面完美闡明了一項嘗試，那就是透過回顧
人類之性事與動物之性事的關係、男性－女性的關係問題、性
事在人類心理學中的位置問題與其異化等等，試著「不規避任
何障礙，這些障礙讓作為性別化之存在（existence sexuée）的
人之存在（existence de l'homme）成為問題」[44]。另一方面，它
們反映出一種意願，那就是譴責當代情色「失去意義」，「變
成微不足道」、只為了支持一種人文主義的性事概念，此一概
念以主體間的倫理、人際關係和親切為基礎。因此，繼謝勒之
後，呂格爾建議「在當代夫妻倫理之中」尋求一種「新的神聖
性」，並譴責「對情色的強烈絕望」，這種情色沒有意義、如
同一個無底洞，針對的當然就是巴塔耶或布朗修論述中的空
洞。在此，我們舉一個例子，那就是性問題在1960年代初期的
最新（與多型態）狀況，例如人文主義的反應及在哲學意義上
對重新掌握性事所做的努力、人類主體、主體間的關係。尚尼
耶爾的課程是另一個例子：對尚尼耶爾來說，問題在於將人類
的性事與動物的性事完全分開來，批評所有將性事簡化為科學

方法的企圖，為的是建立一個人類特有且與自由、自由選擇、認可他人有關的性事：「性事向人類揭示了其基本面向：對他人來說，他是或不是；人類的愛向他揭示了在主體間性之外，不存有任何東西。」[45]傅柯在他的課程中指出，「整個性事的人類學」將性事與貫穿19世紀的黑格爾及孔德舊主題連繫起來。這種人類學傾向於辨識：對男性和女性而言，擁有一個性別化的存在和身體是什麼意思，這會導致與世界和他者的何種關係，其方式可以是現象學或存在主義的分析風格。我們可以如此思索西蒙・波娃、梅洛龐蒂[46]的研究，或者是謝勒[47]、傅柯非

43　　參見勒馮（Jean-Marc Levent），〈「惡棍」審查行為：薩德訴訟案（1954-1958）〉（Un acte de censure "scélérat": Sade en procès (1954-1958), *Lignes*, no 3, 2000, p. 109-126。

44　　呂格爾，〈奇蹟、漂泊、謎題〉，前揭文，在此為頁1665。

45　　尚尼耶爾，《性的人類學》，同前註，頁199。

46　　在梅洛龐蒂的《知覺現象學》（同前註，頁839及其後）中，有一個章節專門論述「性別化的身體」，以及我們的感知世界承認情色含義的方式。

47　　謝勒同時在其人類學中詳細論述了對性別差異的反思（參見例如〈人的思想〉，前揭文），以及人類特有的「性愛」理論，此一理論超越了單純的自我保存本能，並透過將其併入選擇和價值體系中來抬高其價值。關於此一主題，參見瑪愛奧（Gabriel Mahéo），〈謝勒的情愛問題研究：超越了主動和被動？〉（La question de l'amour chez Max Scheler: par-delà l'activité et la passivité?），收錄在《現象學分析公報》（*Bulletin d'analyse phénoménologique*, vol. 8, no 1, 2012, p. 478-498）。

常熟悉的昆茲[48]之哲學人類學。這種人類學通常關注的是區分人類的性事與生物學的數據，並堅持兩者之間有明確的斷裂；但是相反地，它也宣稱從性別的「自然差異」中會衍生對人類的性事而言是必要的原則[49]。

　　透過區分這些方法，傅柯在本課程中進行雙重操作。一方面，與其運作生物學和人類的性事之間最低限度的斷裂，不如讓此一斷裂（以及限定的關係，或是相反的徹底區分——這是我們試圖以此來建立的）成為性事的特徵。性事，作為西方現代文化的形成，他研究了其出現的歷史條件。而且他選擇從內部來研究自然主義，並指出生物學和動物行為學的成果，為何沒有被簡化成生育行為的性別差異或性舉止來建立「過於人性的」共同概念，而是將它們突顯出來並徹底質疑之。在此（特別是在第二堂課和第三堂課），我們會發現一個乍看之下是變異的自然主義者（alternaturaliste）傅柯[50]，而且我們會試著以這門大學課程的特殊性質來解釋之。但是，閱讀凡仙大學的課程、附件〈性特質、繁殖、個體性〉以及各種1969年至1970年的文章，會讓我們非常認真地對待此一姿態[51]。傅柯沒有否定性事科學的成果（無論是生物學或人類學的），而是似乎以尼采的方式，採用「某種特定的生物學主義形式」來超越人類學的停頓狀態[52]。他採用的策略可比擬巴塔耶在1947年的〈性是什麼〉（Qu'est-ce que le sexe?）一文中所採用的策略。巴塔耶在文中指出生物學如何摧毀了有關性別差異的內在經驗與一般印象、「個體基本的性別屬性概念」與「性別之間有明確且靜態

之區分」的想法。相反地，生物學揭示了「性……並非是一種
本質，而是一種狀態」，可比擬做身體的液態或固態：

　　事實上，科學嚴格地消除了所謂的生命「基本資料」
　　（les données fondamentales）……，簡而言之，它摧毀
　　了以存在感為基礎的構造，它將個體內部的存在分解

48　傅柯對昆茲〈人的思想，本質和現實〉（前揭文）一文進行了詳細的注釋
　　（法國國家圖書館第42b-C1號箱匣）。在對人類的本質進行現象學反思時，
　　昆茲質疑的是應該賦予性事和性別差異的那個地位。

49　沒有什麼比西蒙·波娃（《第二性》，同前註）和布伊東迪克（《女性與
　　其存在、出現、生存的方式，存在主義的心理學評論》，同前註）的分析
　　更能闡明這些不同的策略。關於布伊東迪克的分析，參見邦榭蒂－羅比諾
　　（Marina Paola Banchetti-Robino），〈布伊東迪克論女性。現象學批判〉
　　（F. J. J. Buytentdjik on woman. A phenomenological critique），收錄在費
　　雪（Linda Fisher）與恩布里（Lester Embree）主編的《女性主義現象學》
　　（Feminist Phenomenology, Dordrecht, Kluwer Academic Publishers, 2000, p.
　　83-101）。

50　採用的是霍格（Thierry Hoquet）的說法，〈變異的自然主義。內在的自然
　　主義如何運作？〉（L'alternaturalisme. Comment travailler le naturalisme
　　de l'intérieur?，收錄在《精神》期刊，no 411, 2015, p. 41-51）能概述此一策
　　略。

51　參見下文，頁440-444。從此一觀點來看，我們只能震驚於克雷蒙－費洪大學
　　第二堂課與第三堂課、凡仙大學第六堂課、〈性特質、繁殖、個體性〉的詳
　　細論述，以及對賈克伯的評論、給基攸達的信件（〈生長與繁殖〉與〈將會
　　有醜聞，但是……〉，前揭文）等文章之間的連續性。

52　《詞與物》，同前註，頁353。

成可變動的客觀印象，所有的基質都被它遮掩了。它
從性別之中抽走了現實以及看似一成不變之深刻概念
的一致性。……存有的問題在這些逐步轉變中都被消
解了[53]。

這種策略包括了使用生物學或動物行為學的資料，目的不
是為了建立任何有關人的實證真理，而是為了摧毀自然規範或
人類本質的幻象。自從傅柯於1955年開設了「人類學的問題」
此一課程，這種策略就加入了他構思尼采式自然主義（相對於
傳統的自然主義）的方法（還必須加上某種佛洛伊德式的自然
主義）：一種解決客觀性和決定論的方式，可釐清人類和真理
之間的關係，並使人擺脫其本質的問題。「這是對人類學式安
慰的質疑，是對這些倍增之視野的發現，這些視野在它之前與
之後，都使人類避開了自己。」[54]傅柯在此使用性事科學的資
料，並以相同的方式進行研究。問題不在於指出人類的性事和
性特質生物學之間的根本決裂，而是將人類的性事去中心化並
且置於更廣泛的角度，以便推翻過於易見的事實；還有指出
「人類的性事在生物界中並不罕見」[55]，但是我們只能汲取到
負面的教訓（關於其不確定性、複雜性和變幻無常）。因此，
這是矛盾的自然主義，因為它旨在以徹底的方式將性事去自然
化。

這並不能阻止傅柯堅持人類性事的特殊性，但是，讓我
們再強調一次，這首先是一種否定的模式[56]，因為這是與禁止

和規則的踰越有關的模式。在此我們發現規則的重要性——它，連同規範和體系，將是《詞與物》的重點[57]——是人類性事的核心。但是以獨特的模式出現，因為此一規則與舉止是不可分的，而且不涉及某一不及它的規範或本質（這為它帶來意義），並指向極限與其踰越的空洞形式。這就是傅柯採取的第二種操作：並非是在愛情哲學裡尋找一種主體間關係的倫理學，或是一種男女關係或親子關係的辯證法，而是性事的人類意義就在於對規則與禁止毫不遮掩的對抗，對它們的必要踰越就在極限與褻瀆的空洞遊戲裡，傅柯確認這就是人類性事的特徵。在此，很顯然指的是巴塔耶、李維史陀及拉岡。這項分析也涉及了極限和踰越的問題，這個問題正如我們所見到的，建構了傅柯式的考古學的相關事物。從這個觀點來看，當代情色遠非是「微不足道」或「失去意義」的，對我們來說，它在很大程度上說明了什麼是作為文化形式的性事。這顯示性事建構

53　　巴塔耶，〈性是什麼〉，前揭文。

54　　「人類學的問題」（法國國家圖書館第46號箱匣）。正如傅柯於1957年指出的，當他強調佛洛伊德式的醜聞跟性事有關，同樣的評註也適用於佛洛伊德，「自然，作為人類真理的否定，透過心理學，成為了其實證性的地基。」（〈科學研究與心理學〉，前揭文，頁182）。

55　　參見上文，克雷蒙－費洪大學的課程，第三堂課，頁95-96。

56　　同上，頁97及其後。

57　　《詞與物》，同前註，頁366-376。

了一種經驗－極限，這種經驗－極限與其他事物能讓我們掌握
自18世紀末以來，在西方思想中上演的悲劇（drame）。

薩德與其分身

透過呈現薩德事件的多個同時代性，此一悲劇經常出現在
傅柯的研究裡。因此我們已經見到，運用薩德的同時代性和所
有建構現代性的事件就成為常見的程序[58]。而傅柯傾向於加強
之。在本課程中，薩德與民法具有同時代性——就他體現了性
事的去制度化這個意義而言，這個性事被拒絕在婚姻之外，就
像是社會外部的自然；也與監禁制度面對野蠻性事的尷尬具有
同時代性，這種野蠻的性事不屬於打破非理性單一形象的二元
劃分（罪犯或病人）；最後，他還與科學語言的建構具同時代
性，科學語言和性事的踰越語言並列，並將性事與其性變態視
為對象。薩德一直用來闡明的，就是劃分的反面，藉此可建構
一種實證性。傅柯在《筆記》中思索18世紀末各種人文科學聯
合出現的現象，指出這些科學都是「表面的現象」，必須重建
其「可能性的具體條件」（也就是制度的轉變：療養院、醫院
等等），但尤其是必須要辨識「複雜的結構」，就是他所謂的
實證性，亦即會在這些轉變中起作用的「認知的未思」（「在
疾病和健康之間嵌入死亡」、「理性與非理性的二元結構消
失」，特別是更廣泛的實證性，就是「人類學的結構」）。
要賦予這些實證性一個專有名詞並不複雜：畢夏、皮內爾

（Pinel）、康德無疑都是最適當的。而且他們都是薩德形象的反面。如同傅柯所指的：

> 此一建構人類學的實證性同時具備建構和抑制的角色。……或許所有這些在18世紀末建構的實證性皆是被否定的極限、被視作自然的極限、被當作屬性來思索的有限。這使得「建構實證性的歷史」同時也是「建構極限的關鍵歷史」，因此就是使極限復甦、以極限來對抗踰越，像是瘋狂與19世紀的死亡。總體來說，康德－薩德的組合是有其意義的[59]。

　　這當然不是唯一可在此找到其意義的組合──雖然這是最全面的。事實上，在這些既是建構又是抑制的姿勢裡，薩德是所有被推向極限者的代理人。這就是《臨床的誕生》所舉的例子（傅柯在此堅持薩德和畢夏的同時代性）[60]，1962年的一份手稿更是如此認為：

> 薩德和畢夏，這兩個陌生且孿生的同時代人都將死亡和性事放入西方人的身體裡；這兩種經驗是如此不自

58　　　參見上文，克雷蒙－費洪大學的課程，第一堂課，註釋31，頁40-41。

59　　　《筆記》5號，1963年12月22日。

60　　　《臨床的誕生》，同前註，頁199。

然、如此踰越、如此充滿絕對抗議的力量，而當代文
化以此為基礎，建立了知識的夢想，使我們得以呈現
出*Homo natura*[61]。

　　儘管畢夏將死亡帶入論述知識的次序，但薩德卻將死亡置
於踰越語言的核心。即使薩德和夏多布里昂具有同時代性，18
世紀末的文學還是出現了「兩個範例形象」。一個象徵「踰越
話語」，將踰越置於語言的核心，並因而建構了「文學典範本
身」。另一個將自己置於書本的永恆之中，力圖超越死亡[62]。
尤有甚者，薩德和康德具有同時代性，因為兩者都將極限（有
限）與其踰越的遊戲置於當代經驗之中：「有限和存有的經
驗，極限和踰越的經驗[63]。」透過薩德與其多個同時代性而出現
在本課程中的，正是這相同的論述知識建構以及與性事有關的
悲劇暨踰越經驗。

61　　德菲爾、愛瓦德（F. Ewald）、拉格宏傑（J. Lagrange），〈編年史〉
　　　（Chronologie），收錄在《言與文》第一冊，同前註，頁30。〔譯註：*Homo natura*是拉丁文，「自然人」之意。〕

62　　〈文學及語言。布魯塞爾，1964年12月〉（Littérature et langage. Bruxelles, décembre 1964），聖路易大學的研討會，收錄在《偉大的陌生人》，同前註，頁86-90。

63　　〈為踰越作序〉，前揭文，頁269。

性事論述

凡仙大學的課程
（1969年）

　　我們編纂的第二個課程於1969年上半學年在凡仙實驗大學中心開設，傅柯在此以哲學系教授的身分授課。1966年，就在《詞與物》出版後不久，傅柯離開了克雷蒙－費洪大學，到突尼斯大學教授哲學。他在突尼斯大學待到1968年，主要講授有關人的觀念（l'idée d'homme）在現代西方文化中的地位[1]，他開設了不同的講座並撰寫了一份至今尚未出版的手稿，題為《哲學論述》。這些作品證明了他這些年來再度將重心放在被視作規範實踐整體的論述。關於這一轉換，我們除了可在《知識考古學》中找到，在〈性事論述〉中尤為明顯。

1　　有關哲學論述的課程及手稿皆保存在法國國家圖書館第58號箱匣。

　　1968年6月，就在5月學運將近結束之際，傅柯回到法國。他放棄了楠泰爾大學（Nanterre）的心理學教授一職，加入由教授所組成的「遴選成員核心」，負責招聘凡仙實驗大學中心的教師團隊。這所大學於1968年5月之後（1968年8至10月）成立，並於1969年1月開始營運[2]。在傅柯招聘的團隊中可找到許多阿圖塞的學生或是親近阿圖塞的人，特別是來自巴黎高等師範學院的知識論學圈及《分析筆記》的成員（傅柯自1967年的〈論科學考古學〉會談後，就與他們有往來，這份會談於1968年夏天發表），這些人的立場都逐漸傾向毛派[3]。我們將會見到此一背景的重要性：事實上，〈性事論述〉屬於意識型態與科學（如同實踐與理論）之關係的辯論，這些辯論貫穿了1968年之後的這些趨勢發展。除了跟性事有關的課程，傅柯也於1968年至1969年間開設了一門「形上學之終結」的課程。次年，他開設了一門講授尼采的課和一門「生命科學的知識論」，後者對本課程第三堂課與第六堂課中發展知識論的反思進行延伸的討論[4]。上課的氛圍相當混亂：教室擁擠（1969年有將近600人上他的課）、干擾與熱烈的討論，同時也上演著教學、示威、封鎖、與警察對壘。傅柯於1970年代末被選入法蘭西學院後，就離開了凡仙大學。他在遴選時提出的計畫，證實在凡仙大學的教學對其思想的成熟有多麼重要：將19世紀的遺傳知識視作一套規範的實踐，使其歷史成為一種「具社會性和匿名性的知識，這種知識不以個體或有意識的認知為模型或基礎」；而是看成「這種知識在科學論述上的轉化」，並分析它如何被納入

既定的社會形成之中[5]。但特別是由於《筆記》，我們知道傅柯一結束〈性事論述〉課程，就開始（無疑與他準備研究的尼采有關）密集反思「意願－知識」以及「知識如何在一種文化中成為權力？此一權力位在何處、誰在行使、以何種形式？……相反地，權力如何定義知識形成、界限和傳遞的地方」[6]。這條道路的確開啟了大有希望的前景，最終成為他自1971年起在法

2　　關於該中心的誕生與其歷史，參見例如蘇立埃（Charles Soulié）主編的《摧毀的神話？凡仙實驗大學中心的起源和命運》（*Un mythe à détruire? Origines et destin du Centre universitaire expérimental de Vincennes*, préf. de C. Charle, Saint-Denis, Presses universitaires de Vincennes, 2012）。關於傅柯在凡仙大學授課時的背景細節，參見艾希邦，《米歇爾・傅柯》，同前註，頁315-332。

3　　關於《分析筆記》的歷史，特別是有助於理解傅柯授課之直接背景的部分，請見霍華德（Peter Hallward）與帕登（Knox Peden）的傑出著作《概念和形式》（*Concept and Form*, 2 vol., Londres, Verso Books, 2012），我們也可在以下網址找到所有的《分析筆記》以及各種與見證者的訪談：http://cahiers.kingston.ac.uk（2018年8月18日查閱）。

4　　法國國家圖書館的檔案似乎並未保存所有1970年的授課手寫筆記，但是我們可透過傅柯的《筆記》8號與9號來理解，這些筆記對生命科學知識論有非常豐富的反思，10月14日的筆記還有某種授課計畫（參見上文，凡仙大學的課程，第六堂課，註釋1，頁315-316）；另外也可透過保存在第70號箱匣的文件來理解，特別是檔案5，這份文檔似乎收集了本課程的兩份教材，一份是「科學上的錯誤」，另一份是「科學問題」。

5　　〈主題與研究〉，前揭文，頁873。

6　　紅色《筆記》4號，1969年7月15日至20日，緊接在〈性事論述〉第七堂課的草稿（1969年6月7日）之後。

蘭西學院的教學核心[7]。

從本原到檔案：作為規範實踐之論述

自1966年起，隨著《詞與物》的出版以及圍繞著結構主義與人文主義的激烈辯論，傅柯在其考古學的進路上，開啟了一系列的改變。從「本原科學」，其考古學變成「檔案的描述」，也就是說，它關注的是在一種文化中「所有確實被講出來的論述」。尤有甚者，它認為論述「在其明顯的存在中，就像是一種遵循規則的實踐……，亦即形成、存在、共存的規則，也遵循運作系統的實踐」[8]。這些改變使他較不去關注劃分和排斥的最初動作，而是關注要考慮其深度與自身存在的論述，這些論述被視作獨特、受規範的實踐，我們有必要研究其形成的歷史條件、陳述的體制、運作的模式與界定。傅柯在突尼斯大學對英國分析哲學的解讀，在此一重新聚焦中發揮了作用。這個小變化在未出版的《哲學論述》手稿中可察覺到，傅柯在此關注的是各種日常的、文學的、科學與哲學之論述的「存在模式」[9]。我們在同一時期的突尼斯大學課程、《言與文》收錄的各種文章[10]裡也能發現這一點，並將於《知識考古學》、接著又在《論述的秩序》中明確地顯現出來。凡仙大學的課程完全位在此一範圍內。傅柯在此把論述（「確實被說出的事物」[11]）從語言中區分出來，他經常做這樣的區分，為的是將其對作為規範實踐之論述的分析，在它們具體運作上與

「一種語言體系所顯現的形式可能性」[12]的結構主義進路區分開來〕。因此，他關注的是歷史條件，透過這些條件，性事變成所有18世紀末異質論述的參照系統，他還堅決主張性事考古學必須說明這些性事論述的多態性、其特殊性（例如關於對象的形成規則）與關係，而且不會將它們彼此混淆在一起。我們會在1976年的《性事史第一冊：求知的意志》中，再次遇到同樣的原則[13]。

此一對論述實踐的重新聚焦有兩個結果。一方面，從知識論的觀點來看，這涉及了將陳述與概念、科學的障礙與錯誤放在其所處之論述實踐的更廣泛框架下。這是本課程第六堂課的整體方向：將自然史視作一種集體的論述實踐，它遵循的是

7　　　參見《求知的意志課程講稿》（同前註），該文直接出自1969年夏天提出的這些反思。正是依據這些提問，傅柯規劃了法蘭西學院的前三堂課，並於1973年5月在里約熱內盧予以介紹（〈真理與司法形式〉，前揭文）。從此一觀點來看，凡仙大學時期有舉足輕重的地位。

8　　　〈傅柯解説其新書〉，前揭文，頁800。

9　　　法國國家圖書館第58號箱匣。

10　　特別參見〈論書寫歷史的方法〉（前揭文，頁623），尤其是〈答問〉（Réponse à une question, 1968）和〈論科學考古學〉（1968，收錄在《言與文》第一冊，同前註，nos 58與59，頁701-759）。

11　　參見上文，凡仙大學的課程，第一堂課，頁198-199，與註釋3，頁207。

12　　〈論書寫歷史的方法〉，前揭文，頁623。

13　　參見下文，頁448-449。

某些公設和規則；研究在18至19世紀影響這個實踐，使植物之
性事與遺傳的專門知識有可能形成的各種轉變。這個從知識論
層次（進行科學論述、其理論與概念的內部分析）到考古學
層次（將科學論述本身重新置於一種「知識的實證無意識」
（inconscient positif du savoir）形式中：在知識的領域裡，這是
一種安排論述實踐，定義其對象形成的模式、其主體的地位，
以及科學自身劃界條件的規則與公設之遊戲）[14]的轉移結果，成
為傅柯在這一時期的重大發展課題，並且與《知識考古學》的
出版有關。因此，1969年5月30日至31日在進行第六堂課之際，
傅柯參加科學研究院（Institut des sciences）的「居維葉之日」
（Journées Cuvier），並與達戈涅（François Dagognet）進行交
流[15]。達戈涅堅持居維葉對生物學發展所抱持的立場是次要且錯
誤的（這與傅柯在《詞與物》中賦予他的核心地位相反），把
其定位為對知識論發展的阻礙。相反地，傅柯以在自然歷史中
被視為實踐，影響著對象、概念與理論構成之規則的更根本的
知識論轉變問題，來反對科學場域中的真理與謬誤問題[16]。巴修
拉－康居朗式知識論的典型課題（與其對阿圖塞式的採用），
例如科學錯誤、知識論障礙或科學問題，因此都會按照它們在
被視作規範實踐體系之知識場域中的位置而被重新思索。科學
錯誤被重新置於整個集體規則之中，這些規則組成了知識場
域：它在這些實踐中具有意義和價值，而且矛盾的是，它在組
成這些實踐之規則的轉變中，扮演一種實證的角色，產生另一
種知識的形構。看待知識論障礙的方式也一樣，反對將其簡化

成在認知產生過程中，一個純粹否定之角色的解讀方式。至於科學問題，傅柯將其定性為「意願－知識的範疇」，也就是說，不同於一門科學內部的概念及理論，這些科學問題建構了無意識的集體公設，這些公設確定並引導了論述實踐的方向。傅柯明確指出，這意味著我們不是將科學視作一種語言，而是一種意願（vouloir），並同時標明「意願－知識的獨特、孤立、個體化的形式」[17]。但這是一種「與意圖和計畫無關」的意願[18]，因而其主體仍處在一種未定狀態：「主體問題的位置：不是

14　　採用的是傅柯在《詞與物》英文版序言中所做的區分（收錄在《言與文》第一冊，同前註，no 72，頁877-881）。

15　　參見〈討論〉（Discussion, 1970）與〈居維葉在生物學史上的地位〉（1970），收錄在《言與文》第一冊，同前註，nos 76及77，頁895-934。

16　　參見〈討論〉，前揭文，頁897。「在科學論述的深度中，我們必須區分什麼是真的或假的科學斷言，什麼是知識論的轉變。某些知識轉變經歷了……一系列在科學上錯誤的命題，在我看來，這是歷史方面可能且必要的觀察。」

17　　《筆記》8號，1969年10月24日。我們見到，「本原」的問題並沒有消失，而是被移到兩個層面：朝向基本公設的問題，這些公設會引導知識場域，並定義特定的意願－知識形式，這就是傅柯將在《刑罰理論與制度》中所稱的「知識論矩陣」，與「司法政治矩陣」（措施、檢驗、調查、檢查）有關（同前註，頁214-215）；再者就是朝向建構性劃分，傅柯將於《求知的意志課程講稿》（同前註）中提到這一點：真理與錯誤的劃分使得知識隸屬於認知問題。這兩種改變讓我們能達到權力－知識（pouvoir-savoir）層面，或是傅柯所謂的知識王朝（dynastique du savoir），以及更深層的真理主體的歷史建構問題。

18　　法國國家圖書館第70號箱匣，檔案5「問題」（Problèmes）。

在這個意願的主體所處的人、階級、社會的起源或發源地[19]。」

傅柯將在次年的凡仙大學課程中闡明這些有關「生命科學知識論」的問題。事實上，根據檔案，傅柯似乎已經以性事與遺傳的知識歷史（生物學及司法方面）為中心，進行了大量的閱讀工作，他認為這是一種重新提出有關知識歷史之知識論問題的新方法，這些知識要從其實踐範圍（不僅是論述實踐，也內接在一套社會實踐中）來加以考量。此一計畫出現在法蘭西學院的初期課綱裡。但是，除了對賈克伯之《生物的邏輯》所做的書評[20]，幾乎沒有這方面發表過的痕跡，然而《筆記》顯示傅柯對此做過精心的準備。凡仙大學課程的好處在於提供了此一計畫的概觀。《筆記》能讓我們衡量其重要性。我們在此見到某一知識論歷史被整個勾勒出來，其透過遺傳學與生物化學的例子，考察一門科學如何從「問題場域」，接著從一「學科機構」的建構中出現；此一科學如何透過與其他科學的互動，並在科技與概念工具的協助下，建構各自不同的「目標計畫」，傅柯試圖為這些知識論對象建立一種鑑別的類型學。如同他所強調的：

> 對象就像主體一樣，必須被區分出來。事實上，客觀性是有其整體深度的。客觀性不應該由法律或界限來定義，而是該由常規實踐的整體深度來定義。對不同的知識區域和不同的時間來說，這些層面無疑都是不同的。客觀性並非是一個一體適用於所有認識形式的

普遍規範[21]。

　　隱含在此一計畫背後的，是力圖從對意願－知識的形式出發，來徹底質疑知識主體與對象的歷史共構，這些形式決定了它們的構成：換句話說，擺脫認知理論，轉而支持對意願－知識形式的歷史分析。

　　但是這個對論述實踐的重新聚焦還會產生另一個影響，這在本課程中非常明顯[22]。如果論述是一整套規範的實踐，那麼：

　　　〔它出現〕在與所有其他實踐的描繪性關係中。與其
　　　處理經濟、社會、政治層面的歷史（包裹著思想史）
　　　……與其處理可能指向外部條件的思想史，我們將在
　　　特定關係中處理論述實踐的歷史，以便確定其與其他
　　　實踐之間的關聯[23]。

　　這就是與結構分析的形式主義企圖保持距離的好處。我們以歷史的方式，將論述當作一整套規範的實踐來研究，並將其

19　　　《筆記》4號，1969年7月15日。
20　　　賈克伯，《生物的邏輯》，同前註。
21　　　《筆記》9號，1969年10月27日。
22　　　見上文，凡仙大學的課程，第二堂課至第四堂課。
23　　　〈答問〉，前揭文，頁714。

納入規範實踐更廣泛的場域中：婚姻實踐和法律道德規約；經濟實踐和社會政治策略。從此一觀點來看，性事提供了一個豐富的活動場地。首先是因為，正是在此時發展出一整套的研究（包括布赫迪厄在課堂上使用的研究），這些研究分析了婚姻策略、結婚及生殖的規則，這並非是從嚴格的結構主義之形式主義的角度來分析，而是在實踐與其歷史的具體深度中來分析[24]。其次是因為，從這個歷史方面來看，年鑑學派自1960年代初就在內部建立了一項關於「物質生活與生物行為」的研究計畫，以歷史人口統計和統計學工具（與經濟活動連繫在一起）來研究飲食及生殖行為的歷史。這項研究正好於1969年產生了《生物學歷史與社會》此一專號[25]。傅柯知道這些研究，他自1960年代中以來，就經常參考年鑑學派的研究：他在本課程中廣泛地使用它們[26]。

這兩條分析線的結合賦予了本課程一個特色：那就是歷史唯物主義的特色更為明顯，因為傅柯在此採用了以階級鬥爭為基礎的觀點（我們稍後可在法蘭西學院的前期課程中發現此一立場，但是較為緩和）。如果性事在18世紀末變成一系列論述的參照系統；特別是如果性被分裂成自然的性事（透過民法，以含糊的方式重現於婚姻制度中）與偏差、不正常的性事，有部分是因為經濟社會的進程，這個進程涉及了生產力（經濟成長與人口障礙之間的矛盾）以及階級關係。一方面，傅柯力圖指出18世紀末以性事為中心的「論述急遽增長」如何與生產力及生產關係的演變連繫在一起——他明確將之與「階級需求」

相連，在《性事史第一冊：求知的意志》中，相同的現象將與更廣泛且無名的演變相連繫：「生命進入到——人類生命特有的現象進入到知識與權力的秩序中——政治技術的場域中」[27]。另一方面，他主要思索的是這些經濟社會進程與性事知識興起的關係，而且不以意識型態及科學的二元方式來處理之，也不會以（就像他在訪談中闡明的）反映及「純粹而簡單的表達」方式來處理之，彷彿概念與論述只不過是潛在的「前論述的經濟社會層面」的機械性表達[28]。對傅柯而言，經濟社會進程首

24　　參見上文，凡仙大學的課程，第四堂課，頁255-257，與註釋21，頁267-268。

25　　《年鑑：經濟、社會與文明》期刊，vol. 24，no 6，1969。

26　　參見上文，凡仙大學的課程，第二堂課，註釋2，頁223-224。

27　　《性事史第一冊：求知的意志》，同前註，頁186。然而，傅柯在對「性布置」（dispositif de la sexualité）進行歷史分析時，並沒有放棄他在課堂上的解讀。他予以改善，特別是與壓抑性的解讀進行比較，壓抑性的解讀將普羅階級視為此一布置的首要目標。相反地，對傅柯來說，「性事起初在歷史上是屬於布爾喬亞階級的，而且〔它〕在逐漸轉移和換置中，引起了特定的階級效應」（同上，頁168以及更廣泛的頁161-173）。

28　　〈米歇爾・傅柯訪談〉（Entretien avec Michel Foucault, 1971），收錄在《言與文》第一冊，同前註，no 85，頁1025-1042，在此為頁1029。這次訪談實際上是在1970年進行的，明顯呼應了傅柯在凡仙大學課程第三堂課中的反思（參見上文，頁234及其後）。對傅柯而言，重點在於思索論述形成與社會經濟形成之間的關係，「如何以更精確的方式重新調整論述實踐與超論述實踐的分析」，他認為此一關係必須在「定義可能之對象的規則、相較於對象的主體立場」中去尋找：就是他在課程中描繪的「對知識場域所採取的意識型態」。

先意味著某種「最初意識型態編碼」，此一編碼定義了性事知識的地位（在此，性事知識被當作是自然的），這個知識可能會成為一門科學。最重要的是，此一意識型態編碼決定了該知識的運作，這個知識既是規範性的（和生育相關的性事成為規範），也是壓抑性的（拒絕所有正常性事以外的行為）。

意識型態的問題

在性事方面，在同時對科學與知識，以及性事的知識與影響社會形成的物質進程之間的關係提出知識論問題時，也必須解釋傅柯在一個爭議中所持的立場，因為這個爭議雖然有時是暗示的形式，但卻無所不在，特別是在本課程的第三堂課中。這是一個涉及意識型態的本質，以及意識型態與科學，更廣泛地來說，是理論與實踐之間的關係的爭論。

意識型態與科學對立的分析所引起的問題，貫穿了傅柯的研究，直到1970年代中[29]。在這個課程裡，對於這個對立與藉助知識論斷裂的巴修拉模式所展開的批評，呼應了傅柯對阿圖塞及其一些學生所提出的異議。後面這些人建立了科學認識產生過程中的典範的斷裂模式。其普遍原則是，科學的認識只能透過一個以「對意識型態構成的整體要素進行根本批評」為條件的理論工作才能產生，這些意識型態的構成要素扮演著「妨礙建立符合真實認識關係之意識型態」的阻礙角色[30]。傅柯的批判應該被視為他於1967年10至11月與巴黎高等師範學院知識論學

術圈「對談」（1968年夏季發表在《分析筆記》上）[31]的延伸，同時也是他在《知識考古學》中討論科學、知識與意識型態之關係的內容[32]。重要的是不要將這場辯論簡化成正面衝突，因為阿圖塞對意識型態與科學之關係的解讀非常豐富與複雜，而且與傅柯在此提出的觀點有某些相通之處。本課程第三堂課與米樹爾‧佩修（別名是湯瑪斯‧赫伯）〈對意識型態一般理論的評註〉[33]一文的系統性對照可以為證。此外，《知識考古學》宣稱有必要在「它作為論述實踐之存在」的層面上，提出科學與意識型態之關係的問題，無論它「是否在所有論述實踐場域中出現並發揮作用」：

29　　這隱含在《求知的意志課程講稿》（同前註）；清楚表達於《刑罰理論與制度》（同前註，頁197-227），以及〈真理與司法形式〉（前揭文，頁1406-1421）。

30　　參見例如阿圖塞對集體著作《閱讀資本論》[1965]（nouv. éd., Paris, PUF, 1996, p. 3-79 et p. 247-418）的兩項貢獻，或是阿圖塞與其學生於1967年至1968年間開設的《科學家的哲學課課程講義》，該課程講義已經可於線上查詢：https://archive.org/details/ENS01_Ms0169（2018年8月8日查閱）。

31　　〈論科學考古學〉，前揭文。這篇文章最初出現在《分析筆記》9號刊（1968年夏季），並意味深長地題為「科學的系譜學」（Généalogie des sciences）。

32　　《知識考古學》，同前註，頁240-243。

33　　米樹爾‧佩修，〈對意識型態一般理論的評註〉，前揭文。

攻訐科學的意識型態運作，就是在攻訐其對象、陳述
類型、概念與理論選擇的形成系統，而非其命題的形
式矛盾。這是將它再度視作像其他實踐一樣的實踐[34]。

　　這就是傅柯在課程中所做的，努力發展某種意識型態理論
以作為一種階級實踐的規範系統，而不指涉任何主體：這是一
種操作與編碼的集體系統，能闡明並使異質要素（制度、意識
型態主題、司法原則，還有科學）共同運作[35]。事實上，我們必
須指出，批判傳統意識型態模型（作為虛假意識的意識型態，
或是與科學對立的意識型態）對傅柯而言並不表示放棄此一概
念，在此我們必須研究幾個層面：「意識型態的操作」或「最
初意識型態編碼」、「意識型態效應」……。這些概念將可在
《求知的意志課程講稿》及《刑罰理論與制度》中找到[36]。

　　儘管如此，我們仍試著勾勒阿圖塞與傅柯所採立場之間
的幾個緊張點。首先必須強調的是相近之處。最重要的是，阿
圖塞和傅柯一樣，都試圖擺脫自馬克思以來的主流概念，那就
是將意識型態當作是虛假的意識，這將遭遇必須修正的錯誤表
象呈現[37]。如同傅柯（以及隨後針對這一點的葛蘭西〔Antonio
Gramsci〕），阿圖塞強調的是意識型態不能簡化為表象呈現，
而是具有實踐層面（他明確地稱之為「實踐的意識型態」）。
「『觀念－表象呈現－圖象』在『行為－舉止－態度－姿態』
中連結在一起。整體的作用就像實踐規範，支配著人們面對其
社會存在及歷史的真實對象與真實問題時，所採取的態度和具

體立場」[38]。它們因而歸屬於整個社會實踐。此一反思的結果讓阿圖塞於1970年針對這個主題發表了一篇文章，討論意識型態的物質性與其在制度中的運作（國家意識型態的工具）[39]。但最重要的是，阿圖塞致力於發展一套意識型態的一般理論，這與他努力透過（尤其是）拉岡的精神分析來重新思索主體是一致的。此一意識型態理論與主體理論的銜接將透過意識型態對「作為主體之個體的質疑」，被表達在1970年的那篇文章中。

34　　《知識考古學》，同前註，頁242。

35　　我們必須指出此一分析起初與文化形成的定義本身有多少關係，這些文化形成明確地被視作鏈接制度、論述、概念與無聲實踐的異質系統──不同的是，在此涉及的是對分類編碼操作的分析，這些操作能使這些異質要素起作用，而不再是對其構成的劃分。最終，此一分析近似於傅柯對「布置」的定義，那就是，一個「絕對異質的整體，包含了論述、制度〔等等〕：說出的與未說出的」，其中涉及的是分析將它們結合起來的「關係的性質」。但是，如果布置具有「主導的策略性功能」，這項功能就不可簡化成一種經過反思、同質與一致的策略，因而其某一階級將成為下命令的主體（參見〈米歇爾·傅柯的遊戲〉），前揭文，頁306-308。

36　　參閱例如《求知的意志課程講稿》（同前註，頁145-157）中對於被視作中斷的nomos（規範）的「無知結果」，遮掩了政治和經濟的關係；或者《刑罰理論與制度》（同前註，頁198）有關意識型態操作的概念。自1971年起，對編碼、竄改、換置及遮掩的分析就成為傅柯所謂的「王朝」之核心。

37　　參見上文，第三堂課，頁237-239，以及註釋9，頁246-247。

38　　阿圖塞，《科學家的哲學課課程講義》，同前註，no 5，頁8。

39　　同前，〈意識型態與國家意識型態工具〉（Idéologie et appareils idéologiques d'État），收錄在《思想》期刊（*La Pensée*, no 151, 1970, p. 3-38）。

當傅柯明確指出最初意識型態編碼「不完全是一種無意識」時，他暗示的就是這個問題[40]。事實上，阿圖塞自從1964年發表了〈佛洛伊德與拉岡〉一文，就經常將無意識的象徵範疇與意識型態的結構相比較[41]。此一對照在親近阿圖塞與拉岡之學生的研究中也無所不在，他們共同發行《分析筆記》，使得在一個具主宰意識的主體中，意識型態與信仰之間的關係成為決定性因素[42]。阿圖塞認為此一立場與雙重論題相輔相成。雙重論題認為，一般的意識型態就像一般的無意識，是沒有歷史的，「由整個意識型態所組成的主體的範疇，也不能指定為哲學史一個確定的段落[43]。」更別提如果傅柯只能採用「擺脫意識（或支配）主體與作為意識型態之處所的表象呈現」此一方法，他就不會認同以下斷言（在作為哲學的歷史方面既有些抽象又可疑）：將（一般性的）意識型態當作是無意識的，並且將其形式地及以非歷史的方式和主體的範疇相關聯。我們在此發現的情況，可以與結構主義所採取的步驟相提並論：傅柯願意接受歷史與實踐（praxis）的意識主體的批評，但對語言與親屬關係基本結構的形式主義分析並不滿意；他試圖將自己置於中間地帶，在一種沒有主體的歷史實踐之中（以及就意識型態的狀況來說，是在一種**階級實踐**之中）[44]。

　　相同的評註甚至更適用於被定義為主體與對象之恰當關係的認知關係。正是在此，我們必須確定傅柯對科學與意識型態之間的對立，與普遍（非局部）求助知識論上的障礙與斷裂的模式來思考科學與意識型態之關係的敵意。傅柯對這種方法的

非難在於這是「假設人類主體以及認知形式本身，都是以某種方式預先且明確地被給定的」[45]。因此，這就徹底阻止自身對於認知關係本身的質疑，亦即「認知主張其對所有知識活動的權利」[46]此一事實。傅柯很早就持有此一保留態度，因為我們可在1965年至1966年其對《閱讀資本論》的解讀中找到跡證。他在這一解讀中對阿圖塞的理論研究自主性與意識型態定義提出質疑，並強調「如果在此一『理論上的』領域裡，有某個被當作認知的事物被產生出來，那此一產物如何才能作為真理而有效？」他尤其指出阿圖塞的企圖旨在「讓歷史認知擺脫對其對

40　　參見上文，凡仙大學的課程，第三堂課，頁237-239。

41　　阿圖塞，〈佛洛伊德與拉岡〉（1964），收錄在《立場（1964-1975）。佛洛伊德與拉岡，哲學是革命的武器》（*Positions (1964-1975). Freud et Lacan, la philosophie comme arme de la révolution*, Paris, Éditions sociales, 1976, p. 9-34）。

42　　參見例如米耶（Jacques-Alain Miller），〈縫合（能指邏輯的要素）〉（La suture (Éléments de la logique du signifiant)），收錄在《分析筆記》，no 1，1966，頁37-49，在此為頁41；雷尼諾，《科學家的哲學課課程講義》，同前註，no 11，1968年2月28日，頁9-10。

43　　吉優，《阿圖塞與精神分析》，同前註，頁120-121。

44　　參見上文，凡仙大學的課程，第三堂課，頁237-239。

45　　〈真理與司法形式〉，前揭文，頁1406。

46　　依據傅柯在1969年11月1日《筆記》9號中，針對此一問題提出的重要論述而得出的公式。顯然地，為了從根本上重拾此一問題，傅柯在法蘭西學院所開的第一堂課就是以希臘人為主題（《求知的意志課程講稿》，同前註）。

象（歷史主義）的妥協」，並從歷史之中救出「認知主體（至少是認知的行為）」，就像胡塞爾（Edmund Husserl）曾試圖為「認知的對象」所做的[47]。我們隨後會再次發現此一雙重困難：真理（作為意識型態與科學的劃分）的標準問題，是傅柯批判阿圖塞如何定義意識型態命題的核心，此一命題「對其目標而言是錯誤的命題，但卻是其目標以外之真實的徵兆」[48]。如同傅柯所指（他明確使用他對植物性特質的研究，這些研究成為他在此一知識論反思中的起點），整個科學命題也是「其目標以外之真實的徵兆」，這正是因為它屬於某種論述實踐，某種技術、哲學主題與制度的狀態；科學有一種「嵌入其他實踐中的實踐」的意識型態功能[49]。因此，對阿圖塞來說，意識型態與科學的劃分最終只不過是真理與錯誤的區別，這種區別只能透過科學來解決（而且要在某一既定科學之內）。換句話說（這一點將在《求知的意志課程講稿》及《刑罰理論與制度》中廣泛地深入探討），意識型態和科學的劃分前提是接受科學真理的價值，且不質疑分界、區隔的機制，以及將科學納入更廣泛之知識場域和社會實踐中[50]。

在此，我們回到一個更深入的批判，以更普遍的方式來評論所有包含在傅柯所謂「認知理論」內的分析，他將此一理論與其**知識**的概念相互對照。它涉及了康德的觀念論（idéalisme），也涉及了唯物主義的認知理論或現象學。「在認知哲學裡，我們不可能規避與對象的關係。主體和客體的辯證也始終存於觀念性要素（l'élément d'idéalité）之中。」相反地，

對知識（作為被嵌入到其他社會實踐中之規範論述實踐的匿名
整體）的分析能讓我們「移至主體－客體關係的另一側……，
這使得擺脫觀念性範圍成為可能」。尤有甚者，這也使知識從
「認知立法」的歸屬中擺脫出來。這個問題自1996年起出現，
並將導引傅柯在法蘭西學院的課程：

> 希臘人發明的不是合理性……而是認知：主體－客體
> 的支配與辨識的這個關係。與詭辯派（Sophiste）的鬥
> 爭，就是力圖以認知的權利來替代知識實踐與其直接
> 權力……。但這並不意味著所有的知識都必須傾向於
> 將認知當作是最終使命，也不表示認知就是知識的真
> 理[51]。

47　　《筆記》6號，〈閱讀資本論的筆記〉（Notes sur *Lire Le Capital*）。

48　　阿圖塞，《科學家的哲學課課程講義》，同前註，第一場，1967年11月20
　　　日，論題no 10，頁4。

49　　《筆記》8號，1969年10月2日。參見上文，凡仙大學的課程，第六堂課，頁
　　　300，以及註釋22，頁322-323。

50　　參見《求知的意志課程講稿》，同前註，頁3-30，以及《刑罰理論與制度》，
　　　同前註，頁204-227。如同傅柯在《筆記》8號中指出的：「只要我們將科學
　　　／意識型態問題和真理／錯誤問題加疊在一起，就無法脫離之。我們必須驅
　　　走斯賓諾莎。」這將是法蘭西學院初期課程的方向：「斯賓諾莎是康德的條
　　　件。只有擺脫斯賓諾莎，我們才能脫離康德……那些相信能援引斯賓諾莎來
　　　擺脫哲學論述觀念論的人是天真的」（《求知的意志課程講稿》，同前註，
　　　頁28）。

51　　《筆記》9號，1969年11月1日。

　　至於意識型態和科學的劃分，它本身就注定要接受此一原則，而且最終要重現之，並遮掩其出現的歷史條件和形式。

　　在此，我們觸及了傅柯在本課程中提出的第二個批判，它涉及了對意識型態實踐層面的重視。傅柯首先將意識型態定義成「社會實踐之事務」，並強調「就真正的思想層面而言，意識型態的鬥爭不可能僅僅只是一種理論鬥爭」[52]，他的立場是反對「理論主義」和「科學主義」，有些人也是如此指責阿圖塞。事實上，在1960年代，阿圖塞進行了理論研究，而且必須為馬克思主義的實踐提供適當的理論，這是其思想的基本方向。儘管如此，我們還是必須指出，從阿圖塞的觀點來看，理論就是一種與其他實踐一樣的實踐，也就是說，是將特定原料轉換成確定產物（認知）的進程，此一轉換由確定的人工使用確定的生產方式來完成。不過，這是一種相對自主的實踐，主要是為了引導政治行動[53]。理論（科學）實踐因而包括了「透過確定的概念工作，將意識型態產物轉換〔成〕理論認知」[54]。這項理論研究需要不斷在意識型態和科學之間畫出界線，而這是哲學事實。理論工作的這種優先性和自主性將在1960年代成為所有阿圖塞學生投入的目標，這些學生參加阿圖塞的研討課程，課程目標正是提供一個適合馬克思主義的理論（主要成果就是《閱讀資本論》一書），或是透過馬列共產主義青年聯盟的理論培訓學校，或者透過為科學家開設的哲學課程，甚至是在《馬列筆記》（CML，創於1964年）或《分析筆記》（創於1965年）中相關的出版，致力於向不同的群眾進行理論培訓工

作[55]。自1966年至1967年起，在毛派主義模式的推動下，部分馬列共產主義青年聯盟的成員開始質疑理論上的這種自主性和優先性。1968年之後，此一批判明顯增多，標示出凡仙大學裡阿圖塞故舊的轉變，他們自此以實踐至上以及與廣大群眾接觸進行政治鬥爭之名，反對阿圖塞的「理論主義」（théoricisme）。此一演變在無產階級左派的成員和洪席耶身上顯而易見，例如洪席耶在其著名的《論阿圖塞》（1974）中對此決裂做出總結之前，他在1969年以其批判直覺所撰寫的著名文章中便可看到這一轉變[56]。雖然傅柯對理論所抱持的批判距離在本課程中非常

52　　見上文，凡仙大學的課程，第三堂課，頁240-241。

53　　參見阿圖塞，《閱讀資本論》，同前註，頁61-67。

54　　米榭爾・佩修，〈社會科學與特別是社會心理學之理論境況的反思〉（Réflexions sur la situation théorique des sciences sociales et, spécialement, de la psychologie sociale），《分析筆記》，no 2，1966，頁139-165，在此為頁142。

55　　《馬列筆記》極能證明這個理論上與科學的最初優先性，其創刊號〈科學與意識型態〉以米耶的文章〈理論培訓的功能〉（Fonction de formation théorique）作為開始，這篇文章將理論工作視為政治鬥爭的基本條件，目的是「轉變觀念、改革論述」，對抗幻象和意識型態。另一個例子是引用列寧的語錄作為主導原則（「馬克思主義的理論是全能的，因為它是真確的」）。關於《馬列筆記》與其演變，參見夏特涅（Frédéric Chateigner），〈從阿圖塞到毛澤東。馬列筆記〉（From Althusser to Mao. Les *Cahiers Marxistes-Léninistes*, *Décalages*, trad. par P. King, vol. 1, no 4, 2014, p. 1-15）。

56　　洪席耶，〈論阿圖塞的政治意識型態理論〉，前揭文。我們必須強調，傅柯同時期的反思與這篇文章相呼應。

含蓄，但是在接下來幾年裡，無論是在法蘭西學院的初期課程或是在他的政治參與（建立監獄信息小組、與毛派主義者相對親近）中，此一距離將大大增強。

性事、人文主義與烏托邦

傅柯延續其反思（旨在將知識從主體和認知至上中移除），在《筆記》中補充說存有「兩種取得此一知識的途徑」：一是研究獨立於奠基主體、作為規則的論述；二是「思想的這種超越外界的經驗，突破其自身的限制」：

> 一方面是知識的話，另一方面就是非知識嗎？不，其所涉及的毋寧是非認知：巴塔耶的踰越並非超越規則且最終前進到解放之地上，而是擺脫構成主體的限制[57]。

此一評註提醒我們，傅柯當時的知識論反思依舊且始終都與極限體驗（expériences-limites）的分析和對主體的主權有關。我們已經在克雷蒙－費洪大學的課程中見到，從此一觀點來看，性事扮演著核心角色，而且有可能動員包括性知識（生物學或精神分析學方面）在內的一切，來對抗主體的主權和人類之性事的狹隘概念。相同的策略出現在凡仙大學課程第六堂課結束之際，以及我們放在本課程附件的〈性特質、繁殖、個

體性〉一文，還有好幾篇同時代的文章之中：有關性事的生物
學知識在此被視作提供了一個真理，這個真理致命性地重創了
人類主體的自戀，並質疑支配個體－主體的優先性。沒有什麼
比他於1970年9月寫給基攸達，表明支持《樂園，樂園，樂園》
（*Éden, Éden, Éden*）的信件更能說明這樣的想法，他概述了他
打算從性事知識中汲取的東西：

> 您贊同……我們長期以來對性事的認識，但是我們謹
> 慎地保持距離，以便保護主體的優先性、個體的統一
> 性和「性」的抽象性：性事不像「性」一樣會有身體
> 的限制，它也不是從一個到另一個的溝通方式，它甚
> 至不是個人基本或原始的慾望，而是遠在之前的所有
> 過程的背景結構；而個體，他只不過是一個不穩定、
> 暫時、很快就會被消除的延伸……，這是一種從巨大
> 的、堅韌的、重複的根源中浮現出片刻的蒼白形式。
> 個體是在性事方面快速退縮的偽足[58]。

57　　　　《筆記》9號，1969年11月1日。

58　　　　〈將會有醜聞，但是……〉，前揭文，頁943。

　　人們可能會認為這是傅柯反思中一種孤立、簡單的「人文科學的」公式：解讀克雷蒙－費洪大學和凡仙大學的課程及當時各種不同的文章，顯示出對生物學上的性事這種關注是不變的，這種生物學上的性事「不再是屈從的」，它摧毀了所有的人類學證據。凡仙大學的課程正好論及此一生物學之性事知識出現的條件，並且涉及逆轉生殖從屬於個體、其生長與死亡的連結。他指出19世紀初的生物學如何揭示知識場域中的三種踰越經驗：死亡、性事，以及歷史的不連續性。這些經驗徹底質疑主體的主權，同時導入19至20世紀人文主義哲學致力回應的巨大開口，「就這個詞的強烈意義，換言之，就是從尼采的意義來說」[59]。

　　因此，一方面，知識「不是用來安慰的：它會讓人失望、使人擔心、切割、傷人」[60]：知識的基本殘酷性有系統地摧毀了人類的慰藉和虛構。生物學上的性事知識提供了一個完美的例子，傅柯將透過評論賈克伯的著作來詳加論述，這使他能清點所有「傷害我們的遺傳學」的觀點：

　　自哥白尼（Copernic）以來，我們常說人類因知道他
　　不再是世界的中心而受苦……。生物學上的失望……
　　是另一種：它讓我們知道，不連續不僅限制了我們，
　　也貫穿了我們：它讓我們知道是骰子在統治我們[61]。

　　或者如同他在《筆記》中闡明的，「一條支配我們的

線」，這條DNA線被視作先於所有語言和意義的程式。相較於所有的語言形式，遺傳程式是第一個出現的，而「在動物系中出現的條件反射、信號、符號以及最終語言〔……與〕程式的鬆開同時發生」；這種鬆開純粹是偶然的，其「兩個主要原因〔是〕性事和死亡的出現」[62]。因此，生物學上的性事知識被納入這場更普及的對抗「人」或「人類本性」的爭戰裡，而傅柯當時顯然沒有放棄此一鬥爭。這是因為，事實上，另一方面，面對生物學根本的踰越概念，我們已經建立了一種反動的人文主義哲學，這種哲學力圖在意義哲學中理解死亡，在與他者交流的主體間倫理中理解性，在「意義的統一性」和「意識的持續性」中理解歷史的不連續性。

然而，若有一項原則是傅柯堅持至1970年代中期的，那就是徹底質疑這些對人類主體、人類本性、意義與意識哲學的引用。如同他在1966年一系列的訪談中所指出的，「我們的任務是讓我們徹底擺脫人文主義」，以及所有這些嚷著要「拯救人類」、頌揚「人格」、允諾「當人……變得本真且真實」時

59　〈居維葉在生物學史上的地位〉，前揭文，頁933。參見上文，凡仙大學的課程，第六堂課，頁312-314。
60　〈生長與繁殖〉，前揭文，頁967。
61　同上，頁968。
62　《筆記》9號，1969年10月29日。

能擁有幸福、找回其至今都被異化或否定之本質的「高談闊論」[63]。對傅柯來說，此一人文主義既是一種廉價的慰藉，一種「從道德、價值、和解的術語上解決我們根本無法解決之問題」的方式；這也是一個「有害的、不好的主題，因為這能讓我們進行最多樣、最危險的政治操作」[64]。它沒有任何的批判價值，而且必須當心其政治意義。此一立場是傅柯在1968年所抱持的（伴隨著對這些在19世紀時，允諾要恢復人類本性並使人類幸福之哲學政治系統的告發），甚至也是他在1971年時的立場[65]，例如當他與喬姆斯基（Noam Chomsky）就人類本性進行辯論時的立場。此外要指出的是，傅柯在凡仙大學授課期間更有理由回到這一立場上，因為他於1969年3月受邀至倫敦開設題為「人文主義與反人文主義」的講座（這些講座變成與英國學生就其實踐參與而進行的自由辯論）[66]。

但是，還有另一個原因讓人文主義的問題在1969年變得非常熱門，特別是在性問題方面：性解放、反抗對性慾望的異化和壓抑，以及1968年5月學運之後對烏托邦的頌揚，這些主題隨處可見。因此，1969年6月凡仙大學最後一堂有關性烏托邦與異托邦的課程絕對不是無特殊意義的。當然，我們知道傅柯自1966年起就開始思索烏托邦和異托邦[67]，此外我們還知道，克雷蒙－費洪大學和突尼斯大學的課程已經開始關注19世紀的烏托邦，這些烏托邦聲稱能調和男性及女性的性本質和社會結構。但是，自1964年起，傅柯所斷定的「性事的問題意識」已經更為深入，甚至形成了基本的政治議題[68]。此一結果導致一系列

的烏托邦計畫，其靈感來自對馬克思與佛洛伊德的人文主義與
辯證式的解讀（賴希與尤其是馬庫色的「佛洛伊德－馬克思主
義」）[69]，或是19世紀以降的性烏托邦文學（特別是重獲好評的
傅立葉）[70]。這些計畫旨在使人類的性事擺脫與建立在生產與消
費基礎上的社會組織有關的異化或過度壓抑，並建立適合人類
性本質與其慾望的新社會。1968年5月學運之後，這些烏托邦具
有特殊的政治意義。如同朱利亞（Jacques Julliard）於1969年2月
在《精神》期刊一篇文章中指出的：

63　　〈與瑪德蓮娜·查波塞對談〉（Entretien avec Madeleine Chapsal, 1966），
　　　收錄在《言與文》第一冊，同前註，no 37，頁544-546。也參見〈人已死
　　　了嗎？〉（L'homme est-il mort?, 1966），收錄在前揭書，no 39，頁568-
　　　572，以及〈傅柯教授，您是誰？〉（Qui êtes-vous, professeur Foucault?,
　　　1967），收錄在前揭書，no 50，頁629-648，尤其是頁643-647。

64　　〈與瑪德蓮娜·查波塞對談〉，前揭文，頁544，以及〈傅柯教授，您是
　　　誰？〉，前揭文，頁644。

65　　〈與米歇爾·傅柯的訪談〉，收錄在《言與文》第一冊，同前註，no 54，頁
　　　679-690，以及〈論人性：正義與權力的對抗〉，前揭文。

66　　德菲爾、愛瓦德、拉格宏傑，〈編年史〉，前揭文，頁46。

67　　參見上文，第七堂課，註釋1，頁358-359。

68　　此外必須強調，傅柯當時經常揭露性事在政治方面的重要性。參見例如〈傅
　　　柯教授，您是誰？〉，前揭文，頁644。

69　　關於法國在1968年之前對馬庫色的接受程度，參見曼努爾·基諾，《法國對
　　　馬庫色的接受》，同前註。

70　　參見上文，第七堂課，註釋21，頁365-366。

> 5月學運終結了兩個神話：意識型態已死的神話、法國
> 人去政治化的神話。往昔，不乏有才智之人指出，任
> 何無具體實踐方式的計畫、任何不屬於立即可能實現
> 的計畫，都不是「可靠的」，而且是屬於前政治史。
> 烏托邦已經被恢復——烏托邦不被視作夢幻或逃避手
> 段，而是真實政治的調節性理念[71]。

相對於「將可能封閉在當下現實中」的可能論，「烏托邦
的實際角色在於透過攻擊精神結構（而非經濟或政治結構）來
擴大可能的場域[72]。」在此框架下，以人類學和心理學為基礎，
對抗與資本主義有關的性本能壓抑就變成主要的問題——這兩
門科學認為生命需求（特別是性方面）是完全從壓抑中解放出
來，並要建立一個解放了這些需求的新社會。馬庫色在1968年
出版的集體著作《烏托邦末日》中，特別堅持烏托邦的政治力
量。正如他在一向慣用的表達方式中指出的（傅柯在本課程中
直接呼應了此一方式），「必須考慮從科學到烏托邦的社會主
義路線，而不只是像恩格斯想的，只有從烏托邦到科學[73]。」與
當前體系的決裂——從不自由的社會進入自由的社會——必須
是徹底的，而且需要在質的方面有烏托邦式的明顯躍進。換句
話說，馬庫色聲稱的就是一方面利用科學來建立一個有關人的
新說法，且要真的與其自由本性相呼應。另一方面是重新評估
烏托邦思想，這個思想要能思索社會內部在質的方面的根本躍
進，以便能思量全新且最終能完全適合此一本性的社會形式。

　　傅柯的回應是殘酷的，而且準備於1976年針對佛洛伊德－
馬克思主義者的性事史「壓抑假設」提出批判[74]。賴希和馬庫色
並沒有「透過烏托邦主題來建構性事的理論」，而是相較於性
事知識帶來的深切的性事踰越經驗（既是生物學，也是佛洛伊
德式的分析，傅柯藉此指出馬庫色的背離），完美闡明了一種
反動的思想[75]。他們依舊被困在古典人類學裡，同時再次提出自
18世紀末以來將性問題分成「正常」性事和偏差形式（在此與
社會制度有關）的建構性劃分。他們沒有提出另一個完全不同
的人類學，也沒有擺脫自然之性和社會制度之間的辯證（就像
它們彼此之間在19世紀形成的辯證）。因此，傅柯在馬庫色身
上只見到這些19世紀烏托邦的新版本，他曾在克雷蒙－費洪大
學和突尼斯大學的課程中簡短分析過這些烏托邦，它們承襲了
現代西方文化特有的劃分（私人生活相對於公共生活，個體自
由相對於社會決定論，自然之性事相對於契約制度），並夢想
能調和這些劃分：「夢想一種社會或文化的形式，在這個形式

71　　　朱利亞，〈政治大哉問〉（Questions sur la politique），《精神》期刊，vol.
　　　　378，no 2，1969，頁337。

72　　　同上。

73　　　馬庫色，《烏托邦末日》，同前註，頁8。參見上文，凡仙大學的課程，第七
　　　　堂課，頁346-347，以及註釋35，頁370-371。

74　　　參見下文，頁448-452。

75　　　參見上文，凡仙大學的課程，第七堂課，頁354-355。

裡，私人生活將能符合公共生活，自由與決定論是一致的[76]。」
如同他在與佩雷帝的訪談中提醒的，「馬庫色試圖使用承襲自
19世紀的陳舊主題來拯救這個主題，並以傳統意義來理解[77]。」
換句話說，他完全停留在傅柯所謂的「整合型烏托邦」，因為
他夢想的是社會關係和最終解放的性本質能一致，也因為他不
顧一切地維持人類主體的優先性。不同於這些整合型烏托邦，
傅柯再次（也是最後一次）[78]運用薩德的踰越權力，同時闡明了
主體的分解（在性事關係中完全不對稱），以及一種反社會、
去自然化的性事形式：這就是他在本課程中描述的「踰越型烏
托邦」。

超越考古學，性事史的里程碑

　　克雷蒙－費洪大學和凡仙大學的課程見證了兩個建構「性
事史」的重要時刻。因此，自1960年代初起，傅柯就與人文科
學的考古學同時展開這樣一項計畫；他在1960年代末採用了更
為鮮明的形式。傅柯在突尼斯大學的課程中指出，在西方文化
裡，一切都是知識和明確論述的可能對象，並且把性事作為
這種知識領域無限地擴展的例子。然而，他仍是19世紀維多利
亞時代轉折點神話的囚徒，當時的性事成為「人們不談論的
事」，而且反對19世紀以前的放蕩性行為，事實上，特別是自
佛洛伊德之後，性事又有了「明確的意義」[79]。從這個觀點來
看，凡仙大學的課程標示了一個轉捩點，並宣告了什麼是性事

史的核心，例如傅柯於1974年至1976年重提的性事史。自此，關鍵在於理解「關於性，在形式和對象方面都不同的各種特定論述如何不斷擴增：自18世紀起就加速發展的論述發酵」[80]；與從話語審查的角度來看待性事史的解讀方式相反，在此是有關對構成18至19世紀強烈的性「話語」（«mise en discrous» du sexe）的特徵分析。此外，問題也在於強調沒有「一種關於性的論述，〔而是〕某種論述的多樣性，這些多樣性產生自一系列在不同制度中運作的設備」[81]。這就是傅柯在凡仙大學課程開頭宣布的五個研究類群的方向，他非常重視考古學必須注意到異質性、性事知識現實化的多個要點，以及訴說的形式。就此一雙重層面來看：關注18世紀以來性事的話語以及這些話語的擴散；研究其多態性與形成的發源地，我們可以在凡仙大學的課程和《性事史第一冊：求知的意志》之間勾勒出一條連續線。

　　然而，凡仙大學的課程一結束，這項計畫似乎就沉寂了。

76　　　突尼斯大學的課程，同前註，fos 175。

77　　　〈文化問題。傅柯與佩雷帝的辯論〉，前揭文，頁1245。

78　　　我們還必須指出，與佩雷帝的對話已經證明他與薩德保持了距離（同上，頁1243-1244），這一點隨後會更加明顯。

79　　　突尼斯大學的課程，同前註，fos 195-199。

80　　　《性事史第一冊：求知的意志》，同前註，頁26。

81　　　同上，頁46。傅柯因而區分出基督教牧歌、踰越文學、政治經濟論述、反對兒童自慰運動等等。

除了幾點暗示，傅柯直到1974年至1975年才真的重拾性事的問題，例如《不正常者》、未出版的手稿《兒童的社會改革行動》、1975年秋季在聖保羅舉行的有關性事的現代知識史的講座（他在此使用的是招認模式，而非壓抑），以及在多個同一時期的訪談之中[82]。性事問題的重新出現反映在性事史計畫上，其第一卷《性事史第一冊：求知的意志》於1976年出版。在這段期間裡，分析的框架顯然已經有了深刻的轉變。如果說對於性事的「推論事實」[83]和其在知識領域的建構是計畫之核心的話，傅柯在此又加入兩個就凡仙大學課程相對來說缺少的層面。首先是「權力的多型態技術」層面：產生並要求性事論述的制度與布置。在凡仙大學的課程中，研究的不是賦予性事的權力－知識之多型態形式，而是提出極為廣泛的經濟與社會進程、意識型態與知識之間關係的問題。此課程是傅柯為了確定「前論述的經濟與社會形式和出現在論述形式內部者之間的關聯」所採取的嘗試，此一嘗試同時也使其擺脫馬克思主義那種將這些關係置於表達與反應之下來思考的模式[84]。此一思索推論和超推論之關係的努力，引導他以自主的方式來看待權力的關係，並且從王朝或系譜學的角度來重新確定位於各種權力策略之中的知識形成[85]。更明確地說，對懲戒權力布置的研究——就像傅柯從《懲罰的社會》和《精神病學的權力》對其所開啟的發展一樣——將其帶到直接賦予肉體、進入其他身體現象、與性事相關之活動的權力關係的關注[86]。例如，在圍繞著性的身體（corps sexuel）之「鬥爭的策略發展」中，對反自慰運動和幼

兒期性狀態之問題的產生得以恢復[87]。

　　對各種權力技術（特別是懲戒）與性事知識形成之關係的策略性分析，讓傅柯明確表達出他對另一個問題的立場，這構成了《性事史第一冊：求知的意志》裡提到的第三個層面。也就是「擺脫『求知的意志』，此一意志同時是性事的論述生產與權力效應的載體及工具」[88]。換句話說，這涉及對意志──我們理解為支配性的策略功能──的質疑，這個意志引導了性事布置的方向。我們已經見到，凡仙大學的課程一結束，這個

82　　　特別是〈權力與身體〉（Pouvoir et corps, 1975）、〈療養院、性事、監獄〉（Asiles. Sexualité. Prisons, 1975）及〈薩德，性事執達員〉（1975），分別收錄於《言與文》第一冊，同前註，nos 157、160、164，頁1622-1628、1639-1650、1686-1690。

83　　　《性事史第一冊：求知的意志》，同前註，頁20。傅柯在此加入兩個層面：權力的技術與「意志」，或是帶有論述的「策略意圖」（同前註，頁16-21）。

84　　　參見〈米歇爾·傅柯訪談〉，前揭文，頁1029-1031。傅柯在此宣稱，他將從犯罪學和刑法實踐的角度來研究這些推論和超推論的關係，也就是以《刑罰理論與制度》為始，以《監視與懲罰》（同前註）作結的研究工作。

85　　　關於王朝，參見《刑罰理論與制度》，同前註，註釋16，頁53。

86　　　參見《懲罰的社會》，同前註，頁175-228（關於工人的身體、慾望、放蕩作為權力的對象）；〈真理與司法形式〉，前揭文，頁1485-1486；《精神病學的權力》，同前註，頁299-337（關於歇斯底里症患者的〈性身體〉）。

87　　　參見〈權力與身體〉，前揭文，頁1623。

88　　　《性事史第一冊：求知的意志》，同前註，頁20。

「求知的意志」提問方法，這個對辨識「意願－知識」歷史形式的關注，都成為傅柯計畫的核心。在目前的情況下，在性問題上，對傅柯來說，這意味著繼賴希、馬庫色、烏塞爾（Van Ussel）之後[89]，再次與「在慾望的壓抑－異化和其必須的解放模式下來詮釋性事史」的佛洛伊德－馬克思式解讀進行交鋒；根據此一詮釋，「佛洛伊德與精神分析談到性的時候……理所當然〔實現了〕解放的工作[90]。」我們已經見到，自凡仙大學的課程之後，傅柯對性異化和解放的普遍主題抱持著懷疑的態度。另一方面，他對懲戒權力和控制性身體的分析讓我們覺得，他贊同壓抑慾望是發展資本主義的必要方式。因此，他必須要明確表達自己的立場。對他來說，反對抑制的假設（這個假設必然會強迫將性事的論述與權力帶向審查與抑制），並且顯示禁止、審查與控制本身必須在一個更廣泛的有關性事論述與權力技術的經濟中被重新掌握。其被一種強烈渴望認識性事，「取得性事的招供」[91]（招供的技術與審查是對於性事的意願－知識形式的核心），以及被至少自18世紀以來，對於積極管理生活與將身體力量發揮到最大的關懷所突顯。性、供認、真相之關係的問題；管理生命進程的生物政治技術問題：這些都是傅柯在有關性事的研究上，隨後將遵循的發展路線。

*

我要衷心感謝米歇爾・傅柯課程編輯委員會的所有成員，

以及穆哈（Mariana Broglia de Moura）與塔納斯（Alexandre Tanase），感謝他們的建議和仔細校閱。

克勞德－奧利維耶‧朵宏

89　　1969年之後，性壓抑和解放的主題更為強化。例如烏塞爾（Jos Van Ussel）翻譯成法文的著作《性壓抑史》（*Histoire de la répression sexuelle*, trad. par C. Chevalotv, Paris, Robert Lafont, 1972）和《擁護者》期刊第2號《性事與壓抑II》（*Sexualité et Répression II*, no 66-67, juillet 1972）的出版。

90　　〈米歇爾‧傅柯。哲學家的回應〉（Michel Foucault. Les réponses du philosophe, 1975），收錄在《言與文》第一冊，同前註，t. I，no 163，頁1673-1685，在此為頁1681。了解精神分析是否必須實現解放的工作，或是它具備規範化的功能並提供「許多持續權力關係的例子」，這都在〈真理與司法形式〉（1974，前揭文，頁1491-1514）中獲得討論。

91　　同上，頁1682。

文化思潮 204
傅柯關於性事論述的十二堂課
La sexualité, suivi de Le discours de la sexualité

講　者—米歇爾.傅柯(Michel Foucault)
法文主編—法蘭索瓦‧愛瓦德(François Ewald)
譯　者—李沅洳
審　閱—姜文斌、黃敏原、黃雅嫻
主　編—湯宗勳
特約編輯—文　雅
美術設計—陳恩安
企劃—何靜婷

董事長—趙政岷
出 版 者—時報文化出版企業股份有限公司
108019台北市和平西路三段240號一至七樓
發行專線—(○二)二三○六六八四二
讀者服務專線—○八○○二三一七○五
　　　　　　　(○二)二三○四七一○三
讀者服務傳真—(○二)二三○四六八五八
郵撥—1934-4724時報文化出版公司
信箱—10899台北華江橋郵局第99信箱
時報悅讀網—http://www.readingtimes.com.tw
電子郵箱—new@readingtimes.com.tw
法律顧問—理律法律事務所 陳長文律師、李念祖律師
印刷—勁達印刷有限公司
一版一刷—二○二一年七月三十日
一版二刷—二○二二年四月六日
定價—新台幣　　620元

傅柯關於性事論述的十二堂課/米歇爾.傅柯(Michel Foucault) 講者;法蘭索瓦‧愛瓦德(François Ewald) 主編; 李沅洳 翻譯一一版.一臺北市:時報文化出版企業股份有限公司, 2021.7; 456面; 21*14.8公分. - - (文化思潮;204)

譯自：La sexualité, suivi de Le discours de la sexualité

ISBN 978-957-13-9224-0(平裝)

1.傅柯(Foucault, Michel, 1926-1984) 2.性學 3.論述分析

544.7　110011395

ISBN : 978-957-13-9224-0

Printed in Taiwan

La sexualité
Cours donné à l'université de Clermont-Ferrand (1964)
suivi de Le discours de la sexualité
Cours donné à l'université de Vincennes (1969)
(c)Éditions du Seuil/Gallimard, 2019
Édition établie, sous la responsabilité de François Ewald, par Claude-Olivier Doron
This edition arranged with LES EDITIONS DU SEUIL through The Grayhawk Agency.
Complex Chinese edition copyright: 2021 by China Times Publishing Company
All rights reserved.